俯身甘为孺子牛

驻村第一书记和他们的扶贫行动

刘旦 等 著

嶺南美術出版社
中国·广州

图书在版编目（CIP）数据

俯身甘为孺子牛：驻村第一书记和他们的扶贫行动 / 刘旦等著. —广州：岭南美术出版社，2021.11（2022.4重印）
ISBN 978-7-5362-7251-4

Ⅰ.①俯… Ⅱ.①刘… Ⅲ.①扶贫—先进工作者—先进事迹—中国 Ⅳ.①D263

中国版本图书馆CIP数据核字(2021)第064503号

责任编辑：王效云　徐　凯
责任技编：谢　芸
装帧设计：友间文化

俯身甘为孺子牛：驻村第一书记和他们的扶贫行动
FUSHEN GANWEI RUZINIU ZHUCUN DIYI SHUJI HE TAMEN DE FUPIN XINGDONG

出版、总发行：岭南美术出版社（网址：www.lnysw.net）
（广州市文德北路170号3楼 邮编：510045）
经　　销：全国新华书店
印　　刷：东莞市信誉印刷有限公司
版　　次：2021年11月第1版
2022年4月第2次印刷
开　　本：787mm×1092mm　1/16
印　　张：20
字　　数：300千字
印　　数：1501—3700册
ISBN 978-7-5362-7251-4

定　　价：65.00元

本书编委会

主　　编　周成华　林　明

执行主编　刘　旦　徐　静

撰　　稿　何有贵　汤　南　李大林　吴　多　张晓宜

何钻莹　肖桂来　何瑞琪　秦　松　耿旭静

曾卫康　董业衡　廖靖文　缪　璟

序言

扶贫精神永恒

2020年，中国决战脱贫攻坚取得决定性胜利，现行标准下近1亿农村贫困人口全部脱贫，这一伟大成就既属于中国、属于中国人民，也是国际减贫事业的重要组成部分。

我是一位扶贫老兵。1996年，国家决定开展东西部扶贫协作，广东对口帮扶广西，广州对口帮扶百色。我当时担任广州市委常委、市政府常务副市长，被指定分管这项工作，从此与扶贫结下不解之缘。2005年从工作岗位退休后，我继续动员各方力量支持扶贫事业。2012年，牵头成立了百色教育基金会，至今已经筹款3亿元，救助了5万多名贫困学生，奖励了2000多名乡村教师。至今，我已去过百色117次。百色以外，还到过全国很多贫困地区。我深深地感到，扶贫不是一种恩赐，更不是一种救济，而是一个政治使命，一定要找对路子，扶真贫、真扶贫。精准扶贫，就是实实在在，从实际出发的扶贫。

我国开展的扶贫工作是真扶贫、扶真贫。这是由我党全心全意为人民服务的宗旨决定的。其实，在中华人民共和国成立后，我们党就高度重视解决贫困问题，带领全国人民持续向贫困宣战。改革开放以来，更是走出了一条中国特色的扶贫开发路子。特别是党的十八大以来，以习近平同志为核心的党中央把贫困人口脱贫作为全面建成小康社会的底线任务和标志性指标，做出了一系列重要部署，号召全党、全国、全社会合力推进。在这场波澜壮阔的脱贫攻坚战中，涌现了许多可歌可泣的事迹，取得了举世瞩目的伟大成功，特别是“两不愁三保障”（不愁吃、不愁穿；保障其义务教育、基本医疗和住房）的突出问题也得到解决。民以食为天，天大的事呀，都解决了，这是多么了不起的成就！而在这一场脱贫攻坚战中，驻村第一书记无疑是值得特别赞扬的。驻村第一书记是党组织派往脱贫攻坚最基层、最前线的党员干部，他们组织、带领当地农民与贫困做不屈不挠的斗争，他们既是贫困地区农村脱贫攻坚的指挥者，也是具体事务的直接参与者，发挥着不可替代的作用。他们在脱贫攻坚一线奉献自我，敢作为、显担当，用力量甚至生命诠释中国共产党人为人民谋幸福、为民族谋复兴的初心使命，谱写了一曲曲荡气回肠的新时代奉献之歌。

广州日报始终关注我国的脱贫和国际减贫事业。2020年到来之际，广州日报就曾派出大批记者奔赴世界各贫困地区访贫问苦，把世界各贫困地区的现状呈现于世人眼前，彰显了中国人民、中国媒体的大爱情怀。此次广州日报团队历时两年，踏遍广州对口帮扶的所有贫困地区，聚焦扶贫驻村第一书记为脱贫攻坚所做的艰苦努力，呕心沥血打造《俯身甘为孺子牛——驻村第一书记和他们的扶贫行动》一书，从驻村第一书记的视觉展示中国共产党人的为民情怀，以及中国扶贫事业的阶段性进步，向公众提供原汁原味的精彩的扶贫瞬间，并试图和所有关心支持并从中受益的人们一起感受这段波澜壮阔的历史，铭记驻村第一书记所做出的史诗般的奉献。作者们用如椽巨笔为中国扶贫事业鼓与呼，体现出的是主流媒体人崇高的使命担当和历史责任感。他们的这些努力，无疑有助于世界更好地了解中国在国际减贫事业中所做出的伟大贡献。对他们所做的贡献，我深受感动，也深表敬意。

人，总是要有一点精神的。驻村第一书记和他们的扶贫故事后面蕴含的责任担当、无私奉献、艰苦奋斗的精神，无疑是十分珍贵、值得弘扬的。我希望这本书作为一根接力棒，在有责任感和使命感的人中传递，激发艰苦创业、勇于开拓的热情，为人民的富裕安康，为祖国的繁荣昌盛，为中华民族的伟大复兴做出应有的贡献！

陈开枝

（作者陈开枝系广东省老区建设促进会会长，历任广东省委副秘书长，广州市委常委、常务副市长，广州市政协主席等职，先后获得“全国扶贫状元”“全国东西扶贫协作先进个人”“全国脱贫攻坚奖贡献奖”等荣誉。）

目录

Contents

目录 Contents

对口帮扶、对口支援中的广州力量

2016年以来，广州市承担了东西部扶贫协作、省内对口帮扶、省外对口支援全国8个市州、44个县（市、区）的脱贫攻坚任务。截至2020年年底，累计投入财政帮扶资金114.59亿元，派驻扶贫干部1600多名，助力毕节市、黔南州所有贫困县、村摘帽出列，超过200万人脱贫；助力梅州市、清远市477个省定贫困村和建档立卡贫困户29441户80810人全部摘帽出列，贫困村村民人均可支配收入达18606.62元、有劳动能力贫困人口人均可支配收入达17148.92元，较2015年分别增长165.26%、279.2%；村集体经济平均收入约19.78万元，较2015年增长10.2倍。助力新疆疏附县、西藏波密县和四川甘孜州3个州、县全部实现脱贫摘帽。东西部扶贫协作工作在2018年、2019年国考中，综合成效考核结果连续被评定为“好”，对口支援和省内精准扶贫工作一直走在广东全省前列。广州市6个集体（广州市协作办公室、广东省第一扶贫协作组、广药集团、贵州江楠农业科技开发有限公司威宁分公司、织金县农耀农业开发有限公司、广东珠江投资股份有限公司）被评为“全国脱贫攻坚先进集体”，4人（詹雯、应若素、岑宇铿、许应裘）被评为“全国脱贫攻坚先进个人”。

坚持扶贫优先，用“全力”落实“助力”

举全市之力，汇各方之智，聚万众之心。坚持第一顺位督导推进，开辟“绿色通道”，第一时间协调推动解决扶贫工作中的矛盾问题。

优先保障“人、财、物”要素投入和扶贫政策供给，找准“支点”，撬动脱贫。扶贫资金优先投入，宁可自己“过紧日子”，通过大幅压减部门经费，保持扶贫资金持续增长。2020年投入东西部扶贫协作资金11.15亿元，较2019年增长23.5%，其中，向毕节追加财政资金1亿元，专项用于支援5个重点贫困县攻克最后堡垒。坚持人才优先保障，先后累计派出5000余名专业技术骨干到对口帮扶地区挂职帮扶，保持人才队伍“一池活水”。

充分动员和调集各方资源联动扶贫，合力攻坚。市、区人力资源社会保障部门和群团组织等主动与当地对口部门加强协作，着力解决民生问题。广药集团、越秀集团、广汽集团、广建集团等一批市属国企到对口帮扶地投资建厂立项，累计投入帮扶资金88.57亿元，投资20多个项目，在当地注册成立公司5家，带动贫困人口3万余人增收脱贫。民营企业到贫困地区建学校、兴产业、销产品，成为脱贫攻坚的一支重要力量。开展“千万市民促消费”行动，策划组织专项消费扶贫活动，让清远淮山、纳雍土鸡等农产品由“滞销难卖”变“供不应求”。

坚持争分夺秒，用“时间”赢得“空间”

把时不我待、只争朝夕作为扶贫协作一如既往的工作状态，确保按时高质量打赢脱贫攻坚战。能快则快，2019年，广药集团与贵州省政府签订协议，帮助发展刺梨产业，仅用98天就开发出刺柠吉系列产品，当年实现销售额1亿元，推动当地刺梨生产加工企业销售额同比提高30%以上。广州酒家集团仅用7天就研发出10多款皂角系列菜式、点心和可批量生产食品，并在旗下多家酒楼上线，全力协助毕节打通皂角米产业链。越秀集团仅用78天就开发出核桃乳饮品上市，在毕节建设的年出栏100万头的生猪养殖全产业链项目，当年开工，当年实现生猪出栏。为克服新冠肺炎疫情影响，2020年，坚持聚焦未脱贫贫困县、村，财政资金比往年早2个月划拨，提前启动“630广东扶贫济困日”活动，尽早落实社会资金。及早推动复工复产，通过“专机专列专车专送”，集中接送毕节、黔南8000名贫困劳动力返粤返岗。坚持用“广州标准”开展产业帮扶，越秀集团在毕节、黔南推行“生猪养殖—沼气利用—种植蔬果”绿色循环型生态农业模式，打造具有示范效应的生态农场。为推动贵州刺梨产业增能提效，2020年，广药集团销售刺梨产品超5亿元。因地制宜发展梅州、清远种植养殖业、休闲农业、乡村旅游、农产品加工、民宿旅游等农村第一、第二、第三产业，先后为两地引进扶贫产业化组织832个，特色产业项目1588个，贫困村参与资产性收益项目1412个，提升产业扶贫组织化程度。

坚持“四业”共进，用“品质”打造“品牌”

坚持主攻产业、扭住就业、扩大消费业，保障人民安居乐业，有力提升脱贫攻坚的质量成色，打造扶贫协作“广州品牌”。

聚力将帮扶地区打造为珠三角乃至粤港澳大湾区的农特产品供给地、黄金旅游休闲地和产业共建共享地，引导推动广州海大、江南、粤旺、耀泓等农业龙头企业在当地完善全产业链条，实施产供销“一条龙”服务，形成规模化、标准化和产业化发展。累计在对口帮扶地区建设粤港澳大湾区“菜篮子”基地102个，推动当地扶贫产品进入粤港澳大湾区市场。谋划开展了“百企千团十万广东人游贵州”“千团万人游黔南”“广州百万人游梅州”“广州情·巫山行”“老广清游”等系列品牌活动。广东游客到毕节、黔南旅游人数每年以30%的幅度递增，总数达到150万人次。以园区共建为重要抓手，助力招商引资，引导推动立邦集团、广药集团、越秀集团、奥园集团等世界和中国500强企业等龙头企业落户毕节、黔南，实际投资164.63亿元，带动64.55万多名贫困人口增收。与清远市共建广清产业园、广德（英德）产业园、广佛（佛冈）产业园和广清空港现代物流产业新城，与梅州市共建广梅产业园，引导超过200家汽车零部件、大健康、智能电器、日用品等劳动密集型企业在梅州、清远市落户，实际投资超过400亿元，为脱贫攻坚注入强大产业发展内生动力。

推动实施“粤菜师傅”“广东技工”“南粤家政”三大工程，发动广汽集团、广州建筑集团、广州港集团、广州地铁集团、广州酒家、雪松集团等多家实力国企民企，与毕节、黔南多所职业院校合作开办订单班，帮助贫困学生免费就读，定向就业，实现“招生即招工，入职即入群，毕业即就业”和“就业一人，脱贫一家”目标。“三大工程班”累计招收学生1166人，实现就业383人。广州电商龙头企业唯品会依托电子商务公益平台“唯爱工坊”，以数千万订单推动“沉睡千年”的非遗蜡染刺绣登上国际国内时尚舞台，助推万名妇女有尊严就业致富。累计组织梅州、清远贫困户参加适用技术培训69930人次，转移就业或劳动培训49525人次，帮助梅州、清远29796名建档立卡贫困劳动力就业。

坚持政府、企业、市场、社会整体联动，线下线上同步发力，全力打通“农货出山入湾”通道，累计销售对口帮扶地区农特产品超100亿元，带动20多万贫困人口增收，倍增趋势强劲。借助粤港澳大湾区“菜篮子”平台、东西部扶贫协作产品交易市场、江南批发市场、消费扶贫服务中心等平台，通过展会推介、商超对接、线上引流等方式，推动纳雍滚山鸡、黔南火龙果、清远走地鸡、梅州柚、甘孜松茸、波密天麻、疏附红枣等扶贫产品进入大湾区市场。组建务实高效的广州消费扶贫联盟，搭建“个十百千万”销售平台，打造一个消费扶贫服务中心、十个批发市场、百家线上电商、千个连锁超市、万台专柜，形成规模化效应。充分发挥广州直播电商之都优势，推广直播带货助农新模式，2020年以来开展直播带货600多场，累计销售扶贫产品过亿元。打造安居乐业“样板工程”。围绕“稳得住，有就业，逐步能致富”，扎实做好易地扶贫搬迁点后续帮扶工作。累计投入财政帮扶资金7.8亿多元用于毕节、黔南搬迁点学校和医院项目建设，实施扶贫项目133个。以毕节市七星关区柏杨林街道为载体，从就业、产业、教育、卫生、长幼服务等八个方面开展全面帮扶，援建的“长者饭堂”和“长幼日间托养照料中心”成为全国首家三者合为一体的综合服务平台。

坚持交流交融，用“广度”拓展“深度”

坚持扶贫与扶志、扶智相结合，在扶贫协作中扶思想、扶观念、扶信心、扶技能，深入推进帮扶双方的交流交往交融。组织开展“百企帮百村”“百间学校结对”“百所医院帮扶”活动，实打实帮难解困。广州10个区、64个镇（街）、181个村（社区）、466家企业、65个社会组织、707所学校、223个医疗机构与毕节、黔南结对；支持企业、学校、医院与梅州、清远相对贫困村结对，帮助447条相对贫困村实现村村都有卫生室和村医，所有义务教育薄弱学校的办学条件得到改善；波密县10个乡镇全部与广州各区结对；新疆疏附县61个深度贫困村与广州46个单位结对，实现了深度贫困村结对帮扶全覆盖。

持续推进组团帮扶，在毕节、黔南17个贫困县各选择一所学校、医院，分别选派优秀教师、医疗专家团队，通过帮带队伍、帮建学科、帮抓规范等，着力打造“示范点”，累计指导开展新技术、新业务700余项，填补空白学科50余个。2020年黔南罗甸一中“越秀班”高考一本上线率达97.8%，黔南独山中学4人考入清华大学，毕节六中一本上线率同比增长41.5%，均创历史新高。积极协助落实梅州、清远义务教育保障，建档立卡贫困户子女九年义务教育阶段毛入学率达99.39%，建档立卡贫困学生教育助学政策落实率达100%，共落实贫困户子女教育资助15868人。

深化“手拉手”交流活动，组织贫困地区少年儿童到穗学习交流。推进实施“巾帼脱贫行动”，为贫困地区妇女提供创业辅导、技能培训等服务。助力青年创业，在毕节、黔南开设“乡村振兴”农业农村青年创业大赛分赛区，征集创业项目200多个。与毕节、黔南在广州共建农民工服务站，为在穗农民工权益维护、平安返乡、亲子关爱等提供服务，受惠者达20000余人。举办2020年“春风行动”——精准扶贫专场网络招聘会、广州帮扶清远“国企联盟”技能人才见面会等活动，着力解决有劳动能力和就业意愿的建档立卡贫困劳动力的就近就业或来穗就业问题。

创新开展“您为大家·我帮您家”关爱外派扶贫干部人才行动，成立广州工青妇3人后援小组，与800余名外派扶贫干部、专业人才的家庭逐个建立结对关系，定期提供送菜上门、家居保洁、家庭医生、母婴服务、课业辅导等15项关爱服务，帮助解决外派扶贫干部的后顾之忧。

携手脱贫助振兴 广清一体显担当

2016年启动对口帮扶清远扶贫开发工作以来，广州市将精准扶贫、精准脱贫工作放在全方位推动广清一体化高质量发展的大局中统筹谋划、一体布局，与清远市加强沟通协调，坚持改革创新，强化造血帮扶，大力推进对口帮扶省定贫困村脱贫攻坚同乡村振兴有效衔接，实现205个省定贫困村15777户建档立卡贫困户提前一年于2019年年底达到脱贫标准。对比2015年年底，205个省定贫困村贫困人口人均可支配收入从3599元提升至17204元，增长了3.8倍；村集体经济平均收入从2.34万元提升至15.18万元，增长了5.5倍，脱贫群众精神面貌焕然一新，获得感、幸福感显著增强。

上下联动，凝聚脱贫攻坚强大合力

一是坚持高位推动，压实工作责任。广州始终把对口帮扶清远作为义不容辞的政治责任，不断优化顶层设计，持续加大帮扶力度，确保责任落实到位。

二是选优配强驻村干部，确保尽锐出战。坚持把脱贫攻坚一线作为培养锻炼干部的主战场，让年轻干部在急难险重的基层一线接受考验、增长才干，锤炼过硬的政治素质和业务能力。同时，建立激励机制，树立起鲜明的重实干、重实绩的用人导向。设定严格的条件，层层推荐把关，从全市精挑细选255名优秀年轻干部派驻清远，预留一个月时间在村做好工作交接，确保无缝对接。在英德市建立了“外派干部职工之家”，提供沟通交流平台，打通服务派驻干部的“最后一公里”。广州市总工会、团市委、市妇联联合开展“您为大家·我为您家”的关心关爱行动，切实解决了外派干部的家事、难事、烦心事，让他们心无旁骛地投入到脱贫攻坚工作中。同时，坚持严管与厚爱相结合，完善规章制度，加强作风建设，扎实推进正风反腐。

三是与清远方面团结协作、紧密配合。在清远市委、市政府的支持下，驻清远市精准扶贫工作队3名成员都在清远挂任了相应的职务，并与清远市的扶贫、人社、民政、教育、住建等相关职能部门建立起密切的沟通联络机制，定期召开联席会议，分析研判有关问题，共同谋划开展对基层的督导考核工作。巩固完善清远设置的三级脱贫攻坚指挥体系，从驻市工作队、驻县工作组和驻村干部中安排92名优秀干部纳入清远的市、县、镇三级脱贫攻坚指挥部，整合了力量资源，形成了工作合力。

多措并举，打造精准脱贫“广清样本”

突出“精准”与“长效”，坚持“外引、内提、建新”三个工作方向，突出“政府引导、市场主导、社会参与”三个帮扶机制，注重“小农户与现代农业、精准脱贫与广清一体化、巩固成果与乡村振兴”三个有效衔接，围绕产业帮扶、就业帮扶、消费帮扶实施“三三路径”，成就精准脱贫的“广清样本”。

（一）巩固发展产业帮扶项目，探索产业帮扶模式

把发展产业帮扶项目摆在突出重要的位置，把产业项目增收作为实现稳定脱贫的主要途径和长久之策，探索产业帮扶的广清新模式。

一是注重引进大产业、大项目。重视扩大广清经济特别合作区“三园一城”（广清产业园、广德产业园、广佛产业园、广清空港现代物流产业新城）等两市共建园区的龙头带动作用，尤其是对就业的巨大拉动。其中成立最早的广清产业园，持续不断优化园区营商环境，经济贡献水平明显提升，吸纳本地人员就业成效明显。截至2020年年底，“三园一城”累计引进项目365个，计划总投资1228亿元，累计投试产项目75个，完成工业总产值约107亿元，全面建成后预计可提供50000个就业岗位。在特色产业上，广州、清远两市签订农业和文化旅游合作协议，借助广清农业众创空间为各类主体提供电商直播、农业产品展销等服务，强化区域联动，全方位、高质量加速推进广清文旅产业一体化发展。

二是注重提升农村发展水平。聚焦清远生态优良、物产丰富、交通便利等得天独厚的优势资源，在205个省定贫困村因地制宜发展种植养殖业、休闲农业、乡村旅游、农产品加工、民宿旅游等农村第一、第二、第三产业，不断提升对口

帮扶村产业项目的组织化程度，放大联农带农效应。2016年至2020年，在205个省定贫困村先后建立扶贫产业化组织405个，特色产业项目677个，贫困村参与资产性收益项目728个。通过建立持续稳定的产业发展长效机制和科学合理的利益分配机制，有效促进群众脱贫增收。广州市举办粤港澳大湾区“菜篮子”清远市产品首发式，越秀集团启动建设粤港澳大湾区“菜篮子”产品清远配送中心，组织申报大湾区“菜篮子”生产基地33个，以大湾区“菜篮子”项目“一个标准供湾区”的高标准，倒逼清远农产品的质量和水平不断提高。

三是注重发挥产业带动效益。聚焦“清远鸡”“英德红茶”“桂花鱼”等具有广泛知名度的农业主导产业，加强共建帮扶实现联农带农，将优势主导产业打造成为带动农户脱贫奔小康、增收致富的“摇钱树”，推动清远由农业大市向农业强市转变。助力清远市打造省级现代农业产业园12个，推动“清远鸡”成功入选2020年国家级优势特色产业集群、英德红茶产业园成功纳入国家现代农业产业园管理。目前清远市共有清远鸡规模以上养殖场1025家，个体养殖场所近189万个，2020年出栏数量达1.05亿只，仅清远鸡龙头企业广东天农食品有限公司每年可以实现带动4000户农户增收1.28亿元。不断提升英德红茶品牌效应，成立英德红茶产业研究院，中国工程院刘仲华院士获聘首任院长，通过产学研合作，促进红茶、黑茶多品类产业化发展；联合八百秀才、英九庄园等茶叶龙头企业扩大种植面积，带动农户增收。目前英德市茶园种植规模达16.2万亩，从业人员15万人，成为带动一方致富的“黄金叶”。引进广东海大集团在清远投建5个子公司并打造省级现代农业产业园，到2021年年底桂花鱼产业总值预计可达50亿元。

（二）坚持稳岗拓岗，推动实现“一人就业、全家脱贫”

坚持稳就业、拓岗位、扩渠道的工作思路，把就业帮扶作为实现脱贫致富最直接长效的帮扶方式。

一是积极搭建就业信息平台。成立了全省首个就业扶贫办公室，通过“就业扶贫办公室+人力资源机构+驻村第一书记+贫困劳动力”的模式，联通劳动用工市场和贫困人口就业需求，落实“一人一案”精准就业帮扶措施。2016年以来累计吸引贫困劳动力参加适用技术培训29217人次，转移就业或劳动培训18967人次，打造扶贫车间75个，带动5889名建档立卡贫困劳动力就地就近就业，4777名建档立卡贫困劳动力在珠三角地区就业。

二是积极拓宽技能培训渠道。总结推广“鱼湾夜校”技能培训扶智扶志平台，获中央电视台《朝闻天下》《新闻直播间》《新闻30分》，广东卫视《广东新闻联播》等栏目报道。充分发挥位于清远的广东省职教城培养技能人才的优势，联合清远市人社局实施“粤菜师傅”“南粤家政”“广东技工”三项工程，累计完成技能培训约13.5万人次，有效提升了就业人员的劳动技能和收入水平，为乡村振兴提供人才支撑。

三是积极对接就业用工需求。积极应对疫情对群众就业带来的影响，联合对口帮扶清远的12家广州市属国有企业成立广州帮扶清远“国企联盟”，与清远市技师学院合作开展“订单班”；充分整合广州帮扶清远“国企联盟”、广东省职教城各大高校和清远辖区各园区企业的资源，举办广清共建就业（教育）帮扶长效机制暨广州帮扶清远“国企联盟”技能人才见面会、清远市技师学院2020年毕业生专场招聘会和清远市2021年“南粤春暖”乡村振兴专场招聘会等，有效对接学生、学校、企业三方的就业、办学、用工需求。

（三）巩固拓展消费帮扶成果，带动群众稳定增收

坚持把消费帮扶作为引导全社会参与的重要抓手。充分调动社会各界参与消费帮扶的积极性，促进农特产品与市场需求有效对接，实现城市“菜篮子”“米袋子”“茶罐子”有效供给，帮助脱贫群众持续增收。

一是做大做强广清农业众创空间。持续巩固深化“平台+龙头企业+合作社+基地+贫困户”模式，形成“三农服务站—分拣中心—区域仓储中心—前端门店”的全链条服务体系，打造、提升品牌效益，涌现出英德黎溪镇“苗苗”豆芽、连州九陂镇“祺连”腐竹、英德鲜水村“公益优鲜”系列干货等优质品牌，拓宽农产品销售渠道，促进小规模农户与现代农业服务体系有机衔接。2019年12月，全省脱贫攻坚现场会在清远召开。广清农业众创空间被批准为全省首个“消费扶贫创业创新基地”。

二是有效对接拓展广州消费市场。充分挖掘广州作为粤港澳大湾区核心城市的消费潜力，在广州举办农超对接会暨农业招商推介会，现场达成561个意向协议，签约金额4863万元。通过探索在广州社区开设门店的实体店模式，帮扶单位献爱心的团购模式，各级工会组织发动的工会模式，进机关、进学校、进社区、进企业的市场化运作模式等特色鲜明、成效明显的模式，实现清远优质农产品与广州庞大消费市场的有效对接。

三是创新农旅融合消费帮扶模式。大力推进“老广游清远”项目，把清远地区农产品销售融入乡村旅游中，让农户融入农村产业链并成为“主角”，通过旅游产业来推动脱贫攻坚和乡村振兴有机融合。在广州举办“清远市乡村旅游（民宿）招商会”，现场签约近32亿元，有效连接广州庞大的消费需求和清远丰富的农业、旅游资源，实现以旅促农、农旅互动。

巩固成果，筑牢防止返贫民生底线

把巩固脱贫成果、防止返贫致贫放在重要位置，坚决守住不发生规模性返贫的底线。

一是开展脱贫攻坚“回头看”行动。坚决把脱贫攻坚成果巩固住、拓展好，为推动乡村全面振兴奠定坚实的基础。聚焦脱贫攻坚交接衔接工作，对“四个不摘”、防返贫监测帮扶、扶贫资产管理、扶贫档案移交等工作任务进行全面检视，坚决防止因政策脱钩大规模出现返贫致贫现象。聚焦“两不愁三保障”及饮水安全成果巩固，采取数据筛查和实地核查等方式对脱贫人口教育、医疗、住房、饮水、兜底救助等民生保障落实情况逐村逐户逐项开展全面排查，确保政策落实不留死角、不留盲区。聚焦2020年扶贫开发工作成效考核发现问题整改，主动深入查摆，着力把问题找准找全，坚决做到问题见底、整改见效。

二是织密织牢防止返贫保障网。坚持早发现、早干预、早帮扶，将返贫风险消灭在萌芽状态。2020年10月联合清远市建立脱贫攻坚群众报贫工作机制，建立起市、县、镇、村四级群众报贫平台，实现困难群众报贫“一键通”。严格按照监测范围和工作程序，落实常态化管理监测，将脱贫人口及边缘人口全部纳入防返贫监测范围，实行分类监测，及时落实防返贫措施。依托“清远廉信”公众号，搭建返贫预警“微监督”平台，第一时间核实行业部门筛查、日常预警监测发现的存疑信息，做到随发现、随处置、随反馈，确保报贫人口动态清零，织密织牢防止返贫保障网。

脱贫摘帽不是终点，而是新生活、新奋斗的起点。广州对口帮扶清远指挥部扎实巩固拓展脱贫攻坚成果同乡村振兴有效衔接，探索破解城乡二元结构新路径，会同清远共同擦亮国家级扶贫改革试验区的招牌，为解决区域发展不平衡、不充分的突出问题贡献“广清方案”和“广清经验”，以过硬的工作成果交出开局“十四五”、奋进新征程的优异答卷。

广梅携手脱贫攻坚

广州与梅州市携手同心，高质量完成对口帮扶梅州脱贫攻坚任务，探索出减贫治理的“广梅样本”，助推梅州脱贫攻坚取得全面胜利、走在全省前列。2016年至2020年，广州累计投入帮扶资金47.3亿元，累计派驻帮扶干部625名，帮扶梅州272个省定贫困村2020年全部退出、建档立卡贫困户13460户40971人全部脱贫。

深化“一盘棋”决策部署，强化脱贫攻坚合力

（一）党政同抓强化一盘棋统筹

全面推行一把手负总责的脱贫攻坚责任制，形成穿透式的脱贫工作领导体系和责任体系。同时，完善工作机制强化基层战略执行。精准扶贫工作队成员与对口帮扶指挥部成员实行一套人员名单、一套审批流程、一套工作程序、一套执行标准，建立健全重大事项部务会议决定机制、各级派驻工作队总召集人制度、每周推进例会制等一系列抓落实制度。

（二）整合职能，强化一口径协调

机构改革前，精准扶贫、对口帮扶分别由广州市协作办和广州市发展改革委负责，工作重点分别是注重“六精准”的精准扶贫和注重“造血”的产业共建。机构改革后将两项职能整体归口广州市对口支援办，整合干部队伍和工作职责，广梅指挥部负责梅州 272 个省定贫困村精准扶贫前方指挥、统筹、协调工作，实行市工作队、县（市、区）工作组、驻村工作队三级管理制度，工作交接做到责任落实到位、项目规划到位、干部管理到位、资金使用到位、廉洁守纪到位。

（三）队伍融合，强化一体化攻坚

加大对口帮扶和精准扶贫队伍整合力度，改变策略，在对口帮扶工作队队长

挂任县（市、区）委常委、副县（市、区）长基础上，增加由精准扶贫工作组组长挂任县（市、区）政府党组成员，增城驻梅江梅县工作组组长挂任梅州市扶贫工作局副局长。12名广梅指挥部干部全部下沉园区，担任园区领导、相关职能局支部书记或国有企业负责人，与梅州本地干部融合管理，互学互鉴、互促共进。

完善创新驱动机制，强化脱贫攻坚动力

（一）创新工作方式

充分发挥红色文化、生态环境、市场价值的“红色+绿色+金色”整合效应，大胆创新“六重六动”工作方式：党建扶贫重先锋引领，实现“示范带动”；产业扶贫重全链延伸，实现“村村联动”；消费扶贫重产销衔接，实现“市场驱动”；就业扶贫重因人制宜，实现“技能推动”；旅游扶贫重价值提升，实现“红色撬动”；资金使用重精准有效，实现“绩效促动”。

（二）创新平台建设

2020年8月4日，省扶贫办批复同意设立广东省减贫治理研究院广梅园研究基地，打造新时代减贫治理和乡村振兴新高地。广州联合梅州积极创建广东省乡村振兴综合试验区，并分别写进广州、梅州市委“十四五”规划建议。

（三）创新科技赋能

广州充分发挥科研技术优势，调动众多科研机构参与扶贫开发，为梅州当地引进先进生产工艺、生产设施、管理模式，提升产业项目科技含量，加大农产品深加工力度，提升梅州柚、嘉应茶、客都米、寿乡水、兴宁鸽、五华高山红薯、仙草等全产业链水平，联合广州酒家研发的“五华高山红薯流心酥”和广式柚皮腊肠热销市场。

总结推广经验作法，成功打造“广梅样本”

广州聚焦脱贫攻坚、助力苏区振兴，以扶贫创新为动力，以产业扶贫、就业扶贫、消费扶贫为抓手，以派驻高素质扶贫干部队伍为保障，创造了很多好的经验和做法。

（一）以广梅产业园为龙头闯出脱贫致富新路

广州对口帮扶梅州大手笔、大投入、大发展、大效益，千方百计增强产业帮扶成效，提升当地产业现代化水平，增加了地方税收收入，更好地助推当地群众共同走向脱贫致富。以广梅园为主平台，8个对口帮扶产业园区联动发展，5年以来累计引进项目293个，其中亿元以上项目151个，已完成投资229亿元，2020年新引进亿元以上项目26个，提供就业岗位7.98万个。广汽集团、广药集团、广州酒家等国有企业在广梅园建设产业基地，发挥龙头集聚效应，带动产业链上下游，中国电子等世界500强央企、外企落户园区，初步建成绿色创新的高质量发展产业新城。广梅产业园向110条对口帮扶贫困村每年给予455.3万元固定回报。

（二）“大带小、小促大”凸显产业帮扶特色

帮扶设立扶贫产业化组织427个，特色产业项目911个，贫困村参与资产性收益项目684个。充分发挥广梅产业园等“1+8”产业共建园综合优势，积极构建产业共建园区企业与贫困户的利益联结机制，将贫困村仙草、红薯、梅州柚等农产品原料直销园区企业，既拓展了园区企业优质原料采购渠道，也为贫困农户提供了长期、稳定的农产品销售渠道，实现互利共赢。广药王老吉的原液提取基地带动农户种植仙草增收致富；金柚康公司开发国内首条柚果高值化生产线，从贫困村收购残次柚果实现变废为宝。项目“大带小”效应越来越明显。

广州对口帮扶的44个省定贫困村与梅州扶贫龙头企业金绿公司（陈小鸽）签订合作协议，在就业和产业分红收益等方面惠及贫困户1024户3431人，2020年年底贫困户累计分红收益达319.6万元，并推动占地32亩、投资1.3亿元的年宰肉鸽1500万只的肉鸽一体化加工项目投产。广州生长地农业科技有限公司落户五华，带动农户种植高山红薯2.15万亩，规划用地43亩、计划投资1.5亿元的高山红薯深加工项目已动工。越来越多的贫困村精准扶贫产业项目成长为产业共建亿元以上项目，实现“小促大”。

（三）扶贫车间与三大实训基地促进稳岗就业

2020年共帮助建档立卡贫困劳动力实现转移就业6768人、实现就近就地就业6337人，分别比对口扶贫协议目标任务多68人和2337人。针对贫困户要在家照顾老人、小孩，以及受新冠肺炎疫情影响不能出远门的情况，广梅指挥部统筹指导开办厂房式、基地式、居家式、融合式等扶贫车间48个，引导周边有意愿的建档立卡贫困户就近就业，每月增收2000元到4500元不等。比如广州市司法局在五华县洞口村投资建设免租金厂房，协助企业办证、招工等，有效解决该村建档立卡贫困户及闲散劳动力100多人就业，并推广到周边的南口村、湖中村。南沙区万顷沙镇按每月1000元对象岭村扶贫车间进行租金补贴，同时，该车间每录用一名本村有劳动力贫困人口，帮扶单位再按每人每月1000元对车间进行补助。广梅两地联合在广梅产业园创建“粤菜师傅”“广东技工”“南粤家政”三项工程省级培训基地，组建三项工程实训联盟，对参与三项工程的学员、企业等给予相应补贴，将每年培训2000人次，推荐就业1000人次。

（四）“菜篮子”配送中心与“三专一平台”同步推动消费扶贫

2019年9月，广州率先支持梅州建成粤港澳大湾区“菜篮子”产品梅州配送中心，按照供港澳质量安全标准，由广州国企越秀集团和广东汉光超顺农业股份有限公司联合成立运营主体，确保持续高质量、高标准供应，擦亮梅州农产品的金字招牌。目前，梅州已有43家种养殖企业入选粤港澳大湾区“菜篮子”生产基地和2个加工企业入驻信息平台，单日最大交易量达115.21吨。广州对口帮扶梅州指挥部与广州交通投资集团共同打造北三环高速新安服务区“驻村人+扶贫馆”，是广东省内首个高速公路服务区扶贫馆，依托北三环高速新安服务区密集的人车流量，建立线上、线下“驻村人+扶贫馆”同名商店和直播平台，同步同价销售广州对口帮扶梅州扶贫产品，打通了扶贫产品进入广州的高速通道。中洲农会作为广州市消费扶贫服务中心，推动梅州产品进入全国消费扶贫广东馆，各区相继设立消费扶贫专区、专馆、专柜，在天河区黄金商圈开展扶贫产品展销，设立兴宁扶贫产品展销中心，打造永不落幕的展销会。272个省定贫困村实现扶贫产品服务网点或电商网点全覆盖。两次在广州举办“好山好水梅州柚广州展销节”，一年两次在天河国际商圈等人流密集的商业旺地举办扶贫产品展销活动。通过政府新闻媒体、广州地铁公益广告、制作短视频等加大宣传推介力度，不断提升梅州扶贫产品知名度和美誉度。2020年帮助梅州销售扶贫农产品43亿元，其中销往广州12亿元；带动农户28万人，其中建档立卡贫困户5.6万人。

广州对口帮扶毕节市、黔南州

按照党中央、国务院关于东西部扶贫协作工作的部署和广东省委、省政府工作安排，广州市对口帮扶贵州省毕节市、黔南州的脱贫攻坚工作。2016年以来，广州以推进广州“老城市新活力”“四个出新出彩”的标准，推动穗黔东西部扶贫协作工作在全国走在前列。在2018年、2019年、2020年的国家东西部扶贫协作成效考核中，广州市均获得综合评价“好”的等次。广州市关于开展消费扶贫助推纳雍滚山鸡“出山入湾”的做法、纳雍天河实验学校“四个三”的帮扶模式、“粤菜师傅”“广东技工”“南粤家政”职业教育就业帮扶模式、广药集团“以输血+造血帮扶模式助力贵州刺梨产业发展”以及广州旅游扶贫、易地扶贫搬迁点后续帮扶模式等多次被国务院扶贫办作为典型案例印发推广。

5年来，广州用先进的理念、先进的技术、先进的模式，推动毕节、黔南脱贫攻坚取得决定性成效。

一是区域绝对贫困问题得到根本解决。广州市始终围绕着“如期实现现行标准下农村贫困人口脱贫、贫困县全部摘帽、解决区域性整体贫困的脱贫攻坚目标”，帮助彻底解决困扰毕节、黔南17个贫困县的绝对贫困问题。几年来，广州通过做好东西部扶贫协作工作，为毕节和黔南脱贫攻坚战取得全面胜利做出了积极贡献。两市州17个贫困县全部摘帽，2817个贫困村全部出列，累计减少贫困人口223.09万人。结对帮扶的过程，体现了广州担当，展现了广州作为，打造了广黔协作样本。

二是城乡公共服务水平得到显著提升。全面支持毕节、黔南的基础设施建设、易地扶贫搬迁，以及学校、医院结对帮扶，两市州建制村和组全部通硬化路，村村都有卫生室和村医，所有义务教育薄弱学校的办学条件得到改善，群众出行难、上学难、看病难等老大难问题普遍得到解决。毕节共搬迁32.48万人，黔南共搬迁24.73万人，广州围绕“稳得住，有就业，逐步能致富”，扎实做好易地扶贫搬迁点后续帮扶工作，支持后续扶持“五个体系”建设，实现有劳动能力搬迁家庭一户一人稳定就业，破解了“一方水土养不活一方人”的难题。

三是产业发展的可持续性明显增强。广州聚力将受援地打造成为珠三角乃至粤港澳大湾区的“三大基地”，广州石头造、王老吉、文博3D打印、中汉口腔、海大、聚能力、江楠、粤旺等实力企业在当地落户投产，尤其是广药集团、越秀集团、雪松集团、立邦集团等中国和世界500强企业落户毕节、黔南，成为长效脱贫的“主力军”和社会经济发展的“主引擎”，近5年，毕节、黔南的GDP（国内生产总值）年均增速10%以上。打造“一县一品”产业引领格局，其中曾“自产自销”的刺梨现已成“百亿时尚产业”及贵州的第四张名片，非遗蜡染刺绣从“沉睡千年”到登上国际国内时尚舞台并成为引领万名妇女有尊严就业致富的亿元产业，贵州鸡蛋仅用两年时间就抢占广州市场总销量的六分之一。广州唯品会、YY集团和三地妇联等联合开展的“唯爱工坊”“唯爱助农”“唯爱助学”等公益活动，入选《中国企业精准扶贫50佳案例》。持续开展旅游帮扶，广东游客到毕节、黔南旅游人数每年递增30%以上，每年超30万人次的过夜游客直接带动经济收入超10亿元，大批贫困户通过参与接待服务、销售农特产品、流转土地、房屋出租等方式从中直接受益快速脱贫。

牢记使命、高位推动，强化“五项保障”压紧压实脱贫攻坚政治责任

强化队伍保障。精选129名党政干部组建广东省第一扶贫协作工作组，派驻毕节、黔南开展工作。成立工作组临时党委、党总支和党支部，以党建引领扶贫协作，发挥战斗堡垒作用，先后有121名援黔党政干部和专业技术人才被评为省、市、州、县优秀共产党员。

强化制度保障。加强顶层设计，编制对口帮扶毕节、黔南5年规划，扶贫协作3年行动方案和年度工作计划，出台《广州市对口帮扶贵州省扶贫协作资金使用管理办法》《广州市消费扶贫实施方案》等政策性文件，明确目标任务和责任要求。建立联席会议制度，三地党政主要领导先后开展14次互访交流，各级累计实现1000余批1.5万余人交流互访。建立督导推进机制，出台《广州市毕节市黔南州联合督导评估推进工作意见》，每年签订任务协议书细化各项指标要求，充

分调动各市（州）、各县、各部门力量补短板、破难题。

强化资金保障。帮扶以来投入财政帮扶资金32.16亿元，年均增长超10%。积极动员社会各界捐款捐物，累计筹集85.94亿元。2019年完成城乡建设用地增减挂钩节余指标跨省调剂任务188.35亿元，超额50亿元。

强化纪律保障。三地纪委、监委联合出台《协同推进扶贫协作监督执纪问责工作机制》，联合开展执纪监督，确保资金项目使用安全。纪委、监察、财政、审计等部门联合开展常态化巡查督导，扶贫主管部门、帮扶单位和前方工作队（组）加强日常监督，持续传导压力。

尽锐出战、精准施策，构建“三大基地”增强造血功能

5年来，广州坚持把产业帮扶作为脱贫攻坚的主攻方向，广泛动员国企、民企参战助扶贫，围绕当地重点发展的支柱产业，着力打造长效脱贫的“主引擎”。

一是协作共建现代农业产业产供地。积极破解农业产业碎片化、同质化、粗放化等难题，推动广州海大、江南、粤旺、耀泓等农业龙头企业在两地投资建设种养殖基地、加工厂、冷链仓储物流等全产业链条，形成规模化、标准化和产业化发展，完成产品到商品、品质到品牌、产销到产业转变。采用“企业＋基地＋合作社＋贫困户”等帮扶模式，企业与当地贫困群众签订种养殖协议，实施产供销“一条龙”服务。在毕节、黔南累计建设粤港澳大湾区“菜篮子”基地42个，推动当地扶贫产品进入粤港澳大湾区市场。

二是协作建设黄金旅游休闲目的地。坚持“旅游+”的帮扶思路，加强政策和交通支持，三地旅游部门签署《旅游合作发展框架协议》，出台具有针对性的优惠政策，促成广之旅、南湖国旅等60多家在穗知名旅行社与当地签订客源营销协议；协调南方航空公司恢复广州与黔南荔波的航班，加密广州与毕节的航班。加强旅游资源推介，利用广州市机关部门官网、双微平台、公共交通广告平台、合作媒体等，进行深度宣传推介毕节、黔南旅游资源。加强旅游线路和产品设计，组织春季赏花团、夏季避暑团、秋季美食团和冬季养生团到毕节、黔南旅游。谋划开展“百企千团十万广东人游贵州”“千团万人游黔南”等系列品牌活

动，上架“贵州全景”“直飞荔波”“大兵小将智趣营”等系列产品800多个排期，推动广东游客到毕节、黔南人数每年以30%的幅度递增，5年来共150多万人次。

三是协作建设承接产业转移集聚地。坚持立足毕节、黔南资源禀赋，以不破坏当地生态红线为底线，深化制造业扶贫协作。携手共建产业园区，与两地分别共建“毕节·广州产业园”“黔南·广州产业园”，并协助当地政府编制园区发展规划、培训园区管理人才、出台《广州市支持市属国有企业到贵州投资经营的若干措施》一系列招商引资优惠政策，共同设立产业发展基金，扶持入园企业做大做强，协调推动在穗金融机构为入园企业开展政、银、企投融对接，促成11个项目获授信用贷款110亿元。大力推动“粤资投黔”，挖掘当地农业、矿产等丰富资源和富余劳动力优势，以现代制造业、劳动密集型加工制造、农副产品深加工为重点，引导和推动广东企业到毕节、黔南投资，一批制衣、鞋业、建材、电器、日用品等劳动密集型企业已经投资建厂生产，为脱贫攻坚注入强大产业发展内生动力。引导288家企业在毕节、黔南落户，实际投资164.63亿元，带动64.54万贫困人口增收。

聚焦贫困、强基固本，推进“四大行动”筑牢民生工程

广州坚持聚焦“两不愁三保障”，聚焦深度贫困地区，着力在补短板、强弱项、破难题上下功夫，积极构建多层次、宽领域、全方位的扶贫协作格局，为打赢脱贫攻坚战打下坚实基础。

一是劳务协作持续升级行动。坚持就业优先，深入开展劳务协作，先后培训受援地区贫困人口16.38万人次，建设扶贫车间和扶贫农场229个，实现转移到广东省就业2.44万余人、就近就业14.07万余人。

二是人才支援持续升级行动。坚持扶贫与扶志、扶智相结合，加大人才支援力度，先后选派4398名专业技术人才到毕节、黔南挂职工作，组织毕节、黔南628名党政干部、2207名专业技术人才到广州挂职锻炼，帮助两地培训党政干部1.35万人次、专业技术人才14.08万人次。

三是携手奔小康持续升级行动。组织开展“百企帮百村”“百间学校结

对”“百所医院帮扶”活动，实打实帮难解困。广州10个区、64个镇（街）、181个村（社区）、466家企业、65个社会组织、707所学校、223个医疗机构与毕节、黔南县（市、区）、乡镇、村、学校和医疗机构结对，实现878个深度贫困村全覆盖。培训贫困村致富带头人6136人，其中2946人创业成功并带动贫困人口29353人增收脱贫。

四是后续帮扶持续升级行动。围绕“稳得住，有就业，逐步能致富”，扎实做好易地扶贫搬迁点后续帮扶工作。广州累计投入财政帮扶资金7.8亿多元用于毕节、黔南搬迁点学校和医院项目建设，实施扶贫项目133个。以毕节市七星关区柏杨林街道易地扶贫搬迁集中安置点为试点，推动实施全面帮扶“八项举措”，援建的“长者饭堂”和“长幼日间托养照料中心”成为全国首家三者（长者日间照料、幼儿日间托养、长者饭堂）合为一体的综合服务平台。

攻坚破难、敢为人先，突出“四个创新”推动脱贫攻坚提质增效

一是创新消费扶贫“广州模式”，促进当地特色优势产业加快发展。发挥广州“千年商都”优势，率先打造粤港澳大湾区“菜篮子”平台，率先建立全市消费扶贫中心，率先成立市区两级消费扶贫专班，率先建立务实高效的消费扶贫联盟，率先将“广东扶贫济困日”活动引入消费扶贫，率先动员全市工会系统全部参与消费扶贫并采购总额超年度预算50%，构建了“四大举措”布局、“五大产业”支撑、“三大渠道”助销的模式，达到“数量大、质量优、渠道广、机制畅、效果好”，2019年、2020年国务院扶贫办通报广州市消费扶贫综合成效均在东部帮扶城市中排名前列，东西部扶贫协作产品交易市场被国务院扶贫办认定为“全国消费扶贫示范单位”，中洲农会挂牌“全国消费扶贫广东馆”。四大举措精心布局，整合市区两级扶贫部门、前方工作组、线上电商、线下商超、媒体等120多个组织500多名骨干组建务实高效的广州消费扶贫联盟，发布35个线上“消费扶贫指引”，搭建“个十百千万”（即一个全国消费扶贫服务中心、十个批发市场、百家线上联盟、千个连锁超市、万台自动售货机）销售平台。五大产业筑牢支撑，刺梨产业（预计2020年销售超5亿元）、生猪产业（越秀集团投资25亿

元）、蔬菜产业（江楠集团投资25亿元）、南瓜产业（订单种植近30万亩）、鲜花产业（在赫章县建成400个大棚）等五大产业已产生规模效应。三大渠道助力销售，线上线下设立专区253个，全市1000多个连锁超市参与消费扶贫，安排直播活动600多场，100多个优质扶贫产品火爆粤港澳大湾区。

二是创新劳务协作“广州模式”，助力解决六稳六保难题。组织实施“十百千万”工程：在广州市内设立24个劳务协作服务工作站，在贫困地区建设百个扶贫车间和扶贫农场，助推千名以上建档立卡贫困户劳动力到广州就业，提供数万个就业岗位给当地贫困群众。广州在毕节、黔南援建的“扶贫车间”和“扶贫农场”，实现送订单到村、送就业到户、送技能到人，有效实现了“空心村”不空心、儿童不留守、老人不空巢。积极搭建劳务协作平台，帮扶双方人社部门加强劳务协作，通过信息共享、组织企业现场招聘、送岗上门、远程见工等形式，实现供需精准对接。采取“专机专列专车专送”方式温暖护送毕节、黔南来穗务工人员返岗复工，有效缓解疫情影响。及时调整政策加大补贴力度，组织重点用工企业、重点行业、重点群体专场网络招聘会，提高供需对接效果。

三是创新科技帮扶“广州模式”，推动优势技术参与攻坚。广州创新工作机制，从决策咨询、技术指导、技术研发与转换、先进技术示范、职业培训等方面开展多层次、宽领域的科技帮扶，在黔南州海拔1400米以上典型冷凉山区，引入“滇杂31”“滇禾优615”等水稻良种良法，推广种植4万亩，亩产由300公斤左右增加到600多公斤，带动贫困户人均增收3000多元。广药集团携手共和国勋章获得者钟南山与贵州省呼吸病研究所共同成立“刺梨防治呼吸疾病产学研联合攻关组”，深入拓展刺梨功效。广州企业在贵定县建设“领略中国农村电商扶贫大数据中心”，将全县9374户30097人的贫困信息录入平台运作系统，实现“一户一码”扫码扶贫，在全国农村电子商务精准扶贫经验交流会上推广。

四是创新组团帮扶“广州模式”，提升教育医疗整体水平。以教育、医疗为重点，在毕节、黔南17个贫困县各选择一所学校、医院，为每所学校、每家医院分别选派优秀教师、医疗专家团队，通过帮带队伍、帮建学科、帮抓规范等，着力打造“示范点”，带动和促进当地医疗和教育水平的整体提升，连续创造多项“零突破”和历史最好成绩。帮助建设“毕节妇幼保健院两癌防治中心”；帮助七星关妇幼保健院开展9项新技术、新项目；帮助赫章县中医院开展肘关节和髋关节置换术等12例，属毕节首例；平塘县人民医院胸痛中心成为黔南全国第一批次通过认证的胸痛中心。采取政府牵头、校企合作办班等形式，开启“黄埔三都民族班”“三都黄埔技工班”“非遗传承教育扶贫项目”等教育模式，为少数民族贫困学生打造接受先进职业教育、在穗就业的平台。运用“互联网+”思维，开展异地一课两讲、远程会诊、远程查房等活动，实现优质教育、医疗资源共享。

陈敬区

第一书记陈敬区：扎根粤湘交界山村五年

荒塘村小档案

荒塘村位于广东省清远市连州东北角，地处粤湘交界处的山区。荒塘村由荒塘坪村、塘下上村、塘下下村、李仔树脚村、磊角岭村、坳头铺村、南门水村7个分散的自然村组成，全村有825户约3000人，因地处山顶，虽地广人多，但耕地面积少，难以形成规模种养。大部分村民外出务工，仅剩下一些老弱病残或难以外出的有劳动能力的村民。帮扶前，2015年村集体经济收入1.1万元，贫困人口年人均可支配收入3620元，全村年人均可支配收入 6200元；帮扶后，2020年的村集体经济收入达到11万元，贫困户年人均可支配收入达12591元，全村年人均可支配收入达16441元。2019年，全村67户134人贫困户100%脱贫出列。

从广州市到清远连州大路边镇荒塘村的路并不好走。为了探访扎根在荒塘村的广州荔湾区扶贫干部陈敬区，我们先从省汽车客运站乘坐大巴到达连州市区，再联系与陈敬区相熟的“面包仔”，搭上他的小巴前往荒塘村，4个小时的大巴加上近3个小时的小巴，耗时共7个小时。

在小巴上，我们遇到了一位荒塘村放暑假回家的大三学生，在湛江读书的她，为了省钱，带着大包小包半夜坐上湛江出发的慢火车，次日清晨才到达广州火车站，然后在省汽车站等待上午9时多发车的大巴，再和我们在小巴上相遇，到家已是下午3时多。从海的那边到山的这边，即使是省内，也要在路上奔波近一天一夜。

说了这么多，无非是要形容连州市大路边镇荒塘村的偏远和对外交通的不便。连州是清远市西北部的县级市，广州人对它并不陌生，它被五岭中的萌渚岭、骑田岭夹住，境内冈峦连绵，有“连万山为一山”之说。大路边镇则位于连州东北角，距离连州市区约70公里，是连州的偏远镇，而荒塘村则是偏远镇的偏远村，距离镇中心达20多公里。

我们要探访的主人公叫陈敬区，从广州大都市到连州小山村，2020年是他在荒塘村生活与工作的第5年。2016年，荔湾区桥中街“80后”干部陈敬区被派驻连州市大路边镇荒塘村担任扶贫队队长（2019年5月后担任第一书记兼扶贫队队长），这5年间，从新婚宴尔到为人父，陈敬区在3年驻村期满后继续留任，可以说，把人生特别宝贵的一段年华扎在了这个偏远山村。

体验了一番山高水远，在短短的3天逗留时间里，我们要去感受陈敬区驻村5年的漫漫，去看他给这个村庄带来的点滴变化，去观察在广袤的中国大地上一位普通扶贫干部的扶贫攻坚战。驻村扶贫干部的生活和工作到底是怎样的？当地的贫困户和村民又如何评价他们？姑且让我们像听故事一样感受一二吧。

谁是“隐富”谁是“真贫”？这很重要

历史上的荒塘村建村在清朝，依附秦汉古道形成村落，有比较繁荣的农圩市场，圩场设在一口干枯的大水塘坪上，因而得名“荒塘村”。这里的世居村民有欧阳、欧、成、张、李、唐、高、罗、曾、何等多个姓氏，为江西、湖湘民系，民俗呈现粤、湘、赣交融特色，采访中，我们观察到有些村民的独特饮食习惯，在粥里倒入辣椒酱，搅拌成辣粥喝下，有村民调侃“最能吃辣的广东人”或许就在这里。2020年，全村有825户约3000人，传统经营为农业生产，兼营货铺，主要种植水稻、花生、玉米等旱地作物，现如今村民主要的收入来源为打工工资收入和农业生产所得。

眼耳鼻舌身意的感受总比纸上的介绍来得真切。我们抵达荒塘村时，正值下午，站在荒塘村的中心——荒塘坪村，远望是悦目的青山，眼前是一条穿村的国道，时不时从湖南出省的大货车轰隆而过，划破山里的寂静。一幢幢显露着村民贫富差距的房子陈列在道路两边，富裕人家盖着两三层的楼房，贴着鲜亮的瓷砖，普通人家两层小楼立面则裸露着红砖或水泥，而经济状况差的一般都盖不起第二层。 房子和房子之间的空地上大都种着玉米、豆角、花生等作物。粗看之下，除了民房，只有零星一两间杂货铺子，除了小孩的零食、大人的烟酒饮料，并无其他。如果要买电器、服装或者大件日用品，听说村民一般都会骑着摩托车到附近的山塘村（原为山塘镇，后撤镇为村）或出省到隔壁的湖南临武县城采购。

在荒塘村党群服务中心，我们第一次见到皮肤黝黑的陈敬区。这一栋崭新的小黄楼是村里的党群服务阵地，有一个好听的名字——荔连楼，代表着荔湾、连州两地的帮扶情谊。荒塘村原有的党群服务场地是十多年前的旧楼，存在严重安

古驿道已经布满杂草

荒塘村党群服务中心背靠的后山小路就是秦汉古道

全隐患，多年来借用村小学教室作为临时场地，既影响正常教学秩序，也给群众办事和党员活动带来不便。在荔湾区委、区政府的关心下，经桥中街街道办落实，2019年10月，荔连楼竣工落成。村党群服务中心集党员管理、党员学习交流、综合服务、帮扶困难群众、受理反映社情民意等功能为一体，其落成极大地方便了村民办事，也使村党组织建设有了阵地，为党建引领脱贫攻坚打下了良好基础。

到连州驻村前，陈敬区并没有太多扶贫经验。从华南理工大学材料学专业研究生毕业后，他先是在一家检测中心做金属材料工程师，2014年弃理从文成为荔湾区桥中街道办事处党政办一名基层干部。2013年起，广州荔湾区结对帮扶连州市35个省定相对贫困村，全区所有街道和一些职能部门一对一定点帮扶到村。2016年5月，1982年生的陈敬区作为街道为数不多的适龄人选，被组织选派到对口帮扶的大路边镇荒塘村担任扶贫队队长。当时，陈敬区正值新婚宴尔，浙江老家的父母和广州的妻子都有些不情愿，他也有过一番思想斗争。最后，陈敬区接下了这个组织交给他的政治任务，周一到周五驻村扶贫，周末回广州陪伴家人。

来荒塘村时是5月，陈敬区记得清清楚楚，和同一批驻村书记到镇政府报到后，他从镇上坐车往山上走，“感觉越走越远，一直走不到。那时我穿着短袖，没想到山上可真冷。”生长在浙江温州海边的他，对山区有一些不习惯，语言不

荒塘村党群服务中心

荔连楼碑记

通、气候不适应，而且这里的经济发展水平比家乡还要落后十年，有些村民家里连凳子都没有，房间里昏暗杂乱。陈敬区知道自己不是来体验这里的生活的，而是来改变这里的生活的。

第一年是压力最大的一年。履职第一件事，就是要敲定荒塘村建档立卡贫困户名单。精准扶贫建立在精准名单之上，因而名单极为重要，这要求人生地不熟的陈敬区必须尽快掌握村里每一户的基本情况，尤其是收入情况，然后在镇里给到的初选名单里排除那些“隐富”，增补那些“真贫”。“有些人早些年外出打工，有房有车，村里都不知道，还挂在贫困户名单上；有些人家里本来条件还行，突然因病致贫、因学致贫；还有的人甚至会瞒报实际收入。”陈敬区说，他们得懂得筛查，比如向工厂核实贫困户务工者的月收入，根据行情估算农作物的产量及销售额，甚至利用大数据了解他们名下有无资产，以保证及时掌握到最真实的情况。

在陈敬区的办公室里，我们看到一小柜的建档立卡材料，每一户贫困户一本档案，随着信息的动态更新，大都已经是厚厚一叠。

两项驻村技能：骑摩托车和听星子话

在完成这项工作的过程中，陈敬区深深感受到入户走访时与村民交流的障碍以及没有摩托车的不便。他决定掌握两项基本技能：听方言、骑摩托车。陈敬区有着吃苦耐劳、踏实肯干的品质，从攻克语言关入手，他向当地村干部请教方言，同事们也很乐意教他，日积月累，从听懂一两成到听得八九不离十，陈敬区还能说上几句，为贴近村民、了解村情提供了不少便利。

荒塘村位于山顶，7个自然村分散在各个方向，最远的离村委有五六公里，摩托车是主要通行工具。为方便走村访户，陈敬区花了一个多星期学会骑摩托车，成为一名“摩托仔”。我们在荒塘村党群服务中心门口看见了陈敬区的摩托车。坐着陈书记的小摩托车，我们去探访了磊角岭村的贫困户，去看了村子里连片的水晶梨种植基地，还路过村子边缘广东省与湖南省的省界界碑。骑摩托车并不一直像兜风一样愉快，陈敬区说，山路崎岖，路上大货车多，任何一个拐弯都要小心提防，夏天下雨就要淋雨，下完雨山里起雾，能见度不高。冬天则是寒风割面，路上不乏艰辛与危险。

2017年9月初，陈敬区往镇上递送项目审批表，因为避让大货车而摔倒，导致左手掌骨骨折。回忆当时的情形，陈敬区说，迎面的大货车大转弯，他无路可走，只能倒向山体避让，好在有惊无险。他被送往当地医院紧急处理，再回到广州住院治疗。那时恰逢扶贫云数据采集等一系列工作开展，陈敬区放弃了一个月的建议休养期，仅休养了两个星期便带伤奔赴荒塘村。

与陈敬区共事了4年的荒塘村书记张荣德对这件事印象深刻。“一开始我们都不知道他受伤，看他几天没回来上班问了才知道。回来的时候他还打着石膏，说工作要紧。”在张荣德眼中，陈敬区不仅人踏实，各项工作保质保量完成，而且特别能“扛”，受伤也不愿麻烦别人，是个特别朴实的人。手伤恢复后，陈敬区仍像往常一样继续骑摩托车，因为它能带他到村里的任何一个角落，离不了。

驻村期间，陈敬区从新婚丈夫成为人父，异地扶贫让他倍感对妻子和孩子的亏欠。每逢周末，陈敬区都会乘大巴或拼车回到广州，陪伴家人。然而有时也无法两头顾。2017年10月，陈敬区的儿子出生，那是家里最需要他的时候。但因手头上有对扶贫家庭进行住址定位的紧急工作，陈敬区两周的陪产假只休了一周，因此妻子总是嗔怪他欠自己一周的产假。就在采访结束的周五下午，陈敬区原本要同我们一起回到广州，他还特地带了两个山里的西瓜想让妻儿尝尝，结果因为临时任务，又得从连州折返到荒塘村。

陈敬区（右）给村民赠送化肥等生产资料

陈敬区（右）与村民合影

儿子出生后，远在连州的陈敬区大部分时间只能隔着手机关注孩子的成长。陈敬区一直租住在张荣德家隔壁的弟弟家中，与他生活和工作交集最多的张荣德说，陈敬区白天工作，有时晚上还要去贫困户家串门了解情况，傍晚吃完饭的空档，才看到他跟儿子视频。2019年5月本是陈敬区3年驻村期满的时候，当时，荒塘村还未实现脱贫出列。考虑到陈敬区出色的工作表现以及接任人选的难寻，桥中街道办找到陈敬区谈话建议其再留任两年。“新的干部来，可能会不熟悉情况。”陈敬区选择继续留下。“听说陈队要走，大家很舍不得。后来说不走了，我们是既高兴又感动。”张荣德有些过意不去，这里条件太艰苦了。

4年驻村，忙碌于田间地头，风吹日晒，陈敬区变黑了，也成长了。他笑言自己从一名专业技术人才成长为全面型人才，“扶贫让我学到了很多东西，比如与人打交道、项目考察确定及保障等。”

“贫困户能在村里打牌吗？”这是个问题

在荒塘村的第二天，我们约了三位贫困户聊了聊，并到其中两户的家里走访。采访前，一个脑洞大开的疑问一直萦绕在我们脑中——贫困户能在村里打牌吗？就我们的生活经验，打牌是农村最常见的娱乐活动，不管贫富，都想玩上一两把，不管下注或不下注。其实，这个问题的背后，我们想探究的是，对于贫困的现状、得到的帮扶、国家的政策，贫困户自己怎样看？换作很“知乎”的提问即——在村子里当贫困户，是怎样的体验？

以下是三位贫困户的基本情况（2019年）：

荒塘坪村村民欧细剩：低保贫困户，家庭人口3人，妻子与儿子两人都患有精神病，只有欧细剩一人有劳动能力，在家务农。2019年收入主要有种植收入、养殖收益700元，欧细剩在村内打散工收入10275元，低保金9240元，光伏分红1629.9元，入股金满湾农业项目分红128.5元，帮扶单位慰问金600元，人均可支配收入为13271.39元。

荒塘坪村村民欧阳寄生：低保贫困户，家庭人口3人，欧阳寄生是家庭主要劳力，在家耕种并帮村小学守夜。妻子肢体二级残疾，无法参加生产劳动。家有一个女儿读小学。2019年，一家年收入主要有种植收益4500元、养殖鸡收入800

元、在村小学看门收入2400元、低保金9247元、光伏分红543.3元、入股金满湾农业项目分红428.5元、帮扶单位慰问金600元，人均可支配收入为9174.03元。

塘下下村村民欧阳取球：一般贫困户，家庭人口5人，欧阳取球2019年外出务工，目前在村里做保洁，每月收入1000元。家中3个小孩，两个上小学，一个外出务工。2019年收入主要有大女儿欧桂芳在佛山打工收入17250元、欧阳取球在佛山打工收入10800元、丈夫欧品志在佛山打工收入10000元、光伏分红2716.5元、入股金满湾项目分红2144.9元、帮扶单位慰问1600元。2019年人均可支配收入为9057.14元。

欧细剩的家就在离党群服务中心20米左右的地方。2019年，在旧泥砖房前面的宅基地上，欧细剩盖起了一层新楼房，去他家时，一家人正在客厅看电视。贫困户建新房有政策，当地政府提供了2万元，欧细剩自筹2万元，住进了砖混房。房子虽然盖起来了，但也只能用家徒四壁来形容，墙面红砖外露，没有多余的钱抹上水泥，客厅里的电器就是一台20来寸的电视机、一台2020年新买的电扇，木沙发是原来旧屋里的，还有几把旧凳子，地上堆了些化肥。再往房间看，也都只是破损的旧家具和杂物。欧细剩50岁出头，身板结实，皮肤黝黑，看得出是个勤快人，妻子和儿子看起来状态不错，礼貌地和人打招呼。欧细剩的妻子文化水平不低，多年前高中毕业的她没能考上大学，嫁了人，却心有不甘，几年前突然发病。而儿子初中毕业后去外地打工了几年，回来后也出现了精神问题。

跟我们介绍完家里的基本情况，被问到打牌的问题，欧细剩回："打牌？哪里有时间打牌？"作为家里唯一的劳动力，要撑起整个家，他得不停地干活，不是在田地里忙前忙后就是在村里打散工。妻子和儿子的病情一直要靠药物控制，这是家里最大的花销，为此，在收入有限的情况下，一家也是能省则省，吃鸡蛋算是开荤，吃肉，想都不要想。"我老婆儿子都这样了，我得在家待着，如果能在村里有份厂里的工作做做，收入会稳定一些。"欧细剩讲出了心愿，然而，村里还没有这样的就业岗位提供给他。在楼顶闲聊10分钟，欧细剩的妻子突然上楼，有些激动地要求我们离开，然后厉声责怪丈夫说太多、耽误太久。一位村干部告诉我们，这样的场景经常是来得毫无预兆，我们也就匆匆离开。

第二位贫困户欧阳寄生的家也不远。到他家时，欧阳寄生正在菜地里忙活，给姜地除草，女儿上学去了，肢体残疾的妻子独自在家。欧阳家也是一层红砖房，墙上贴满了女儿的奖状。“女儿从来不会因为别的小朋友有什么，就让我花钱买。”欧阳寄生的妻子说起女儿的懂事，十分欣慰。她告诉我们，村小学里只有一年级到三年级，女儿在山塘村上五年级，一个月的校车费和午餐费加起来要500多元，丈夫在农忙之余，会去村小学守夜挣得几百元当女儿的生活费。她自己则因肢体残疾被困在家里，每天村里的几位老人会来家里一起打打纸牌，打发时间。

说到村小学，不得不多提一句，位于李仔树脚村的荒塘村村小学虽然有两层教学楼，但是严格来说只能算是一个教学点，因为从一年级到三年级只有3个班8名学生，一年级2名学生，二年级4名学生，三年级2名学生。上课的唐老师告诉我们，村里的适龄学生连年减少，并校成为趋势，也许这个冬天教学点就要取消，到时候孩子们都坐校巴到山塘村去读书。“你们能不能反映一下，保留这个教学点，一、二年级的孩子太小，去山塘村上学不方便。”唐老师说。

第三位贫苦户欧阳取球2020年家里遭遇了变故，丈夫前些年做过手术，2020年查出胰腺癌，原本她和丈夫以及大女儿在佛山打工，现在夫妻俩不得不回来，只留大女儿在外讨生活。考虑到他们家的困难，欧阳取球被安排在村里的公益性岗位，一个月工资1000元，在村委厨房负责做早午饭和打扫卫生。欧阳取球是一个健谈的女人，在厨房忙活的空当，我们拉起了家常。

我们：在村委做饭累不累？

欧阳：在屋子里，不用晒太阳，比在地里干活好。

我们：每天在这里做饭，家里怎么办？

欧阳：我老公胰腺癌，不能吃热饭，每次我都是早上做好，凉在那里让他中午吃。二女儿上初一（注：2020年），小儿子上五年级，都在山塘（村），不用回来吃中午饭。

我们：孩子们都还听话吗？学习好不好？

欧阳：二女儿成绩中等，比较文静，她知道家里穷，想好好学又怕家里供不起。小儿子调皮得很，总是跟我顶嘴，读不进书。

我们：还是要鼓励好好学习啊。

欧阳：没办法，我老是跟他们说，学习再好，家里也供不起。心里也希望他们好好读书。

我们：会不会你这样说，他们就自己放弃了？

欧阳：我不懂，我姐也提醒我，不要这样跟孩子说话。二女儿其实很懂事的，看到爸爸发病疼得打滚，她都是眼泪打转。小儿子也常问我，为什么爸爸都这样了，还要嫁给他？

我们：那你怎么回答？

欧阳：我就说，刚嫁给你爸爸的时候，他好好的呀。

我们：小儿子还挺能说的。

欧阳：是啊，还问我，为什么家里这么穷，天天吃豆角，没有别的菜？为什么这么穷要生这么多小孩？

我们：男孩子爱吃肉很正常。

欧阳：吃不起，偶尔我姐姐来会带一点鸡翅，他最喜欢了。平时当然是地里有什么吃什么，最多就吃点鸡蛋。

我们：你丈夫现在情况怎么样？

欧阳：发病很痛苦，让我给他买药、找医生。医生说，没得治了。脾气也很暴躁，有时候挺吓人的。

我们：那不是你和大女儿撑着这个家？

欧阳：大女儿一直手掌有残疾，今年受到疫情影响，找工作也不容易，她在佛山厂里打工也就只能养活自己。我干活干着干着就觉得头晕，腰也痛。家里盖房子借了钱，两个孩子上学是很大一笔开支。

……

听着欧阳取球爽朗地“诉苦”，我们感受到了她身上担子的沉重，孩子们对贫穷耿耿于怀，有些责怪她，她也不懂如何去引导，毕竟操持整个家就已经掏空了她所有的精力。至于打牌，欧阳取球没时间也觉得不妥，“大家都知道我们是贫困户，不劳动去打牌，要被讲闲话的。”

劳力不足、因病致贫、因学致贫……对于贫穷，这几位村民并没有功夫去找原因，也无力一下子翻身逆袭。对他们而言，扶贫的政策让日子好过了很多，但他们都明白，不能懒惰，要靠自己。

最后，是一个充满希望的故事。坐着陈敬区的小摩托车，我们一路爬上斜角达40度的磊脚岭，来到磊脚岭村探望贫困户唐高来。他家的房子是新盖的两层黄色小楼，显示着他们经济状况的改善，木家具和新家电填满了不大的客厅。这样的平凡幸福生活，年过五旬的唐高来苦了30多年才得到。

唐高来的妻子在长子5岁、幼子2岁时亡故，唐高来一人靠种地抚养两个儿子长大，日子过得非常艰难。陈敬区来到荒塘村时，唐高来肢体四级残疾的长子正读大专，因家庭困难学业难以为继。“只要孩子读出来了，这个家就有希望！”教育是脱贫的深远之计，在陈敬区的帮助下，唐家长子申请到了当地教育部门的教育生活补助及每年5000元的荔湾贫困大学生慰问金，唐高来则通过免费领取化肥等生产资料，扩大了种植规模，还入股水电站、光伏发电、生态种植等项目，每年拿到分红。最后唐家长子不负所望，毕业后在广州找到工作，和在佛山打工

欧阳寄生家的墙上贴着女儿的奖状

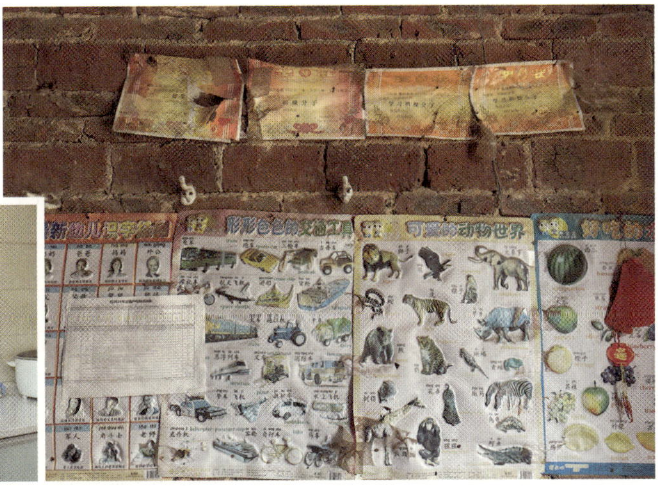

欧阳取球被安排在村里的公益岗位做饭

唐高来与陈敬区（左）在拉家常

唐高来家的黄色小楼

做石料加工的弟弟一起帮着家里盖起了新房。

唐高来十分感谢陈敬区对家里的关心，“你觉得陈书记这个人怎么样？”我们问。“经常来家里了解情况，帮我们解决困难。”唐高来答。“听说他驻村五年就要回广州了，你怎么看？”我们再问。唐高来突然来了情绪，握着陈敬区的手，眼角湿润。或许是想起以前既当爹又当妈的心酸，或许是舍不得这么好的陈书记。

唐高来久久沉默着，他的幼子和我们聊起天来。过年期间，他的幼子不慎摔伤手臂，一直在家养伤。春节期间，没有通过相亲找到合适的对象，又一时半会儿回不了佛山上班，想到有文凭的哥哥能在大城市里站住脚跟，他有些羡慕。不过从小吃苦耐劳的他，并没有气馁，“争取早点成家，让爸爸抱孙子！”这句话，才把唐高来从情绪里带出来。

好消息：“卖一担生姜，收入700元！”

据了解，荒塘村全村有825户约3000人，大部分村民外出务工，仅剩下一些老弱病残或难以外出的有劳动能力的村民，以种养为生。扶贫要精准，帮扶要因户制宜。对符合低保、五保条件的，陈敬区帮助递交申请材料，将兜底保障全覆盖；对留守村里有劳动能力的，则提供一些如清洁员、防火员等公益性岗位；对年轻、思路灵活的，则组织开展就业培训，鼓励、引导、介绍到珠三角就业；对擅长务农的中老年人，则发放化肥、种子，鼓励发展生产。“有几位贫困户就到我们桥中街道担任保洁员，有食堂，月收入四五千元，做得还挺好。”陈敬区认为，只要勤劳肯干，达到收入标准上的脱贫并不是难事。

不少有劳动意愿和劳动能力者受到家庭羁绊，像欧细剩一样，无法外出务工，他们更渴望在当地就近获得稳定的岗位和收入。

观察贫困户的就地收入结构，产业项目分红、农业种养收入是主要组成部分。经陈敬区和村“两委”班子的共同努力，这几年，荒塘村引入一些产业项目，增收效果明显。一家太阳能公司在村小学楼顶建设了光伏设备，2017年7月并网售电给南方电网，村里每人一年可以领到350元左右的分红；连州市统筹的潭岭水电站项目，入股的贫困户每人每年能领取480元左右的分红。

荒塘村的水塘

荒塘村

光伏发电项目

果树下种着玉竹、魔芋等

农业种养方面，因地处山顶，荒塘村虽地广但耕地面积少，有着“九分山，一分地”之说，在有限的土地上种出有经济价值的农作物，才能提高贫困户的种养积极性。金满湾公司农业项目是连州引进的农业项目，该公司在连州多个镇租有农地，进行规模种植，还负责贫困户种养农产品的销售。淮山、小黄姜、水稻、百合、红薯、花生等农产品的销路有保证，还有分红，大大提高了贫困户种养的积极性，单单在荒塘村，每户入股贫困户一年增收四五千元。

2020年，小黄姜的行情好，上门收购的蔬菜批发贩子开得起好价钱。“一担小黄姜，100来斤，能卖700元！”“多的估计收成20担姜，也就是1.4万元的收入。”我们在多位贫困户家中，都听到这样一个好消息。据了解，这两年，小黄姜的行情走高，从一担200多元的价格一直涨到了六七百元，而且小黄姜种植技术要求不高，打理方便，只需要勤除草，是投入低、产出高的农产品。

除了依托农业企业或者蔬菜贩子收购，得益于荔湾区桥中街的对口帮扶，贫困户们散种的农产业也渐渐打开了销路，荒塘村的瓜果蔬菜成了不少桥中街乃至荔湾区街坊的盘中餐。陈敬区有一个小本子，上面详细记录着供需的情况，比如当下，贫困户家中有哪些作物迎来丰收，产量几何，街道辖内的机关企业或居民又登记了多少订货量，把供需对接好后，再统一把农产品拉到广州，虽然量不大，多多少少能贴补些家用。

一组数据表明村民和贫困户收入的增长：帮扶前，2015年村集体经济收入1.1万元，贫困人口人均可支配收入3620元，全村年人均可支配收入 6200元；帮扶后，2020年的村集体经济收入达到11万元，贫困户年人均可支配收入达12591元，全村年人均可支配收入达16441元。去年，全村67户139人贫困户100%脱贫出列。

得益于111万余元的基础设施投入，荒塘村的村容村貌也得到极大改善，荒塘村党群服务中心建设、荒塘坪自然村自来水管安装、李仔树脚村自来水管安装、塘下下村生活用水井改造、塘下上村生活用水井改造、坳头铺自然村道路硬底化、磊角岭自然村道路硬底化等工程，极大地改善了民生以及村容村貌。

李仔树脚村的自来水管得到改造，流出哗啦啦的水

一次与创业青年的交流

了解到村子里农地少，看着漫山遍野的林地，我们心生疑惑：为何不发展林业种植呢？

陈敬区带着我们到山里找答案。原来，在荒塘村，大片林地属于受保护的生态林，剩下的林地又有一部分多年前被企业租下用来种植油茶树，村集体获得的是不算高的租金收益，剩下可利用的地也就不多了。“你们有没有留意到，我们山里的土质比较薄，下面全是石灰岩？”经过陈敬区的提醒，我们才发现，土壤条件好的林地确实不多。

除了土，还有水。据了解，荒塘村地势高，水蓄不住，缺乏大型水库，村民夏季生活用水高峰期有时都难以保证充足供应，灌溉用水就更难保证，限制了农业和林业的发展。

不过，我们在磊脚岭的缓坡上还是看到了面积相对较大的水晶梨林和鹰嘴桃林，有些水晶梨林下还种着成片玉竹、魔芋，形成林下经济。承包这几片林地的是荒塘村的创业青年和致富能手们。这两年，随着村里道路条件的改善，村里陆续有水晶梨种植、土鸡养殖大户回来创业。我们和陈敬区在山中就偶遇了磊脚岭村的创业青年唐卫强。

荒塘村的油茶果

荒塘村一片种着大片水晶梨、鹰嘴桃的林地

出生在磊脚岭的唐卫强，幼年随父亲移居到佛山生活，在佛山从事生鲜超市生意。2019年，他回到老家，打算从销售行业延伸到上游种植业，物色了几块条件比较好的地，种下了一些果树和药材，还圈出了两块地，搭建鸡棚，饲养走地鸡。“2008年就想回来，当时孩子还小，如今孩子大了一些，我也终于可以做想做的事情。”唐卫强并不认为做农业是看天吃饭，前提是要找准有前景的项目。他对在荒塘村种植百合、玉竹、魔芋等的前景十分看好，尤其在中药材市场活跃、药材价格走高的形势下，种植玉竹不仅经济价值高，而且方便进行二次加工，具有十分高的附加值。目前，在他的带动下，已经有好几位村民在他承包的林地边种下果树。

这一两年，刚种下的水晶梨和鹰嘴桃还没有很高的产量，但走地鸡在佛山市场已经初现市场前景。“我们的鸡从鸡苗到出栏周期要半年，主打高品质，一只价格达百元，刚起步不久，一个月也能售出五六百只。”唐卫强告诉我们，如果销量能够一直往上走，除了扩充自己的养殖规模，他还打算鼓励农户养殖，承诺负责收购。“毕竟，我们的鸡周期比较长，饲料成本不低，农户难以投入到规模养殖中，但散养鸡被收购，也能获得实实在在的收益。”

唐卫强家的养鸡场

眺望荒塘村

听到唐卫强一些商业的想法，陈敬区深受启发。他告诉我们，2017年，他曾经在南门水村发现一块面积达1000多平方米的平缓林地，并且引进了有意投资养殖黄牛的老板，项目却因村民内部对租地的分歧而流产。村民对土地的复杂情感，让他一直对规模化种养信心不足，“有些村民看收益不高，又害怕失去土地，宁愿撂荒，也不愿租用。”但唐卫强的创业行动让他感觉到，只要项目好，看得见效益，村民是愿意参与的。

如今，荒塘村已经脱贫出列。离五年期满还有一年多，陈敬区做得更多的是巩固提升工作。同唐卫强交流后，陈敬区打算通过这些能手带动整村的种养殖业，将绝大部分的扶贫资金投入产业帮扶上，为变“输血式”扶贫为“造血式”扶贫打下坚实的基础。

（文/图　吴多）

陈志龙

情满山乡战贫困：第一书记陈志龙

“与扶贫结缘，是偶然中的必然，因为来自大山的我对土地有着一份难舍的情怀。与枫坑结缘，是必然中的偶然，因为这个美丽的乡村总能让我浮躁不安的内心变得安定舒服……”

“我选择了，我就会坚持，我就会用尽一切力量去坚持！谢谢走在扶贫路上的你我他，与你们的同行，一定是我人生中最美的记忆！”

广州市越秀区六榕街驻清远市清新区枫坑村扶贫第一书记陈志龙在他的扶贫日记上动情地写下上面的文字。他在清远市清新区三坑镇枫坑村扎根近五年，为村民解难题、办实事，和村民之间结下了深厚的情谊。

在这里，他推动建起了饮用水净化过滤蓄水池，让全村22个自然村4500多名村民喝上了干净安全的水。

在这里，他推进扶贫项目实施，让枫坑村逐渐走稳脱贫路，形成了“农综改＋贫困户＋专业合作社＋基地＋电商＋乡村旅游”的产业模式、

➲ 陈志龙（右一）获“广州好人”称号

发展模式。至2019年年底，枫坑村贫困户家庭人均收入9235元，比全省脱贫标准线7598元高出20%，实现全部脱贫。

参加扶贫工作近五年来，陈志龙获嘉奖三次，荣立三等功一次，荣获广东省2016—2018年脱贫攻坚突出贡献个人奖，2019年1月荣获“广州好人”称号，2019年7月获得广州市“优秀共产党员”荣誉称号。

面对所有的荣誉和奖项，他说，他只是做了自己想做的、该做的、能做的一切。“成绩只代表过去，我会把这些荣誉看成对我的鞭策和激励，继续甘于吃苦、敢于挑战，坚守信念、砥砺前行，为单位建设增光添彩，为决战脱贫攻坚、决胜全面小康、实现第一个百年奋斗目标做出应有贡献！”

脱贫攻坚路上不停奔跑，陈志龙用辛勤的汗水守住自己的初心，用实际行动兑现着当初的诺言。

解难题：来回奔走，从死神手里抢回贫困户的命

进村入户体民苦，宣讲政策察实情。精准识别细研判，因户施策事躬行。

——陈志龙驻村扶贫日记

陈志龙（左三）经常与村民拉家常

走在村里，每个村民都主动找陈志龙唠家常。回忆起刚来驻村的时候，村里没有自来水，没有路灯，贫困户家中连电视信号也没有，夜里一片萧条寂静。如今，村容整洁，“八有”全部到位。

“群众的困难就是扶贫发力的方向。扶贫不是简单的帮扶，而是真正帮助村民解决问题。”作为一名扶贫干部，陈志龙深知精准识别是精准帮扶的前提，想要帮到真正需要帮扶的群众，就必须多跑腿、多入户、多考察，了解每家每户的真实情况，想群众之所需，解群众之所急。

枫坑村位于清远市清新区三坑镇北面，距离镇政府7.5公里，下辖22个村民小组，1068户，总人口4500多人。全村耕地面积3883亩，山林16359亩。根据新时期精准识别、精准脱贫的要求，枫坑村贫困人口最初精准核查识别确定为107户206人。没有了解实情“脱鞋下田”的细功夫，就没有连战连捷的高效率。进村之初，陈志龙对该村的扶贫工作现状“两眼一抹黑”，为了尽快了解情况、迅速打开局面，开始的30天时间里，无论上班还是周末，无论烈日当空还是暴雨倾盆，陈志龙都按照自己总结的“讲、听、筛、谋、护”五字诀——分片向群众宣传扶贫政策、逐个倾听群众的想法和诉求、对照“七进八不进”严把筛选关、设身处地为他们谋划脱贫办法、努力维护其尊严和致富积极性，有效开展工作。如此一个月下来，扶贫工作的对象摸清了，而陈志龙脚底也磨出了厚厚的老茧，有些地方还磨损破皮，疼得无法走路。

陈志龙有时也在想，没必要这么折腾自己。但一想到贫困户家庭令人心酸的场景，他告诫自己，万事开头难，一定要坚持下去，不要让贫困群众由希望变成失望！

他把这段挨家挨户走访调研的日子，写进了诗里：“踌躇满志踏征程，安营扎寨驻枫坑。进村入户体民苦，宣讲政策察实情。精准识别细研判，因户施策事躬行。耐心协调解民愿，昼夜加班打先锋。”

陈志龙到村民家中走访

陈志龙（左一）日常到村民家中走访

每一次，他坐在电脑旁，敲打计划方案和报表，脑海里高速运转着贫困户的名字、家庭情况、帮扶措施。扶贫期间，陈志龙真心付出，帮贫困户解忧，留下不少感人的故事。枫坑村的群众都说，陈志龙书记扶贫“用的是真心，用的是真情”。自从他来到村里，帮助贫困户解决了不少实际困难。

陈志龙（后）和潘炳坤夫妇

2019年中秋节前后，村民潘炳坤突发重病，陈志龙联系车辆将他送到城区医院抢救，还从广州请来专家会诊。几个月过去，潘炳坤身体恢复得不错。陈志龙告诉笔者：“潘叔是村里公认的老实人，人非常勤劳，从来不等、靠、要，看到他身体逐渐恢复，我心里很欣慰。”

2017年5月12日，这是一个普通平常的日子，对陈志龙来说，却是一个重大的日子，因为在这一天，他们村的低保户“大肚婆”李清凤终于成功做完了手术，卸下了跟随她多年的肿瘤，从死神手里抢回了珍贵的生命。

陈志龙进驻清新区三坑镇枫坑村驻村扶贫一个月时，就听闻村里有一个“大肚婆”，她的肚子胀得好像充了气的皮球，比孕妇的肚子还要大，走路非常困难，睡觉也不能躺着。他立刻让村干部带队，去进行家访。

一进门，陈志龙就看见了这个村民口中的“大肚婆”——肚子肿胀如球的李清凤。李清凤的肚子大得有点吓人，她说用双手几乎都抱不住自己的肚子。李清凤告诉陈志龙，这个“肚子”已经跟了她五年，但家里连基本的生活经济来源都没有保证，经常吃了上顿没下顿，哪里还有钱治病。

通过家访了解到，原来李清凤和丈夫是残疾人。李清凤小时候因为发烧，导致小儿麻痹，而其丈夫患有精神疾病。听了苦命女人的倾诉，陈志龙马上帮忙申请把这一家人列入低保户。两个月后的2016年8月，李清凤有了最低生活保障。

每个月有了固定的收入，解决了他们的基本生活问题。陈志龙经常去走访，更加深入地了解这个“大肚婆”。李清凤当年32岁，从小命运很坎坷，她是个弃婴，被养父母收养之后，一直在三坑生活，只读了一年书。多年来，李清凤被日渐增大的肚子折磨，走路都很困难，平时也睡不了觉。朴实的李清凤不太会表达自己，她只有一个心愿，希望可以摆脱这个“肚子”，过上正常的日子。

李清凤那大大的“肚子”，以及走路蹒跚的样子时时出现在陈志龙的脑海里。为了更好地帮助她，他利用周末的时间，去广州的各大医院，找医生咨询这类病情。他终于了解到，这种肿瘤是可以切除的，只不过需要一笔近10万元的手术费和数万元的后期营养恢复费用。

10多万元的治疗费用，对于一个低保户来说，无疑是天文数字。如何才能帮助李清凤筹够医药费？如何才能完成这个苦命女人的心愿？陈志龙经常苦思冥想，认真地研究党的扶贫政策和扶贫资金的管理政策，想着怎么帮助李清凤解决难题。终于，有一天他听说了狮子会这个民间组织。他眼前一亮，通过慈善机构连同村委一起筹款，把李清凤送到广州大医院进行治疗，可能是个出路。他很清楚，仅靠一个人是没有办法发起筹款项目的，而且仅仅靠村委筹款，这个原本就贫困的村根本不可能筹够李清凤的治疗费。

于是，陈志龙把自己的想法汇报给原来单位的领导。这一想法得到了单位领导的大力支持，并指示他大胆落实。得到了领导的理解和支持，陈志龙赶紧通过各方面的力量，主动联系了狮子会，请他们带医疗队到村里，并自费解决狮子会到访人员的午餐问题，目的只有一个，就是希望他们到李清凤家里，帮她做简单的检查，了解她的情况，然后一起发起社会筹款。

事情很顺利。他们利用部分扶贫资金，并借助社会的力量，很快筹到20多万元的善款。帮扶单位也高度重视这件事情，专门派人与村干部们一起开会商讨救治方案。会后，陈志龙和村委会的干部以及狮子会的人员立刻带李清凤到清远市医院检查。李清凤肚子里的肿块已经压迫到其他器官，情况越来越危险。陈志龙立刻着手带她转院去广州医科大学附属肿瘤医院。

2017年5月12日，李清凤成功接受手术，切除了折磨她多年的重达68斤的巨型肿瘤，从死神手里抢回了宝贵的生命。

在日记里，陈志龙这样感慨：“人活着就是一种责任。为人子女的孝养，为人父母的教养，朋友的信任，同事的帮扶，我们在各种角色中尽力完成着自己的责任。人生的价值，生活的幸福，也是于这些责任的履行中体现而来。”

在枫坑村，提起陈志龙和驻村扶贫工作队，村民们都会竖起大拇指，陈志龙以着力解决群众困难为出发点，切实做到“办好事、办实事、解难事”，全心全

陈志龙为李清凤奔波筹集善款，李清凤成功做手术卸下了肿瘤

意为人民服务，用真心、诚心、爱心和热心赢得了贫困户的认可，成为当地村民的贴心人。

办实事：
扶贫项目落地，全村贫困户全部脱贫

脱贫致富求实效，村容变貌露秀容。村头村尾灯光亮，水源净化慰民心。红花映果枝头硕，蔬菜大棚似画屏。光伏发电连成片，增收受益荡春风。

——陈志龙驻村扶贫日记

每个人的成长经历，都会铭刻下深沉的精神印记。陈志龙是土生土长的农村娃，他念着农村的一切，与农村群众有着天生的情感交融，这也是他情牵百姓、致力扶贫的精神源泉。陈志龙与村民交流得知，全村一直以来都是直接饮用地下水，未经任何净化过滤处理。

饮水问题关系每家每户、事关村民健康，陈志龙主动向镇政府汇报，申请越秀区扶贫资金11万多元，成功建起饮用水净化过滤蓄水池，现在枫坑村所属22个自然村4500多名村民，都能喝上干净安全的饮用水了。每每提及此事，大家都不忘陈志龙的“滴水之恩”。

为了让枫坑村的“容颜”更加美丽，陈志龙跑上跑下，几年来完成了村公共服务平台排污工程、光伏工程、全村4000多人用水净化过滤工程、全村路牌指引工程。

“新农村和美丽田园综合体建设正如火如荼进行着，看着枫坑村在变美，我的心充满感动！”陈志龙说。

在村民们的印象里，像这样的大实事在陈志龙手上办成太多了。过去几年，陈志龙积极协调相关部门和社会力量参与扶贫工作，加快推进扶贫项目实施。枫坑村形成了“农综改＋贫困户＋专业合作社＋基地＋电商＋乡村旅游”的发展模式、产业模式，把“特色种养＋农副产品深加工”定为支柱产业，逐渐走稳脱贫路。

办实事，首先发挥党员先锋模范作用，结合党建增强质效。“干群同心，

陈志龙（左三）与同事们在一起

才能打好脱贫攻坚硬仗。作为派驻基层的第一书记，我深知，要使脱贫攻坚的各项政策顺利落地，真正惠及贫困群众，拥有一个坚强的战斗堡垒和一支勇往直前的主力军尤为重要。”陈志龙深深感受到党建引领的重要性，他推动强化基层党组织建设，坚持思想建党，优化党员作风，注重发挥党员突击队作用，急、难、险、重任务党员带头上，确保传导压力、落实责任，形成脱贫攻坚强大合力。组建一个合力强、干事氛围浓的村“两委”，成了陈志龙作为第一书记的首要责任。

陈志龙和驻村扶贫工作队切实把抓党建工作作为头等大事和第一民生工程来谋划、来推动、来落实，着力完善小组管理架构，始终坚持加强农村党组织建设，以党建引领扶贫工作。将原来的九个党支部优化整合成两个党支部；六榕街自筹资金约12万元，建立了全三坑镇党员活动示范中心，全村各自然村也因地制宜设立党员服务站；严格按照党章，认真组织“三会一课”和系列专题党课培训，现按照中央部署，“不忘初心，牢记使命”主题教育活动如火如荼进行，使枫坑村党员思想觉悟和先锋模范作用显著提高。在此基础上，22个村小组成立了理事会，在村委会门前建立公示栏、群众意见箱，及时收集群众反馈意见，民主管理制度进一步健全，村“两委”班子扶贫攻坚战斗力、凝聚力和号召力进一步增强。

陈志龙利用夜访，挨个与村“两委”班子成员谈心交心，了解大家的思想困惑，通过召开支部委员会、组织生活会、面对面批评与自我批评、相互照镜子，消除班子成员的思想疙瘩。通过共同学习观看焦裕禄、廖俊波、吴仁宝等先进人物的典型事迹，把大家的心连起来，把大伙干事创业的精气神汇聚起来，形成了坚强的战斗堡垒。

在陈志龙的策划推动下，驻枫坑村精准扶贫工作队组织了全村村委干部、党员代表、村民理事会成员共40多人远赴英德九龙镇山蕉坪村、溢田村及浸潭镇塘坑村、虎尾村和石潭镇联滘水西村等参观新农村建设风貌，学习其在推进新农村建设当中的成功经验和做法。在参观浸潭镇虎尾村中，参观组成员对虎尾村从旧村搬迁至新村，打造成为扶贫村示范村的推进历程，总结得出：在新农村建设中，村民的思想工作、村委与村民的齐心协力是推动新农村建设发展的重要推动力。

在枫坑村，通过党建促扶贫攻坚，一批“造血”项目、一批基础设施、一批惠农措施，让贫困群众朝着“人有普保、老有应获、学有良教、病有适医、住有安居”的美好生活阔步向前。

结合枫坑村的地理优势，陈志龙推动村民大会的召开，征求当地群众的意见和建议，制定符合枫坑村产业特色的产业项目，如农村综合服务社项目、绿色有机果蔬种植基地、肉牛养殖基地、桑叶种植、养鸡综合基地。以村干部为法人代表，成立了枫顺种养专业合作社，号召村里有劳动力的贫困户加入合作社，利用扶贫资金租用红旗村43亩地，建设了枫顺种养示范基地，推行“基地+合作社+贫困户”的产业发展模式，以基地为示范平台，引进新型农副产品试种，如黄肉西瓜、水晶火龙果、黑糯玉米等高附加值的、品种稀缺的农作物种植，并吸纳14名贫困户和当地农户到基地参加劳作，获得劳工报酬，带动贫困户每人每年增收1000多元。

2017年10月27日，清新区三坑镇枫坑村扶贫基地的黑糯玉米新鲜上市了。

贫困户们看着硕果累累的玉米地，笑得合不拢嘴。而陈志龙除了喜悦，更多了一份略显忧虑的思绪。如何把玉米及时销售出去，变成财富，给贫困户们增收，成了驻村工作队当前的一项迫切任务，这就是他们作为党员、扶贫干部最关心的事情。

心系销售，陈志龙夜不能寐。为了争取时间，不错过最佳采摘期，陈志龙不辞劳苦，跑前跑后，连续赴广州、清远、东莞等地联络客户，通过大家同心协力，充分利用各自的人脉渠道和网络新技术，广发“朋友圈”，利用各自的人际

陈志龙（左）经常关心村民生产生活

陈志龙（左）与村民一起到地里劳作

陈志龙（主席台右）主持举行肉牛养殖培训会

关系网络和组织人员开发网络平台，真诚地向客户推介产品，努力通过各种手段进行促销。

功夫不负有心人，在陈志龙和他们团队的不懈努力下，五天，仅仅用时五天，他们就把枫坑扶贫基地种植的近1.5万千克黑糯玉米全部售罄。从几斤、几百斤到几千斤，订单接踵而至；从省内到省外，从淘宝到零售，从乡村走向连锁超市；他们用责任心和爱心挑起了帮助贫困户脱贫攻坚的大梁。

“这次黑糯玉米销售就像一次攻坚战。我们不是商人，却在做实实在在的生意的事；不是奇迹，却成就了自己生命中的第一个奇迹！”黑糯玉米的成功种植、销售，为枫坑村产业化精准扶贫、精准脱贫进行了一次有益的尝试和探索，取得了较大的成效，更加坚定了陈志龙和驻村工作队的信心和决心。只要帮扶工作谋划得当、发展措施务实、干部担当实干，贫困户就发展有望、增收有望、脱贫有望。

“扶贫攻坚是个系统工程，关注个例解决不了问题，单打独斗也必然事倍功半，只有动员多方力量，凝聚工作合力，才能加速推进扶贫项目落地实施，形成内外联动、齐抓共管的强劲态势。”陈志龙想到了要强化龙头企业带动，建立紧密的利益联结。在陈志龙的推动下，枫坑村积极配合区、镇的扶贫产业发展指示，与区、镇签订协议，投资入股了七个与龙头企业合作的产业项目，分别是由清新区统筹的光伏发电扶贫项目和华润风能发电扶贫项目，三坑镇统筹的枫红产业基地山苏种植项目、兴农乐项目和九牛洞旅游民宿项目，镇统筹的清远鸡产业扶贫项目、食用菌产业扶贫项目，项目根据区制定收益分配方案进行分红。每年可为村集体提升经济收入约10万元。

清新区三坑镇策划了两年多的农副产品加工厂也落户枫坑村，鼓励有闲置土地的农户在家发展农业，将产出的农产品拿到加工厂进行加工销售和为当地村民提供就近就业的机会。当地还计划投入10万元，打造农产品电商交易平台，打通枫坑村及其周边乡村农产品交易流通渠道，拓宽销路，助农增收。

枫坑村发生了翻天覆地的变化。从村委会至辖内200人以上的自然村道路硬底化实现率达100%，三年来，建设村道10公里，农田水利建设1800米。开展了饮用水工程，实现村通自来水20户以上的自然村22个，覆盖率达100%，饮水安全合格率100%。村卫生站等公共设施拥有率100%。完成有住房隐患贫困户的危房改造44户，实现全部贫困户住房安全。村容村貌和村民生活条件明显改善，公共服务设施和服务水平明显提高，基本改变落后面貌。

一份沉甸甸的“成绩单”浸润着陈志龙的心血和努力：至2019年年底，枫坑村贫困户家庭人均收入9235元，比全省脱贫标准线7598元高出20%，实现全部脱贫；村集体经济收入从2015年年初的4.8万元增加到了9.6万元；村民年人均可支配收入达14617元，超过全省农民人均可支配收入25%……

斩穷根：爱心扶贫照亮孤女求学路

虽然不是故乡却胜似故乡，这里的每一片土地，每一家贫困户，每一个角落，我都能感受到温馨的气息。在枫坑扶贫，我对这片土地，对这里的乡亲，有一种爱说不清，有一种爱道不明，有一种爱就是希望贫困户们尽早脱贫、走出困境。

——陈志龙驻村扶贫日记

2020年2月，清远市清新区枫坑村贫困户陆国平因身体不适，被紧急送往北江医院就诊。经检查，陆国平确诊为癌症晚期！

突如其来的噩耗让这个原本就贫困的家庭难堪重负。

得知此事，坚守在疫情防控一线的陈志龙第一时间前往医院看望老人。他协助老人申请大病救助，减轻因医疗带来的经济负担。

陆国平、陆海燕父女俩的生活，一直是陈志龙最为牵挂的事情。之前，陆国平没有办理医疗保险和养老保险，因历史原因其女儿的户口问题也一直没有解决。陈志龙先后10多次开车带着老人跑派出所、进民政局、访人社局，筹集资金5000元给父女俩做亲子鉴定，自己还垫资为老人补交农村医疗保险金和养老保证金，最终解决了其女儿的户口问题，同时给陆国平申请了低保，解决他们生活的后顾之忧。

不幸的是，陆国平老人最终医治无效逝世，留下正在读初中的女儿陆海燕孤身一人。面对一直相依为命的父亲突然离世，对于一个14岁的女孩来说这是一件极其不幸与悲伤的事情，随时面临辍学以及失去对生活的信心的可能。

为了解决陆海燕监护人的问题，不影响其继续顺利完成学业，陈志龙心急如焚、奔波劳碌。

经多方了解，陈志龙得知陆海燕的伯父陆国芬居住在清新太和镇，但是他与陆海燕父亲虽是兄弟，多年前就失和，几乎不来往。陈志龙多次与陆国芬电话沟通并登门拜访，动之以情、晓之以理，最终说服其成为陆海燕的监护人并将其接到自家生活。

细心的陈志龙还考虑到由于陆海燕伯父家距离陆海燕当前就读的三坑镇初级中学有30多公里远，路途遥远，不利于陆海燕上学，更不利于其伯父照顾其生活起居。于是，陈志龙将这些情况报告给镇政府、区扶贫办和教育局，经多次协商沟通后，成功助其转学至离其伯父家近的清新第二中学就读。

陆海燕在校表现良好，成绩突出，陈志龙自掏腰包为陆海燕送上慰问金，鼓励她振作精神、奋发图强，全身心投入学习，并迅速将其情况形成书面报告材料向镇民政所汇报，申请了孤儿救助。陈志龙还与村委会、村民代表开会商量，决定从扶贫项目收益分红分配中优先分配给陆海燕，减轻其家庭经济负担，助其重获对生活的信心。

陆海燕对陈志龙和村委会的帮助心存感激，并表示会将大家的关爱和帮助化为动力，努力学习，再接再厉，早日成为国家栋梁之材，回报社会。

“授人以鱼，不如授人以渔。扶贫必扶智，让贫困地区的孩子们接受良好教育，是扶贫开发的重要任务，也是阻断贫困代际传递的重要途径。”立足斩断穷根，巩固脱贫成果，陈志龙深知教育、就业帮扶的重要性，认真落实协助贫困户申请教育扶贫和发展就业的工作。

在教育保障上，27名在校贫困学生完成升学交接教育补助申请材料，确保教育补贴发放到位，其中适龄子女义务教育12人，贫困家庭子女读书难问题得到妥善解决。

在就业扶贫上，陈志龙和驻村扶贫工作队配合相关部门、公司的招聘宣传，积极动员、鼓励就业和技能培训，先后组织45位贫困户参加就业培训，参加就业招聘会，鼓励枫坑村有劳动能力的贫困户外出务工，增强自身脱贫致富能力。

目前枫坑村38名贫困户参与了务工就业，平均工资在2500元以上。同时，其中10名贫困户积极参与扶贫基地劳作，每月也可得工资1800多元。通过多层次提高村民教育水平、增强培训力度，知识改变命运，脱贫展开新的生活。

教育就业帮扶稳步推进，政策兜底“全保障”，也在陈志龙手上实现了。到2019年11月止，枫坑村有劳动能力贫困户33户89人，年人均可支配收入达到9235元；无劳动能力贫困户61户79人，100%落实了政策保障措施。枫坑村全部贫困户购买医疗保险，患大病贫困户40人全部享受医疗救助，残疾贫困户41人领取了残疾金救济，年龄满16周岁非在校的贫困户统一办理城乡居民养老保险，实现政策兜底，慰问帮扶扎实推进，保障贫困户脱贫致富。

看到这些喜人的变化，陈志龙心里美滋滋的。

在他看来，加大这种授人以渔的扶贫力度，以更精准的扶贫方式取得高质量的扶贫成效，一定可以从根本上阻断贫困代际传递，让贫困人口一个不落地奔向全面小康。

动真情：“我们就是陈书记的亲人”

在这场脱贫攻坚大会战中，我有幸成为一名普通“战士”，受命前往素有“贫困户集中营”之称的枫坑村，在那片土地上坚守并战斗着，做了一些力所能及的工作，干了一些分内的事情。

——陈志龙驻村扶贫日记

五年的扶贫日子里，陈志龙倾注了所有的心血，坚持吃住在村里，与家人聚少离多。陈志龙坦言：“有时候看到别人陪伴孩子成长，自己就心怀愧疚，多少次想对孩子说声对不起！但我不后悔。我相信现在所做的一切，将来会让孩子引以为傲的。”

陈志龙也不是铁打的，由于常常加班到深夜，辗转镇村之间，吃饭不定时，终于有个晚上突发晕厥，昏倒在地，醒来跌跌撞撞走到村卫生站，才发现自己血压严重超标。随后，陈志龙被送到镇医院住院，想着手上还有很多未完成的工作，心系扶贫的他一直央求医生只需要开点药给他，不需要住院，但医生强令他必须住院观察。

听闻陈志龙生病的消息，枫坑村的贫困户纷纷来医院看望他。贫困户们有的带来了亲手做的饭菜，有的提了自己养的鸡下的蛋。贫困户黎家祥说："陈书记平时对我们每个贫困户都特别关心，处事也公平公正。陈书记经常到我们各家各户走访，了解困难，嘘寒问暖。他一个人在这儿扶贫，举目无亲。现在他劳累过度，病倒了，亲人不在身边，我们就是他的亲人，来看望他是应该的。希望他能赶快好起来，健健康康回来村里。"村民们发自肺腑的感激也深深感动了在场的医护人员。

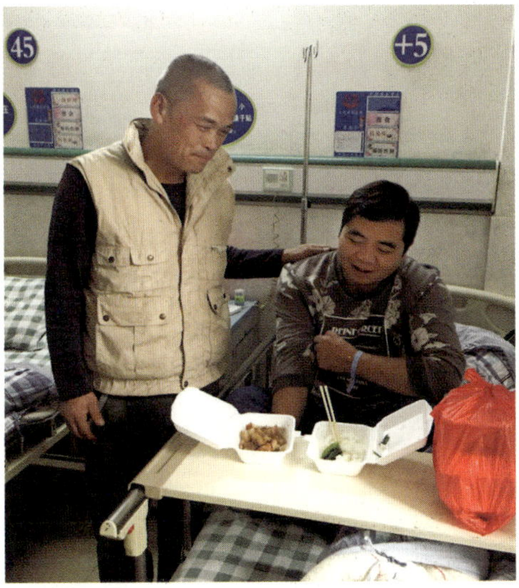

陈志龙（右）因病住院备受村民关心

这些暖心话语，至今让陈志龙记忆犹新，备受激励。每当工作推进不顺利时，陈志龙就会想起走访慰问中贫困户们信任的目光，想起贫困户们渴望脱贫的心愿，想起那次突发高血压住院时贫困户们来看望他的关爱。"这一切，历历在目，萦绕在心，这份情，流连在心底，渗透入灵魂深处！"

出院后，陈志龙又继续奔波，他说要带着感恩之心继续工作。"我是农民的儿子，我仍然记得自己入党的初心，这几年来也只是做了一名党员应该做的事。"

五年了，贫困户老潘的女儿现在都大学毕业当上一名人民教师了。陈志龙还记得自己深夜为她申请贫困助学金时的点滴。

五年了，"大肚婆"李清凤早就做完了手术，过上了正常人的生活。陈志龙和她一样，感恩当初愿意一起帮助她的所有人。

五年了，潘清汉老人终于如愿以偿住上了安全舒适的楼房，每次见到他无以言表的笑脸，陈志龙都觉得自己多辛苦都值。

五年了，为了帮贫困户们种植和销售农产品，增加收入，陈志龙一双长满老茧的手就是最好的见证。

丰收时节，枫坑村到处翻滚着无垠的金浪，迷漫着沁人心脾的果香。在肥沃

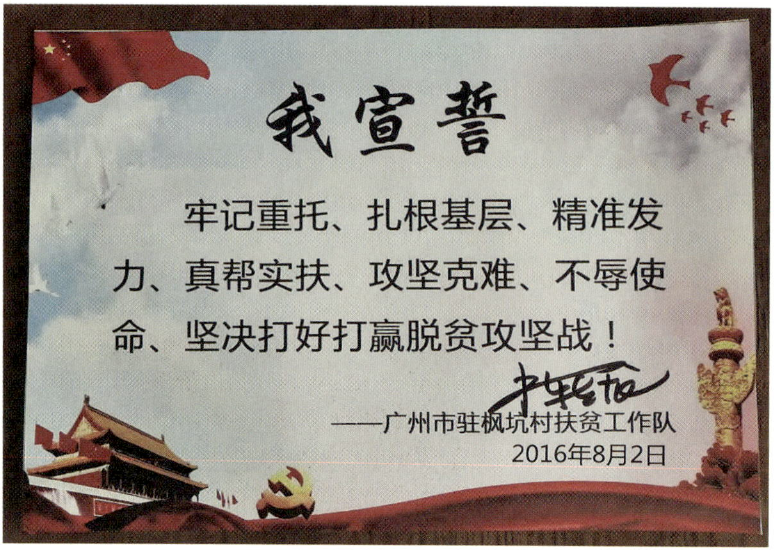

陈志龙的承诺

的土地上，成熟的红薯、花生、玉米、百香果和火龙果尽情地回馈给挥洒过辛勤汗水的人们。

拔地而起的党群服务综合楼，工人们正在热火朝天地安装水电、门窗等软硬件设施，旁边操作挖掘机的师傅正在哼着欢快的曲子，忙碌地挖着农副产品加工厂的地基。好一片生机勃勃、欣欣向荣的景象！

路通则财通。不远处，汕湛高速，紧绕村口，像巨龙蜿蜒盘旋，穿插而出，跃向远方。陈志龙沉醉于这水墨如画的美景，更是憧憬着为之坚守数年的这片热土能顺势而为、生机勃勃、坚定执着地张开腾飞的翅膀，完成最美的蜕变。

陈志龙正在紧锣密鼓地规划着枫坑村的未来。他表示，下一步要切实抓好扶贫工作，要在“扶真贫、真扶贫”上下功夫，要通过不断加强党的建设，壮大集体经济，把开发式扶贫与救济式扶贫相结合，真正防止贫困户“返贫”。

他计划着，健全完善返贫长效机制。坚持做到摘帽不摘责任、摘帽不摘政策，坚持对建档立卡的贫困户进行动态监管，做到脱贫逐户销号，返贫重新录入。

他计划着，要推行“龙头企业＋专业合作社＋农户”产业发展模式，引导贫困群众探索一条创业就业、增收致富的路子，加大兰花、火龙果等高附加值花卉及农作物的种植，想方设法增加农民收入。同时，采取措施，引导农户开设民宿，开展特色乡村旅游项目。

他计划着，充分利用农村党校、农机站、农校等载体，采取请进来、走出去的方式，加大对农户特别是贫困户的实用农业技术培训，使他们掌握实用劳动技能，增强自身造血能力。

“路上风景你独好，脱贫攻坚遍乡村。干群联袂齐发力，扶贫济世立新功。问心无愧与时殆，不枉男儿此一生！”这是陈志龙驻村扶贫时所写的诗词，也是他参加扶贫工作五年来的心理路程。

实现全面小康，带动乡亲们脱贫致富，就是他和工作队队员们当初共同筑下的梦。眼下到了脱贫攻坚啃硬骨头的关键时刻，能否按期高质量打赢脱贫攻坚战，成败在此一举。

“唯有不忘初心、牢记使命，咬紧牙关坚持奋斗，做到善始善终、善作善成，这样才能为我们的扶贫使命画上一个圆满的句号，才不辜负我们在党旗下的铮铮誓言！”陈志龙斩钉截铁地说。在他看来，生态宜居、百姓乐业、乡风文明、治理有效、包容富裕的枫坑指日可待！

［文/廖靖文　图/廖靖文、王燕（资料图由受访者提供）］

陈智军

建设“我们村”，那1700多个扶贫日夜：第一书记陈智军

2016年5月6日，广州市番禺区扶贫干部陈智军来到梅州客家村落——湖中村，眼前的情况让他愁眉不展：村子经济发展严重滞后，村里一片空荡荡，没有工厂、商铺，没有生机，只有荒废的山塘和林地，村集体年收入不足7000元，怎么办？

这些，没有难倒陈智军。

也无法阻挡被激发出内生动力的湖中村村民。

从帮扶之初，陈智军就深刻地明白：单纯送钱送物的“输血”手段治标不治本，要想彻底实现精准脱贫，一定要让湖中村实现自我“造血”，通过发展产业，让村集体和贫困户得到持续稳定的收入。

兰花种植、小龙虾养殖、富硒水稻、标准化养殖蛇（药用）、光伏发电、扶贫车间工厂，一个个实实在在的产业项目落地，让村民们看到了“富起来”的希望……过去5年多时间里，陈智军为湖中村脱贫致富找到了一条可持续发展的路子，村集体经济年收入从不足7000元大幅增长到2020年年底的53.21万元（全口径集体经济收入）。

2020年6月18日，湖中村最后三户贫困户达到退出标准，“摘掉”穷帽子，标志着湖中村整体实现脱贫。陈智军和扶贫工作队同事的努力终于结出了香甜的果实。

从2016年5月6日到2020年12月30日，这1700多个日夜，湖中村从贫困泥沼中站起来了。这1700多个日夜，陈智军从一个局外人变成了湖中村人。

说起这段仍在继续的扶贫故事，陈智军感慨万千：

“感谢党组织各级政府和帮扶单位，给我一个强大的后盾，给我一个为湖中村奉献的机会，让我有了帮助湖中村的能力。”

“感谢我们的乡亲，是你们的勤劳、拼搏，让自己的家庭和村子摆脱了贫困。为了富裕美丽的湖中村，我们还要一起来拼。”

“感谢我的家人，感谢你们也把湖中村当成咱们的家。正是你们的无私付出与支持，让我更好地投身她的建设。”

第一章：湖中村的“关键两步”

气顺了、心齐了，发展就快了起来

2016年5月6日，广州市番禺区人社局干部陈智军来到湖中村，成为驻村第一书记、扶贫工作队队长。在扶贫驻村工作队的帮助下，从2016年5月到2020年6月，湖中村迈出了“关键两步”，打了一场漂亮的“翻身仗”。

湖中村顺起来、富起来，靠的是扶贫第一书记的真情付出，靠的是激发出了村子和村民们“想要富”“想发展”的强大内生动力。2020年6月18日，湖中村最后三个贫困户达到退出标准，“摘掉”穷帽子，标志着湖中村整体实现脱贫。

小山村“顺起来”

精确掌握贫困底数，理顺了工作关系，完善了村子硬件设施

从梅州五华湖中村到广州番禺，路程300余公里，开车要近4个小时。2020年9月4日晚上9时许，第二天是周六，陈智军再次踏上回家路，第二天是儿子学校的一个重要活动，孩子希望他不要缺席。

小车飞驰在济广（湛汕）高速上，穿梭在茫茫夜色之中。陈智军向笔者谈起了帮扶湖中村这一路的历程。

刚进村，就吃了个“下马威”

2016年5月，他初到湖中村，工作开展并不顺利。小山村的复杂性，给他来了一个“下马威”。最初，村里报上来的贫困户名单有140多户560多人。这份名单让陈智军心情沉重，因为经过他初步入户了解，有些名单上的贫困户并不算十分精准，可能存在优亲厚友的现象，而有些不在名单上的家庭却实在贫困。

在村会议上，陈智军对此提出了不同意见：“为何有些农户情况比较好，还是贫困户？而有些环境较差的农户却定不了？”

精准扶贫的第一步，就是精准识别帮扶对象。扶真贫，才能真扶贫。

为了更加精确掌握帮扶基础数据，2016年5月，番禺区人社局选派6名优秀干部到湖中村与驻村工作组、村“两委”干部再一次组成核查工作组，用一个月时间深入各家各户开展摸底核查工作。全面摸清农户家庭成员、务工人数、家庭收入、居住环境、耕地面积、就读人数、致贫原因等情况，并建立扶贫对象数据台账，实行扶贫对象实名制动态管理，为实施精准扶贫奠定良好基础。

对于这份贫困户名单，陈智军召开了村民代表大会，在全村各大片区进行三次公示，开展回头看、入户调查等，经过全体村民筛选和增补确认才把最终名单确定下来。

“村民们世代居住在这里，由于宗族、人际关系等原因，小山村挺复杂。”陈智军说，第一次公示有人投诉，第二次还有人投诉，第三次村民意见才少了，初步确定了125户贫困户名单，然后又经历一次“回头看”。在一遍遍入户走访中，陈智军发现这125户贫困户名单中有三户家里有小车、两户有登记营业执照的，不符合标准，最后确定了120户贫困户。

“没有清楚的底数，帮扶怎么下手？”陈智军的帮扶工作，有了一个扎实的开端。

这些最初的小波折，与这座小山村原来的治理生态有关。2018年5月，在梅州市开展的扫黑除恶专项行动中，该村相关人员被依法抓捕，并涉及原来村“两委”干部。湖中村也被列为软弱涣散重点整治村。

心齐了，村里难事迎刃而解

“当时，五华县委书记来到村里蹲点，深入调查了解情况，我带着他走村串巷，把问题、发展困难一一都摆了出来。”陈智军说。

敢于直面问题，也让湖中村更好地步入了正轨。

对于村子的发展而言，一颗“强心”至关重要。

很快，湖中村党组织补充了新鲜血液。2016年12月，“80后”回村大学生、驻村扶贫工作队扶贫协管员何俊霞当选为湖中村党支部书记、村委会主任。

“湖中村‘两委’，工作做好哩；群众心欢喜，拇指表扬佢。”如今，流传于湖中村的一句话，道出了村民们对村容村貌大改观的充分肯定。

曾经的软弱涣散村，心齐起来了。

陈智军说，在2016年到2018年期间，在帮扶资金的支持下，村里完成了基础设施的建设，补上了硬件“短板”，包括建设了村文化广场、医疗站以及铺设村主要干道、安装路灯、更换学校教学设备和课桌椅，帮扶实实在在帮助村子实现了提升。

党组织力量强起来，风气正起来，村里很多难事也便迎刃而解了。

湖中村三角硿至柳树坝的田间绿道由于几十年来的“蚕食”，路宽由原来的几米变为几十厘米，而且杂草丛生，“路难行”给700多户群众的生产生活带来极大不便。驻村扶贫工作队和村“两委”班子将村民出行难问题作为找差距、抓落实的重点任务，积极谋划并筹资40多万元在此处建成了2.5公里长的休闲道路，解决了村民出行难的问题。

小山村“富起来”

引入产业、拔“穷根”，要让湖中村实现自我“造血”

理顺了小山村的制度和生活，陈智军就开始摸索做一件最重要的事：引入产业，帮助贫困户真正“摆脱贫困”。

陈智军明白，单纯送钱送物的“输血”手段，只是治标不治本的应急之举，不能从根本上改变湖中村贫困的状况，要彻底实现精准脱贫，一定要让湖中村实现自我“造血”，通过发展产业，让村集体和贫困户得到持续稳定的收入。在帮扶初期，陈智军脑海中就有了一张路线图——先易后难，一步步让贫困户真正参与进来。

2016年，开展兰花种植项目。2017年开展富硒水稻项目；2018年4月，在湖中村塘湖学校教学楼楼顶建造第一期光伏发电产业扶贫项目；2019年4月，总投资1200多万元的标准化养殖蛇（药用）项目落户；2019年8月，在独岭片区独岭山种植棚建造第二期光伏发电产业扶贫项目；2019年8月，开展小龙虾养殖项目；2020年5月，引进梅州市环艺电子加工厂“扶贫车间”……

在陈智军的牵线搭桥推动下，湖中村每年都引进和开展一至两个扶贫产业项目，一步步深入，一个比一个更实在，每一个项目都推动湖中村努力实现从“输血”到“造血”的转变。

这个昔日没有工厂、商铺，只有荒废的山塘和林地的贫困村，在产业扶贫的浪潮中，发生了翻天覆地的变化。“农民和村集体都实现了增收，村集体年收入已从刚开始的不足7000元增长到2020年年底的53.21万元（全口径集体经济收入）。是一个大飞跃。”

“产业帮扶，要村民参与进来，他们愿意，能够有收益，这个项目就算扎下根了。”2016年，村民钟能振通过种植兰花脱贫的事迹引起了陈智军的注意。

钟能振早年通过个体种植兰花过上了小康生活，但苦于没有足够的资金支持，兰花种植规模有限。在陈智军看来，规模化发展兰花种植项目是一条脱贫致富的好路子。他和钟能振一拍即合。两人多次赴梅州、惠州、佛山顺德、广州番禺等兰花种植基地和花卉批发市场，深入调查了解兰花销售渠道和市场前景。经过可行性和风险性评估后，陈智军下定决心，在湖中村开展兰花种植产业扶贫。

自2017年年初以来，在番禺区人社局和龙村镇相关部门的支持下，湖中村先后获扶贫专项资金共240多万元用于发展兰花种植产业，所得收益按照约定比例用于村集体经济增收和贫困户分红。

小龙虾“游”进村

2020年4月，湖中村这个沉寂的小乡村变得热闹起来，每天都有商家络绎不绝地来到村里收购扶贫产品——小龙虾。这里的小龙虾因用山泉水养殖，肥美干净、肉质鲜甜，因而广受人们欢迎，收购价在30～40元/斤。

陈智军介绍，湖中村的水质好，养出来的小龙虾肥美干净且肉质鲜甜，因此上市后颇受市场青睐，商家都主动上门收购。湖中村小龙虾养殖基地面积有150亩，目前已经养殖的面积达到90亩，一亩的产出有400斤左右，平均每天销售量在200斤左右。

陈智军是怎样请来“小龙虾”这个致富帮手的呢？

当时，时任县委常委、副县长的黄春雷从五华县挑选了几个贫困村的书记到湖北潜江考察小龙虾养殖，发现湖北潜江是连片开发养殖，一片就是数千亩、上万亩，“一个县年产值是200多个亿。”回来后，村支部书记何俊霞和陈智军把相关材料反复讨论研究，陈智军觉得项目可行，广东天气暖和，小龙虾一年可以产三次，刚好冬天那一次可以弥补湖北潜江的空白。

此外，小龙虾让土地产值大大提升。“一亩地如果种水稻，一年两季，每季每亩产稻米800斤，每斤2.2元，一亩地每年产值为3520元。如果养殖小龙虾，广

↑ 2020年4月，第一季小龙虾收获（穿橙色衣服者为陈智军）

东一年养三季，一亩地产出小龙虾1000～1200斤。算下来一亩一年的收入至少在30000元。”小龙虾，让湖中村土地产值翻了接近10倍。

“我们还去梅州另外一个贫困村考察，是增城区帮扶的一个贫困村，很早就探索养殖小龙虾了，而且很成功。”陈智军说。

收益就摆在眼前，还有成功案例在先。清清楚楚的这本经济账，让很多村干部先带头干起来了。湖中村三名村干部带头挖掉部分稻田，开始养殖小龙虾，“村干部第一年收益很不错，直接带动了贫困户参与进来。”

陈智军表示，接下来，小龙虾养殖基地将通过多种途径，带动更多养殖户加入，整合资源，形成稳健的产业支柱，带动更多农民增收致富。

小龙虾养殖的经验正在帮助五华县更多村子。在湖中村小龙虾养殖基地的示范带动下，村民们开始自发养殖小龙虾，周边的村也来考察学习。“顺应市场需求，响应广州对口帮扶梅州指挥部产业扶贫村村联动的号召，我和周边18个村的第一书记分享了小龙虾产业和发展前景，目前三个贫困村开展共同发展小龙虾产业，成为村村联动产业扶贫项目新亮点。”陈智军说。

波折的“标准化养殖蛇项目”

2019年，被很多地方争抢的“标准化养殖蛇项目”人员来湖中村考察，陈智军看中项目的广阔前景，卖力推荐湖中村。

“我们村有个‘8’字湖，就像一个宝葫芦，是个聚宝盆，蛇就可以在这里养。此外，我和村委书记都很年轻，有魄力，思维新。只要让老百姓赚到钱，我们绝对会持续支持你们的投资的。”陈智军说。

最后，“标准化养殖蛇项目”负责人被陈智军的诚意打动，决定把项目在湖中村落地。该项目转型在广东省内只有三家，湖中村的是最先进的，为全部地暖式恒温养蛇基地。湖中村和附近几个省定贫困村都入股了这个项目，龙村镇委、镇政府大力支持统筹扶贫项目，与项目负责人签订了协议。

围绕养蛇，湖中村还开发青蛙、白鼠和鳄鱼养殖，蛇吃青蛙、白鼠，鳄鱼吃蛇，构成了一条完整的生物链、食物链。

然而，2020年年初，突如其来的疫情让该项目遇到了未曾想象到的困难。野生动物及其制品被禁止交易，并倡导禁止食用野生动物。

“之前，‘标准化养殖蛇项目’方向是面向广州著名餐厅，项目刚开始，他们订了数百万元的货。当时，老板笑得合不上嘴，一年预计产蛇80000条，总销售达3000多万元，眼看钱就赚到了。”疫情突然到来，打乱了这个方向。

养殖场里的几万条蛇，该怎么办？

在多方摸索之下，“标准化养殖蛇项目”转向了药用方向。多亏了扶贫项目关注度高，很多力量也从不同方向帮助湖中村想办法、解决困境。陈智军先后找到了广州对口帮扶梅州指挥部领导、番禺区领导和帮扶单位领导共同协商解决问题，最后推荐了广药集团的奇星药业、潘高寿药业和中一药业，药企们也乐于伸出援手，为扶贫项目解决难题。“我们马上和这些药企对接，很快签订了订购协议，蛇作为药用。”目前，湖中村“标准化养殖蛇项目”还在稳步推进。

一步一个脚印，扎实发展产业

一个个产业扶贫项目，让村民们得到了实惠，让村集体和贫困户得到持续稳定的收入。有了产业发展的“底气”，村民对生活前景更加有信心。

为畅通产品销售渠道，陈智军还联系了直播机构，利用抖音机构——广州市抖盟科技有限公司开展贫困户山货出山“农产品抖音直销”帮扶，为了推介湖中村和龙村镇好产品，陈智军也出镜为网友们分享，让更多人了解湖中村，参与湖中村的帮扶工作。

脱贫，还是要靠就业

脱贫，光靠分红不可靠，还是要靠就业。“贫困户如果有有劳动能力的人员，有了一个人就业，一个家庭就脱贫了。”陈智军说。

五华县是著名的石匠之乡，很多村民都外出当建筑工、泥水工。2020年春夏疫情防控背景下，外出务工变得困难起来。

“村民们总不能在家里靠着、等着呀！”陈智军急在心里。

2020年5月，通过村“两委”干部和扶贫工作队共同研究，给予场租和就业补助的政策支持，一个高频变压器扶贫车间进入湖中村。“扶贫队可以帮助我解决下资金问题吗？如果能贷到20万元资金，我们的工厂就可以增加一倍招工。”在广发银行梅州分行驻村党建指导员谢柏文的帮助下，贷款问题很快解决了。扶贫车间在湖中村落地了。“村民可以在村里打工了，还不耽误陪伴孩子、地里的耕作。”陈智军说。

番禺区人社局认真落实番禺区委、区政府对口帮扶工作部署和要求，结合对口帮扶村五华县龙村镇湖中村实际，充分发挥职能优势，努力做好就业帮扶工作，实现精准扶贫。目前，已帮扶湖中村多名村民实现转移就业。

在实施帮扶工作中，番禺区人社局坚持以帮扶发展为核心，以就业援助、就业培训、创业带动就业为主要工作措施，进一步拓宽帮扶渠道，从源头上帮助村民脱贫致富。陈智军制订“一户一策”帮扶计划。在精准确定贫困户的基础上，逐一分析梳理贫困家庭具体致贫原因，并根据贫困户实际情况，制订脱贫帮扶计划，实施“一户一策”精准扶贫。

此外，实施“一对一”就业推介服务，帮助村民实现就业。驻村工作组在平时的入户走访中，大力鼓励和发动村内失业劳动力通过外出就业或自主创业等方式增加家庭收入，从而实现“一人就业，全家脱贫”。比如，在一次入户走访中了解到，村里有两名适龄女青年有意向前往番禺务工，陈智军立即将此信息反馈到番禺区人社局劳动就业服务管理中心。该中心根据村民的实际情况，迅速联系番禺区内多家知名企业推荐就业。此两名女青年于2016年6月20日成功入职广州长隆工作。

据悉，为了帮助上述两名村民就业，番禺区人社局全程提供贴心周到的就业服务，安排两名科长到车站接站、陪同她们到用人单位面试以及安排临时住宿等，为她们提供职业指导、面试技巧指导和岗前培训等服务，帮助她们在3天内实现就业。两名村民表示非常感谢番禺区人民政府的关怀和番禺区人社局的贴心服务，为她们解决了就业难问题，帮助她们尽早实现脱贫。

据了解，通过四年的职业指导、真诚帮扶和就业奖补等措施，湖中村2016年就业人数72人，2020年增加到176人。其中，外出就业和附近就业128人，灵活务工和在家务农48人。务工质量、人数和积极性大大提升，有劳力户收入也由2016年年初的不足4000元提高到2020年年底的17470.92元，“等、靠、要”思想全面瓦解。

第二章：“让村民觉得你属于他们这里”

在陈智军口中，湖中村成为“我们村”，一个广府人已深深融入这个客家村落

与村民交心，让大家认可你、信任你，成为一名真正的当地人。这对于扶贫干部来说，是一门大学问。

陈智军做到了。“我不是客家人，是广府人。可是，五年多，我深深融进来了，现在说起湖中村，我都是说‘我们村’。”陈智军说。

2019年年初，第一轮扶贫工作接近尾声了。“陈书记，我们村刚刚有了好苗头，你不要走。”“是你让村子变了样。”“我们早就把你当成我们村的人。”在贫困户座谈会中，村委干部和不少村民纷纷挽留，他们希望陈智军可以留下来，继续第二轮的帮扶工作。

湖中村是梅州市五华县委书记吴晖的挂点村，他也希望陈智军“再坚持一下”。

面对领导的希望和村民的挽留，陈智军决定留下来：“湖中村刚刚走上正轨，和很多村民也成了好朋友，眼看着他们日子一天天变好。我也不舍得离开这里。”

办实事，就能赢得村民们的实心信任

陈智军还记得第一次到湖中村，大巴倒小巴、高速转土路，单程就要折腾六个小时。虽然早有心理准备，但是村里的贫困还是深深触动了他：坑洼的泥路，屋内昏暗空荡，有些村民家中什么家具都没有……看到这样的情景，陈智军既心酸又焦虑，“这样的穷土地，什么时候才能有发展？！”

怎么才能改变这里的穷面貌，让村民动起来，努力奔美好生活？

陈智军认为，最重要的是要取信于村民。“只有人与人之间彼此信任，特别是群众对帮扶队有足够的信任，他们才听得进你的工作思路，才能形成人人都去工作、户户想发展的好局面。如果村民不信任你，仅仅靠几个扶贫干部，怎么能够把一个数千人的村子扶起来呢？”

然而，最开始，最缺少的就是信任。

“当时，很多贫困户认为我们是来这里走走过场、镀镀金，对于一名扶贫书记能不能改变一个村，很多人是不信任的。”陈智军说。

常年积累下的生活与思想的贫瘠，让这里看不到太多希望。陈智军还记得初到湖中村的时候，村里100多名贫困学生就读的塘湖学校，还用着20年前破旧的课桌椅，教学基础设施极为简陋，投影设备老化损坏严重。“再穷不能穷教育，一定要让孩子们能好好读书，通过读书改变命运。”陈智军通过帮扶单位领导先后协调一批热心企业团体，为塘湖学校更换了400多套新课桌椅；还购置了10多台全新教学投影设备；每年送上200～300套书包和学习用品；给成绩优秀的特困学生送上奖学金。

“在走访中，看着这里很多家庭的贫困状况，我心里很难受。我就动员身边的亲朋好友捐钱，购买一些粮油生活物资、书包文具学习用品给他们送过去。我的不少亲戚朋友每年都掏近万元到湖中村开展爱心行动，给村里的贫困家庭、孤寡老人送去棉被、大衣、电风扇、电饭煲、暖水袋。他们缺什么，就给他们买什么。”陈智军说。

一点一滴的爱心，在过去四年多时间里从未间断过。“农民兄弟姐妹们很实在，也很在意这样的一点点的获得感。他们觉得你是在真心关心他们，就会相信你，觉得你就是属于这里的。”陈智军说。

为村民办实事，就能赢得他们的实心支持。

2013年，湖中村独岭山下的河流突发洪水，冲垮了原本连接河流两岸的村庄和耕地的桥。湖中村独岭片区的村民有1000多人，大多依靠对岸的耕地维持生计，耕地对湖中村村民们的重要性不言而喻。桥被冲垮后，村民们前往对岸耕种的时间成本大幅增加，进而导致大片耕地荒废。“2018年年底，帮扶单位出资25万元，县委书记吴晖说：‘明年春天农户需要到对岸耕种，年底独岭大桥必须通车。’县委、县政府出了很大力，包括我们村里面的乡贤，村民们一起筹钱，把大桥建了起来。”陈智军说。大桥建好后，村民们在耕地和家之间往返要便利很多，原本荒废几年的耕地也慢慢重新恢复了生机。

“陈队长对我们很好，尽心尽力为我们做好事情，每一件事他都亲力亲为。不管刮风下雨，他每家每户都会去。为了村子的发展，他经常加班加点。过年的时候，他都会写好对联，让我们去拿，以前从来没有人会这样帮助我们，让我们觉得内心十分感动。”湖中村贫困户钟仕英这样说。

自创“三色”关爱法，将每个贫困家庭放在心中

“每个贫困户户主的名字都能叫出来。每家每户的家庭情况，我都清楚。”过去四年多时间，陈智军踏遍全村11.6平方千米土地，与扶贫工作队、湖中村“两委”制定精准扶贫“一户一策”，逐项落实医疗、教育、危房改造、就业等各项措施。

在具体贫困户帮扶方面，陈智军把贫困户分成A类情况较好、B类情况一般、C类情况困难三个类别，深入了解贫困户实际困难，一一记录合理需求，牢记贫困户手机短号，随时保持联系。“我重点关注20多户C类户，为其全屋翻新防漏、专车接送推荐务工、定期捐赠油米生活物资和学习用品，让他们感受到温暖。”陈智军说。

“要帮扶他们，就要清楚他们贫困的原因在哪里。”陈智军说。

在贫困户管理上，陈智军自创“三色”记录法。

陈智军说，村里有一部分是特别需要关爱的贫困户——他们家中至少有一名精神障碍病患，因精神障碍疾病致贫，这类贫困户，他用红色笔标注出来。“湖中村有20多户这样的贫困户。家中有一个这样的人，家庭就塌了一半。因为一个这样的病患，就需要一个有劳动能力的人员照顾，就没有办法赚钱了。”

第二类是因学致贫，陈智军用蓝色笔标注。对于这类贫困户，陈智军要准确记录他们家中孩子的性别、年龄与年级，“假期上门慰问的时候，给不同阶段孩子送的书包不一样。读小学的颜色可以简洁一些，读幼儿园的可以多一些卡通画。”陈智军说。

“孩子是未来的希望，读书是唯一的出路。让读书的孩子厉害起来，这个家庭就有希望了。”陈智军说，对他们的支持是帮助他们渡过这个难关，不要让孩子辍学失学，告诉他们要让孩子通过读书走出去。

还有一类贫困家庭，在陈智军笔记本上是涂的黄色。这类家庭家中都有一个严重“病号”，为了给病人看病，他们常年不在村里住，人都在广州等大城市租房居住，一边看病、一边打工，是村里的“隐形贫困户”。

“他们虽然不在村里，但是我们不能遗忘了这部分人群。”陈智军举例说，村里有一户人家有个儿子是脑瘫，年龄已30多岁了，一直瘫在床上，这户人家在广州大德路旁租房居住，同时做塑料花销售的生意。前一段时间，这户人家回来找到了陈智军，希望可以拿到低息贷款，陈智军马上帮助他联系了贷款，并留下了电话，“随时跟踪了解情况，有困难，就协调资源帮助他们。他们的遭遇让人同情，而且他们在很艰难、很拼搏地生活。对于他们来说，贫困只是暂时的。要尊重他们的自尊心，多为他们提供各方面的支持。”

“要经常主动联系他们，鼓励他们勇敢面对生活，对未来生活要充满希望。”陈智军说。

……

陈智军的真心和行动，被村民看在眼里，记在心里。

“尊重他们、爱护他们、鼓励他们，大家就像一家人一样，只有这样才能一起拼搏生活。”陈智军说道，这些年以来，他坚持做到三点细节，一是与群众亲切温暖地握手，给予充分的尊重；二是入户走访时，对于贫困户和群众奉上的茶水，要喝下表示尊重；三是要与群众平等诚恳地交流，像亲人朋友一样为他们拍照留念。“时间久了，村民们把我当这里人，我也把这里当成了家。”陈智军每年都要邀请妻子、儿子女儿一起来村里参加捐赠活动，湖中村也成了他的半个家。

第三章：与湖中村的生命联系

四年多时间，陈智军感觉与这个偏远的小村子发生了生命的联系：同悲欢。

对于很多扶贫干部来说，家是一个充满愧疚的字眼

从广州番禺到梅州市湖中村有300多公里。对于陈智军来说，这条路一头是家庭，另一头是帮扶村的乡亲，“两头的分量都很重。”

说起家庭，陈智军有一肚子话。“聚少离多，是难免的。我刚来湖中村的时候，大儿子在读三年级，现在在读初一了。刚开始扶贫的时候，小女儿还没有出生，现在都快五岁了。”陈智军说，过去四年多时间，非常感谢夫人和岳父、岳母的帮助与支持。“当家里有事情和我的工作有冲突的时候，他们总是让着我，让我以工作为重。”

番禺的家人，也把湖中村当成家

过去四年多时间，陈智军基本每个月都要回广州三趟，虽然累，他也尽量做到这样，“尽量照顾到两头的家。”一个月中留在湖中村的一个周末也是陈智军最忙碌的时间，“部分贫困户是周末一家人才能凑齐。我一般选择在周末上门，给这些贫困户拍一张全家福，让他们留做纪念。上门聊聊天，也能给他们鼓鼓劲。”

2017年春节，陈智军在一次入户走访途中，由于雨天路滑，驾驶的摩托车上山坡时不小心摔了下来。那一摔给陈智军造成外伤性颈3／4椎间盘突出症，并安装了需要永久保留的融合器。鉴定为工伤9级伤残，从此，陈智军颈部活动受限，不能进行重体力劳动。

“当时医生建议术后要卧床休息三个月到半年时间，但是因为工作原因，我只休息了一个月，就赶回湖中村继续工作了。”陈智军说，“最初，我妻子坚决不同意我回村，还说命都没有了，还上什么班。我了解她，刀子嘴豆腐心。最后，还是我妻子开车把我送到湖中村，还在湖中村照顾了我一段时间。”

“慢慢地，我的家人也把湖中村当成家了。”陈智军笑着说，每年妻子和儿子女儿、岳父岳母都会来湖中村陪伴他一个星期，“来这里做做好事，慰问一下贫困户，与村民家庭联谊一下，让他们感受到温暖。”

与湖中村、与村民们同悲同欢

五年的时间，陈智军感觉自己与这个偏远的小村子发生了生命的联系：村里的乡亲们，也成为他难舍的“家人”，与湖中村、与村民们同悲同欢。

“感觉命运是联系在一起的了，不可分割的。”在湖中村，陈智军再也不是最初的陌生人。

“四年多时间说长不长，说短也不短。人生总是变化无常，一些经常见面唠嗑的老人突然就离开了。上次见面人还好好的，还在鼓励老人，没想到回村就见不到了。”陈智军说，五华人的葬礼要搭一个棚，顶上铺盖上一块蓝色的布，女孩子、男孩子唱着歌，“听到村子里响起这样的声音，总是很伤心。”

第四章：党旗飘扬，从落后村到先进村

“村书记，德为先；村班子，贵团结；百姓事，记心上……”这是湖中村党群服务中心墙上的村居干部履职规范“三字经”。2018年，扶贫工作队和当地村委班子一道把“为民服务、规范履职”的各项要求浓缩成了这篇朗朗上口、通俗易懂的“三字经”。

从此，“三字经”就成为村干部以身作则、履职尽职的“镜子”，也成了村民群众监督的“尺子”，掀开了湖中村“蜕变”的开端。

湖中村蜿蜒的田间绿道两旁挂着不少岗位牌，上面写着党员的名字、电话、职责等，这是党员网格化管理和片区责任制的一个缩影，由党员带头，分工覆

盖，将写在表格里的“责任单”，变成实际行动的“助力器”。该村仅田间绿道就设置了绿化养护、治安巡逻、政策宣传、卫生监督、村规民约监督等五个公益岗位、18个点，全村共计40多处，充分发挥党支部凝聚力、组织力、战斗力，实现村务治理和村容村貌的巨大变化。

风里来雨里去，深一脚浅一脚，陈智军的“扶贫路”也越走越清晰：坚持党建引领，依靠党组织，筹集资金解决贫困户生活困难、修路解决村民出行难、盘活资源发展产业扶贫。一座文化广场、一间卫生医疗站、一幢党群服务中心、一条独岭大桥、四五条村干道、引导就业适龄家庭成员进行务工、100%完成危房造房……

湖中村实现“造血式”脱贫，被五华县评为党建、扶贫和乡村振兴示范村，陈智军赢得了乡亲的肯定和好评，被称为湖中村脱贫致富的“引路人”。

在过去四年多时间里，湖中村也把曾经服务意识不高、服务能力不足的软弱涣散村，转变成坚强基层战斗堡垒的标杆，一跃成为梅州市的党建先进示范村。

党建强了，扶贫成果也显现出来。经过四年多的努力，湖中村贫困户的人均可支配收入从2016年的不足4000元上升到2020年年底的17470.92多元（2020年脱贫标准为9060元）；村集体经济收入从不足7000元大幅增长。2020年6月18日，湖中村最后三个贫困户达到退出标准，“摘掉”穷帽子，标志着湖中村整体实现脱贫。

“能够参与脱贫攻坚这项历史性光荣任务，是我莫大的荣幸，我坚决服从组织安排，一定不辜负组织的信任与重托。”这是陈智军接到湖中村驻村帮扶任务时的发言。

从2016年5月6日入驻湖中村，到2020年湖中村整体脱贫，1700多个日夜，陈智军当初的承诺终于实现了。

文/肖桂来

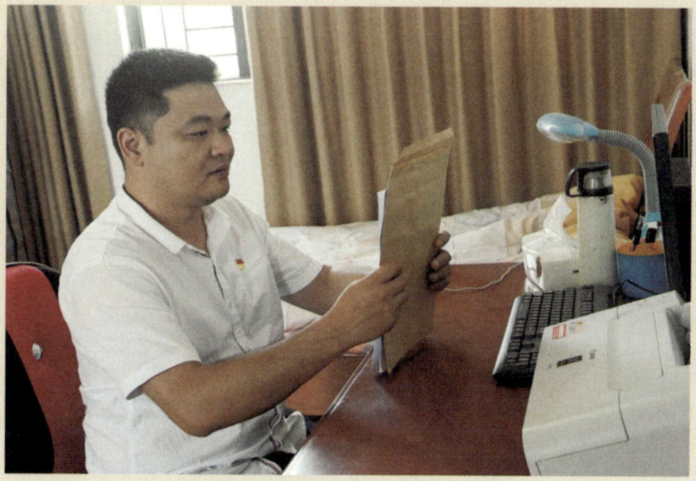

黄自军

“傻”和“疯”，换来焕然一新现代新农村：第一书记黄自军

每当黄自军走访完贫困户走出潘田村路口时，总是会把摩托车在河堤上停一下，回头看看潘田村的夜景。潘田村被山脉“一分为二”，只能看到山这侧的狭长散落村居，炊烟四起，点点灯火映入黄自军的眼帘，可以想象山那侧必然是一样的情景，所有的劳累瞬间就飞到了九霄云外。这是梅州市蕉岭县新铺镇潘田村第一书记黄自军普通的一天。

2020年，黄自军到潘田村已是四年多，起早摸黑、废寝忘食是黄自军的日常生活状态。由于放不下这里的扶贫事业，在第一轮三年的扶贫任务结束后，他主动向单位领导请缨再留一轮。在朋友眼里，这样的黄自军有点“傻”和“疯”，但他却甘之如饴。

四年多来，潘田村从以前一个穷困闭塞的山区贫困村发展到现在交通便利、基础设施完善、产业逐渐发展壮大、村容村貌焕然一新的现代新农村。从2016年到2019年，潘田村贫困户脱贫44户，脱贫人口112人，脱贫率达100%，实现全面脱贫。

村里的百年祠堂

在世界第七个“世界长寿乡”广东省梅州市蕉岭县大山深处，藏着一个籍籍无名的小山村——潘田村。从县城出发，沿着石窟河驱车半小时，路旁不断掠过青翠竹林，沿途农田里不少农民正在收玉米，猛然间路边闪现一排仿古长廊，潘田村到了。虽然村面积不大，只有6.5平方千米，但是却特别狭长，足足有6千米，一条狭窄的山丘矮坝子纵横南北，将村子又一分为二，形成了依山傍水的独特风貌。潘田村全村有耕地面积980亩，山地面积4985亩，共有15个村民小组，划分为5个自然片，总人口1950人。现有精准扶贫对象共44户112人，有劳力27户89人，无劳力17户23人。村产业结构比较单一，村民经济收入主要依靠种养、务工，村集体经济薄弱，2015年村集体经济收入不足3万元，是省定贫困村。

6月的清晨，正是农忙时节，村委门口的田地里，绿油油的玉米、花生长势喜人。村头党建休闲长廊人不多，只有寥寥数人在乘凉，村民钟映玲正忙着将长廊旁的田地清理出来。村支书邓孟鼎和第一书记黄自军合计着这里可以种上村里

修葺一新的潘田小学

的特产黑玉米，钟映玲忍不住插话："黄队，这有一亩地吧？南北寨还签不签保价合同？如果签的话，我来承包啊！"

黄自军回应："正在谈，应该没问题。等确定了就通知大家。"

钟映玲瞬间笑开了花："好好好。"

钟映玲嫁到潘田村22年，眼见着黄队来了之后，潘田村一天一个样变化起来，对黄队很是钦佩。"今年玉米卖不起价，除了我们潘田村的玉米，市场上才卖五毛六毛一斤，我们这里签合同的有保护价，1.5元一斤，就是黄队谈回来的。"可惜钟映玲家只有一亩七分地，如果能拿下眼前这一亩地的承包权，一年种三茬玉米，这一进项就多了几千块，钟映玲手下的活更加麻利起来："今天就把这里清理干净，争取早点种上玉米。"

谁能想到四年前，长廊和廊旁良田是条人人避之不及的排水臭水沟和荒地。黄自军依然记得2016年新时期扶贫脱贫攻坚战打响，拎着行李来到村里时的情形：入村的狭窄小路只有四米宽，仅够一辆车走，雨天一脚泥泞，晴天尘土飞扬，一进村就是一条又脏又臭的排水渠，雨天排水，日常扔垃圾，水渠里漂着各种杂物。虽然是主动请缨来扶贫，但是被"熏晕"了的黄自军的满腔热情陡然间降了几度。及至到了又小又旧的原村委办公室，军人出身的黄自军的心反而落了地：既来之则安之。我是来扶贫的，不是来享福的，如果注定是一场硬仗，那就撸起袖子上吧！

从2016年来到这里，不到两年的时间里，黄自军和村支书邓孟鼎联手让这里变了样：以前入村土路狭窄，仅四米宽，没有明显的标识。经过改造，现在不仅在入口建设了村标，道路也扩宽到八米。老村委会只有80平方米，村干部全部挤在一间小办公室里，服务群众应该具备的各个功能室根本没有。经过帮扶单位、蕉岭县、新铺镇领导共同努力，将闲置的潘田小学修缮改造成为新的潘田村党群服务中心，现在群众服务大厅、村三委办公室、农家书屋、小型会议室、远程教育会议室等功能齐备，为来办事的群众提供规范、整洁、舒适的环境。以前排水渠又臭又脏，生活垃圾、建筑垃圾都往沟里丢，每年都要花一万多元清理，一到了夏天臭不可闻，村民都避开走。现在这里变成了一座集群众休闲、党建宣传、村务公开于一体的长廊，成了村民最爱来的地方，忙完农活就来坐一坐，群众在长廊休闲的同时也可以学习党的政策及了解村委公开的情况。

黄自军喊邓书记“老班长”，两人都是武警广东边防部队转业。邓孟鼎2020年57岁，土生土长的潘田村人，转业后下海，掘到第一桶金，成了远近小有名气的企业家。但他却始终挂念着家乡，2005年被乡亲们请回来做了村支书。当时尚没有财政拨款，潘田村一穷二白零收入，村委会连工资都发不出，邓孟鼎自掏腰包给村干部发了一万多元工资。从那时起，他开始寻找乡村致富之路，当时的他，总感觉是一个人孤军奋战，苦！直到2016年，黄自军来到了村里，两人成了精准扶贫的好搭档。

黄自军年轻、有点子，邓孟鼎熟悉村里的一草一木，两个人都是拼命三郎，在村委会加班、吃住在村委会是家常便饭。黄自军的卧室里只有一个简易衣柜、一张床、一桌一椅一电脑，桌面上摆着最新的贫困户种养项目申请书，即便回到卧室，黄自军也总闲不住，下班后只是换了个工作场所，依然在处理工作。

村民提起他们两位就点赞：“村里的大事小事，无论是邓书记或黄队，一个电话就马上过去。”有次周末晚上，村民看到村委会办公室灯火通明，以为忘记关灯了，打电话给邓书记。因为村务绊住脚没有回县城家里的邓孟鼎赶紧跑去看，结果看到黄自军在挑灯夜战，整理贫困户资料。

“人民对美好生活的向往就是我们的奋斗目标”，在潘田村党建服务中心

潘田村党建服务中心墙上的红色标语

的墙上，红色的标语映入眼帘。自从服务大厅来到村上，村民办政务再也不用跑到半小时车程之外的县城了，足不出村就能办事。时不时有贫困户来提交扶贫资料、产业发展申请书，办理低保等业务。

墙的一侧是崭新的村委会和党建服务中心，另一侧是村里唯一的古迹，一座有着百年历史的小学——潘田小学。黄自军和邓孟鼎每天一早会来到村委会办公，忙完工作，两人时不时会到潘田小学转一转。

曾经破落漏雨的潘田小学如今已经修葺一新。邓孟鼎在这里读了六年书，闭着眼睛都能数出学校的布局。天井中央曾经有一棵硕大的玉兰树，每年春天花香四溢，深吸一口气便入五脏六腑，是师生们最爱休憩的角落，如今已经被移植去了别处。黄自军也微有些遗憾："我来的时候，玉兰树还开得茂盛。但是玉兰树树根已经对百年古建筑产生了破坏性，不受限制的树根顶破了墙砖。当时百年潘田小学已经破败不堪，漏顶了，2018年修葺时，只能移走了。"

修旧如旧，留住乡愁。青砖黛瓦、飞檐白墙的围屋，校门口两侧"用心协力办教育，化雨春风育新苗"的对联，见证了百年沧桑。因为广东找不到同规格的青瓦，连屋顶的瓦片都是从外省运来的。潘田小学依然保留着百年前的格局，有两个礼堂、八间教室，遇到哪一年学生多教室不够用，礼堂就临时客串教室。

邓孟鼎站在一间教室内，仿佛依然能听到朗朗的读书声，那时他还是个穷山村的内向小学生，坐在教室倒数第二排，成绩不好不坏，最喜欢听的是老师讲故事，最爱做的事是到校门外的空地上打篮球，那时他想象不到自己现在会成为村支书，也想象不到如今的潘田村已经摘掉了穷帽，生活会发生如此翻天覆地的变化。"十几年前，乡村小学全部整合到镇里，这里就闲置了，一放放了十几年，一度租出去种灵芝，瓦片全部塌了，穿顶漏风漏雨，以为这里会陆续倒塌下去。黄书记来了说这个学校一百多年了，如果塌了太可惜，于是向有关部门申请小学归村里托管，进行了大修加固，才保留下来了。"

百年潘田小学教育了一代又一代人，村里的百岁老人都是在这里读的书，曾经走出过清华、北大的名牌大学生，潘田村村民谁家都跟潘田小学有着断不开的关系。1989年由村民捐款加固了一次，校门已经由双开门变成了单开门，门外的泥地操场已经铺上了水泥，砌起了花圃。而那些在这里读过书的学生有的已经四散他乡，有的则在一墙之隔的村委会上班，后来空置了十余年的潘田小学再也没有教出一名学生。

如今，这里即将迎来新的学生。潘田村“新时代文明实践站”的牌子已经挂在了村委会门口，潘田小学即将引进企业合力打造的网红培训学校，开通网红直播间，吸引周边村民前来免费培训，让村里的农产品上网销售，打造“网红”。可以想象，不久的将来，这里的“网红”学生将源源不断从这所脱胎换骨的百年学校里输出。

“懒汉变形记”：养鱼大户背后的故事

早上五点多，天还未亮，蕉岭县新铺镇潘田村村民邓崇胜就起床来到鱼塘边，割草喂鱼，忙完一阵他赶回家匆匆吃个早饭，此时时针指向六点半，太阳刚刚露头，一路走到羊圈，看到青草上露水已经散去，又到了放羊时间。“羊吃了带露水的青草会拉肚子，但是太阳太晒羊又会得病，所以一早一晚放两次羊，避开中午最晒的时间。羊还要补充盐分，盐砖吊在羊圈里，羊需要的时候就去舔，这样营养均衡了，羊才长得好。”

黄自军与邓崇胜一起放羊

虽然养羊才一年，但邓崇胜却已很有心得，俨然半个专家，这得益于他被唤起的致富心和扶贫队组织的免费农业技术培训。“以前我有空就去找人打牌、喝茶、聊天，现在哪里有空啊？有空也跟老乡‘取经’怎样养羊、怎样养鱼。”放完羊回家吃午饭，下午两点多，赶去另外一个鱼塘喂鱼，再赶回羊圈放羊，很忙，但他也乐在其中。“养了8只羊，去年3只卖了9000元。现在母羊全部带羊羔了，争取今年多养两只。加上打零工、养鱼，争取今年收入能突破5万元。”这是邓崇胜给自己定的“小目标”：“我以前是懒汉，现在既然黄队把我从懒汉名里拽出来了，那我就要做脱贫户里最勤奋的那个！”

“黄队，进来喝茶啊！”见到黄自军，邓崇胜依然按照四年前黄自军刚来时的称呼热络招呼着。黄自军应声落座，流利地用客家话跟他聊起了村里的新鲜事。干净的门庭、客厅，簇新的实木沙发、液晶电视……眼前的场景让人很难想象，四年前，邓崇胜是个村里出名的贫困户。

黄自军第一次见到邓崇胜是2016年。当时黄自军主动请缨，经组织遴选，作为驻村帮扶工作队队长来到梅州市蕉岭县新铺镇潘田村。彼时的邓崇胜和70多岁的母亲住在一间破旧的泥砖瓦房里，屋顶四处漏光，屋里又脏又乱，连件像样的家具都没有。有人来访，邓崇胜也是一副爱答不理的样子。

“这人才40多岁，努力正当时，怎么会把日子过成这样？”黄自军觉得不可思议。邓崇胜平日替人看水库，一个月工资几百块，“马马虎虎过日子。”一些村民看不惯他“家里有田也不种，窝在水库边上的小屋子里什么活也不干”，口碑实在算不上好。

万事开头难。贫困户不爱搭理他，黄自军便一次次地厚着脸皮上门拉家常，身为广西人的他不会讲客家话，就拉上邓书记等村干部当翻译。

一次次不厌其烦地走访，直到有一天，邓崇胜被打动了，他提出：“种田是没什么指望的，我以前养过鱼，让我养鱼行不行？”这正中黄自军下怀，“一户一策”才能精准脱贫。于是邓崇胜成了“一户一策”个性化定制方案中的一户，黄自军给他定制了养鱼方案。

黄自军随后申请专项帮扶资金帮他买了800条鱼苗，外加十多包鱼饲料。“其实还有一个考量，要是他真的懒到连饲料都不放，那鱼在水塘里一时半会儿也饿不死，顶多长得慢。”黄自军笑着说起当时的“小心机”。在潘田村公示贫

养鱼让邓崇胜实现脱贫梦

困户名单时，有村民直接在公示栏上涂写“奖励懒汉，打击勤劳”的字样，将矛头对准了他。当时，包括黄自军在内，谁都不太相信邓崇胜能好好干。

而邓崇胜的表现却出乎大家的意料。他认真打点自己的鱼塘，鱼塘面积由原来的一亩发展到现在的将近四亩，收入也翻了几倍。2017年光养鱼一项就增收2万多元，成了脱贫致富的典型。尝到了甜头之后，邓崇胜还主动向驻村工作队申请养羊，养到冬天就能卖个好价钱。

潘田村的贫困户当中，邓崇胜也是最常给黄自军打电话咨询的那一个，最常问的是项目什么时候能批下来。“很迫切，恨不得今天递交申请，明天就能上马。这时候你能感觉得到他是肯干的、上进的，这个曾经的‘懒汉’有了好好生活的志气。”

邓崇胜坦言，在黄队来之前，自己确实懒。每天早上9点忙完后，剩下的时间就是聊天打牌，一晃一天就过去了。如今他忙得脚不沾地，一天一下子也就过去了，但他却再也不想回去过那浑浑噩噩不知所终的日子：“我现在一个人的收入顶别人一家人的收入，在村里虽然不是最靠前，但中等收入肯定没问题。以前有钱了就想吃吃喝喝，现在有钱了就想着扩大生产，村里这么多荒地，羊越养越多，我要当村里的养羊大户！”

“小康不小康，关键看老乡。”贫困户的内生动力是内因，政策和资金帮扶是外因。只有将扶贫工作与扶志、扶智工作同步紧密结合起来才能巩固扶贫的成效。懒、缺乏目标如果是邓崇胜过去的穷根，这些早已不知不觉被拔除，懒汉脱胎换骨成“勤汉”。

如今在村里，每天早上都可以看到邓崇胜打草喂鱼、放羊的身影，村民对他的印象也完全改观了。到了冬天，不是养鱼的季节，他就去打零工，到林场当伐木工，到石灰厂打散工，忙得不亦乐乎。他家还进行了危房改造，置办了新的家具、电器和摩托车。邻居们调侃他说：“日子过得很不错啦，现在就差个老婆了。”邓崇胜笑呵呵地说：“我想找个勤快的，和我一起发家致富。”

一棵黑玉米的故事

“这轮精准扶贫非常好，强调‘一户一策’。”黄自军认为自己没有那么大的本事能改变一个人，之所以潘田村的扶贫能出成效，是赶上了扶贫好政策。黄自军手中有一个村里贫困户劳动力人才管理库，这是在逐家逐户走访中建立起来的，里面有贫困户劳动力的人口年龄、学历、技能以及就业需求，成了潘田村“一户一策”脱贫计划的“神器”。“帮助贫困户脱贫不能强塞项目，只有他们自己认可的帮扶方案才会有干劲做下去。”黄自军说。

扶贫攻坚，重任在肩。

万事开头难。黄自军从学习文件开始，学习什么是“两不愁、三保障、一相当”，什么是“四看”“五优先”“六进”“七不进”，了解“低保”“五保”、危房改造、教育补助等扶贫惠民政策理论知识。没有调查就没有发言权，黄自军挨家挨户走访村里的贫困户，摸清他们的家庭情况，并逐步建档立卡。“有了这套资料，就可以全方位、多角度地服务贫困户了。”黄自军说。扶贫工作开展之初，村民对扶贫政策认识不到位，理解有偏差，以为扶贫工作只是做做样子的形象工程，并没有什么实实在在的东西，这影响了扶贫工作的推进。黄自军意识到要想有序推进扶贫工作，就要获得村民的信任。因此，黄自军从村“两委”干部和生产队队长入手，取得了他们的认同后，带着他们跟村民动之以情、晓之以理，逐家逐户向村民宣传、解读扶贫政策，帮助他们树立对新时期脱贫攻坚的信心。

要脱贫增收，关键是要发展生产，帮助贫困户实现持续“造血”，必须建立适合潘田村的独特产业体系。“订单种植”保价收购黑玉米深受村民欢迎。

在潘田村，如今有两个种养大户：邓崇胜养得多，邓崇广种得多，均是“一户一策”的受益者。

50岁的邓崇广家门面有两棵两人合抱的龙眼树，打他记事起这棵龙眼树就在那里了，树的年龄跟祖屋一样长，但是以前破烂的祖屋却已经变身成了两层小洋楼，楼前晒着玉米，走地鸡正在啄食。邓崇广打开门将黄自军迎了进去，家里电器一应俱全。几年前，这里还是单层的泥砖祖屋，雨天漏雨，要拿盆接，一家五口人只有两间卧室，小女儿跟爸妈挤，大女儿跟奶奶挤。邓崇广怕祖屋会塌，做梦都想盖起新楼。2015年，他利用危房改造基金再加上借款举债，耗资30万元将房子推倒重建，终于给每个人都配上了卧室。庄户人家，种地看天吃饭，收入本就不高，危房改造后负债累累，加上孩子读书，刚起了新楼的邓崇广还来不及高兴，就一脚迈入“贫困户”的大门。

祖祖辈辈在潘田村的邓崇广，是把种地的好手。但在扶贫队来之前，他却想种不敢种：“一斤玉米才卖四五毛钱，根本卖不起价，甚至卖不出去，连本钱都收不回。以前都是种水稻多，辛苦打理还卖不出去，只能留着自家吃。全家五口人，忙活一年收入才一两万块，加上两个孩子读书，还要还债，家里过得紧巴巴。”直到黄自军引入了“订单种植”，才让他看到种地的好日子。

“现在种玉米、百香果、花生，管理轻松，又有企业可以保价收购。今年种了两亩玉米，卖了个好价钱。有的村民第一年没签，种了五亩地，还没有我两亩地收入高，现在都迫不及待想加入。”邓崇广算了算账，2020年当年应该能把盖房和孩子读书的债彻底还清了。“一斤白糯玉米收购价1.5元，一斤黑糯玉米收购价2元，种三季玉米就能收入起码1.5万元，加上还种了百香果、花生，养了兔子、猪，再打点散工，家里收入5万多元。”从只种三亩地，到现在租地来种，邓崇广现在种了10亩地，同时还养起了兔子，已经成了村里的种养大户，日子也越过越红火。

邓崇广成了村里的种养大户

过去4年多，为了给村子找到合适的产业致富路，黄自军踏遍了村里每一个角落，测试光照、温度等指标，最后选定了灵芝、百香果、玉米3个农业产业合作项目，3个项目均提供“订单种植”保价收购。

“以前全年两季种水稻，一亩田的收入大约是1000元，改种玉米、花生，一年两到三轮，一亩地的收入就有3000～4000元。”以玉米种植为例，潘田村与南北寨公司洽谈对接，通过“公司＋贫困户”的帮扶模式，积极发展“订单种植”。农户根据市场需求定向种植，公司保价收购，实现产业发展与市场无缝对接，免除销售之忧。南北寨公司免费向参与“订单种植”的村民和贫困户提供种子、技术指导、上门收购等服务，农户只负责种植和田间管理。

在市场价格波动的情况下，“订单种植”不仅解决了销路问题，还能保底价收购，为村民增收致富吃上“定心丸”。2019年最初只有几户试水，到2019年年底大家看到收益不错，陆续打消了顾虑，参与者多了起来，包括3户贫困户在内的56户村民参与“订单种植”约60亩，主要种植玉米和花生。

潘田村的试点成功后，还辐射到了周边村落，新铺镇下南村、象岭村、金沙村，三圳镇铁西村，蓝坊镇高思村等村均与南北寨公司签订了“订单种植”协议和收购合同。

为实现帮扶更加精准到位，黄自军大胆创新，提出了设置“两种套餐”模式：有土地且有意愿的，可在自家土地上发展种植；缺乏土地的贫困户可在集约土地上种植，委托企业管理，按分工奖励。

目前，灵芝项目已种植两批，为种植户平均增收约3000元；入股百香果项目的贫困户每股可分红1523元，分红最多的达到7000多元。村里有11户农户加入了灵芝种植项目，20户加入了百香果种植项目。

潘田村有900多亩地，但有100多亩位于拦河电站附近，由于地势低洼，容易水浸，荒了100多亩。如今黄自军正在接洽农业企业，计划将荒地垫高后引入蔬菜种植基地，以“公司＋基地＋农户”的形式开展合作，让荒田变良田。

除了“产业套餐”，黄自军与潘田村委还探索定制了公益岗、入股工业园等“套餐”。其中，优先让贫困户担任村保洁员、护林员成为“工薪族”。“以前每天打零工，收入不稳定，成为保洁员和绿化养护员后，每个月有2500元固定工资收入，而且有时间种菜、养鸡。”公益岗“套餐”受益者、贫困户邓克建家就在村委会后面。村里的光伏发电已经并网，每年将为村集体增加10万元的收入，光伏发电板就架在邓克建家的屋顶上，邓克建每个月可以免费用电，还能收250元的月租金，邓克建对未来生活充满了信心：“有了这些扶贫政策，我有信心把日子越过越好。”

经过四年多的帮扶，贫困户全面脱贫。通过入股分红、建设光伏电站等增收措施，潘田村集体经济收入相比4年前翻了6倍，2020年村集体经济收入达到18万元。

从公司白领到“准农民”

扶贫资金每一分都要用在该用的地方。黄自军始终提醒自己清白做人、干净做事。2016年，黄自军刚到潘田村工作的时候，潘田村一名贫困户提上自家养的农家鸡登门拜访，说是希望获得他的关照。黄自军当场婉拒了贫困户的好意，“我是一名党员，是代表党和政府在做精准扶贫脱贫工作，帮助村里每一名贫困户脱贫是我的职责，我视扶贫为我的事业，带着‘一腔热血’进村，也带着‘一手原则’入户，不会因为哪个人送礼就特别照顾他，也不会因为哪位贫困户不送礼就不帮助他。”“黄队长是个干实事的好同志呀！”贫困户回忆道。

黄自军清正做人的风格村民皆知，但仍有人蠢蠢欲动，各种托关系打听，想要通过送礼的方式在潘田村一系列基础设施建设中捞好处。黄自军听到后，把脸一沉：“这些都是关乎潘田村村民长远利益的民生工程，工程质量一定要过硬，损害村民利益的事情我绝不会做，请自重。”

越来越多的贫困户开始受益于精准帮扶政策。贫困户的生活越过越有盼头，他们对这位来自大城市广州的扶贫干部也愈发信服。从摸查贫困户需求到“一户一策”精准帮扶，黄自军为推动扶贫工作倾注了许多心力，也让他成了潘田村的一员。

黄自军是广西梧州人，原本并不会讲客家话。刚驻村那会儿，黄自军入户走访都要村干部陪同当翻译。“我索性自己硬着头皮学客家话，刚开始发音不是很

潘田村村头

准，总是能把别人逗乐。”性格爽朗的黄自军笑着说。一两年左右，他就练出了一口流利的蕉岭客家话，可以用熟练的客家话和贫困户拉家常，这也拉近了他和村民们之间的距离。

他此前是广州南沙现代农业产业集团公司的部门主管，驻村4年多，由一个公司白领变成了一位“准农民”，由于长期扎根农村，黄自军黝黑的肤色与村民无异。

“我们村‘两委’都十分敬重佩服黄队，他工作经常加班加点，全力帮助贫困户脱贫，也让村里大变样了。”潘田村党支部书记邓孟鼎说道。

村容村貌发生了飞跃。以前村里有一条坎坷不平、长满杂草的田间小路，村民播种、施肥、收稻谷都只能靠肩挑背扛，既辛苦又危险。俗话说“要想富，先修路”，黄自军经过多方协调、组织推动，施工队很快进场修路了。过去的田间小道，今天已经变成了硬底化的水泥路，三轮车、农耕机都可以自由通行，村民拍手称赞。

以此为突破口和切入点，潘田村大力改善村容村貌，北坑片两公里机耕道和村委门口主路绿化工程已基本完成，村子主路口绿化地绿草如茵，潘田小学危墙已拆除重建，装饰成为新农村建设文化长廊。一系列举措，不仅打破了潘田村经济发展的“瓶颈”制约，更是打开了本次脱贫攻坚工作的新局面，如今的潘田村已经成为焕然一新的现代化新农村。

“傻”和“疯”换来扶贫工作高质量

自加入脱贫攻坚大军以来，黄自军常常废寝忘食、夜以继日扑在工作上，朋友都说他疯、嫌他傻，正是他的“傻”和“疯”换来了扶贫工作的高效率和高质量。在3年的扶贫任务结束需要轮换之际，黄自军主动向单位领导请缨再留一轮。很多人表示不解，但他说：“我希望能亲眼看到潘田村变成美丽的新农村，贫困户能脱贫奔小康，这是我最大的愿望。”

随着渐渐与村民熟悉了，他开始和村民交朋友，这几年与村干部、贫困户之间建立了相互的信任和深厚的感情，贫困户的淳朴和渴望脱贫奔小康的强烈意愿也震撼着他。得知他父亲病了，淳朴的村民拿了村里的土特产一定让他带回去给父亲尝尝，不善言辞的村民在他难过的时候会陪着一起擦眼泪，让他难以放下。“我相信同时也有信心通过和贫困户共同的努力一定能脱贫奔小康。”

2020年是脱贫攻坚收官之年。春节期间突发新冠肺炎疫情。恰好在此时，黄自军的父亲和岳父先后被确诊患上了癌症，都需要住院进行放化疗，需要人陪护。在万般无奈的情况下黄自军向工作队领导说明情况，经领导同意后申请留在广州的医院里一边陪护老人，一边通过电话、微信与村“两委”干部保持沟通一起部署防控措施，按上级部门要求落实好各项防控工作。

为全面决战决胜脱贫攻坚，坚决克服新冠肺炎疫情影响，黄自军在亲人病情有所好转后马上回到驻地，走访贫困户，联系企业合作帮助贫困户开展复产复工。经过与企业对接，通过“公司＋贫困户”的合作模式，积极发展玉米“订单种植”，目前种植了3个品种，规模为60亩，让贫困户脱贫增收有保障。

一心扑在扶贫事业上的黄自军感觉对家人亏欠很多，2017年他的二孩出生了，当时他没陪伴几天就匆匆赶回了贫困村。“小的才两岁多，大的还在上小学，都需要人照顾，我很感谢我的父母、妻子对我的支持……”说到家人，黄自军的眼眶红了，铁汉也有柔情。“2019年暑假，我特地把妻儿接到了蕉岭，‘参观’工作的地方。别人的小孩暑假都是去游乐园玩，我的小孩是到贫困村体验生活！”黄自军开玩笑说。

男儿有泪不轻弹，只是未到伤心处。黄自军成年后很少落泪，但有次却忍不住了。2020年4月，他从广州回潘田村，走之前再三跟父亲确认身体是否没问题，父亲都是回答他：“没问题，你赶紧回去吧。”结果他下午四点刚回到潘田村，就接到了父亲突发内出血需马上送医院急救的电话：“我现在吐血了，动不了，不行了，快叫车送我去医院。”爱人还没下班，两岁多的儿子非要跟着奶奶去医院，但是疫情期间不允许。远在500千米外的他心急如焚，那天母亲哭着打电话给他，问该怎么办，他当时眼泪也止不住地流了出来：“让姐姐看住弟弟，你赶紧送爸爸去医院。”在黄自军爱人从接到通知至回到家的一个多小时里，黄自军既担心又难过，同时深深地自责，在家人需要的时候不能陪在身边。

黄自军是南沙区派驻蕉岭县19名驻村干部中唯一一位连续两轮留村的，潘田村在2018年年底就实现了100%预脱贫，也从原来的软弱涣散村转变为党建先进村。南沙区派驻蕉岭县精准扶贫工作组组长林伟胜记得很清楚，有次黄自军白天刚到村里，晚上又赶回家："其父亲多次住进ICU，医院也是多次发出病危通知，就是在这样的情况下，黄自军仍坚守岗位，只是在父亲病情危急的时候赶回家陪护，父亲稍有好转就又赶回村里工作。"为此工作组向全体驻村干部发出捐款倡议，同志们以自愿为原则少则600元，多则2000元，纷纷伸出了援助之手。鉴于黄自军的优秀表现，其2018年被新铺镇政府评选为"优秀共产党员"、同年年底被省扶贫办评为"脱贫攻坚优秀个人"、2019年被南沙区评选为"最美退役军人"、2020年被南沙区评为"劳动模范"。

为了顾全大局，为了扶贫事业，这样的感人事迹在帮扶干部中还有很多。林伟胜介绍说，峰口村的贫困户陈新云一家五口人，主要劳动力常年在外务工，老人小孩留守家中，第一书记史欣每月两次自带猪肉前去探望，拉家常帮忙干活，激发了老人养鸡致富的愿望，村里人都称呼他为"书记儿子"。高思村驻村干部王志权和廖兴全程跟踪贫困户的柚子种植情况，及时掌握销售动态，提前预判采取消费扶贫的方式解决了1.5万千克柚子的销路。高思村还独创了公益岗位"计工分制"与分红相挂钩方式，打破了"等、靠、要"思想。各村涌现了一批脱贫先进典型，一开始都是因残、因病、因学致贫的典型贫困户，通过持续采取产业帮扶、技术培训、教育扶贫、代购农具、扩大种养等综合措施，他们不仅一举摆脱了贫困，也走上了稳定致富的道路。2019年人均收入比2018年增加40%以上，达到12000元至19000元不等，有的子女考上了公务员，有的上了大学，有的开展了农机服务，有的开办了自己的修理店和快递店，有的还成为村的种植大户。

林伟胜介绍，南沙区帮扶蕉岭县的17个村，总户数9270户，总人口34048人，其中相对贫困户900户2193人。2019年17个贫困村人均收入16569元，全部达到脱贫标准，脱贫率100%，且均于2019年12月申请退出，退出率100%。2019年有劳动能力贫困户人均收入13150元，均达到脱贫标准，脱贫率100%，相对贫困户2020年6月底前全部退出。2016年以来，17个村共计投入各类帮扶资金8542.47万元，精准投向了20多个涉及产业配套、民生、乡村振兴项目和322个到村扶贫项目、7076个到户扶贫项目。引进产业化组织30个，发展特色产业28个，合计带动贫困户439户1436人；发放小额贷款25笔，合计金额168.49万元。为279名贫困学子足额发放生活费补助，帮助228户贫困户进行了危房改造，贫困户"两不愁、三保障"得到全面落实。200人以上的自然村完成道路建设41.17千米，硬底化率100%。路灯维修改造2700余盏，完成“三清理”499处，“三拆除”774处、2.18万平方米、“三整治”139处；较好地解决了贫困群众行路难、灌溉难、卫生差等实际问题，村人居环境得到有效改善。

摘帽不摘责任、摘帽不摘政策、摘帽不摘帮扶、摘帽不摘监管。虽然潘田村贫困户都达到了脱贫标准，但是帮扶不停步。为了能把脱贫工作做好，黄自军继续对有扩大发展愿望的脱贫户执行原有的以奖代补和贷款贴息等政策，并在种子、技术、渠道等方面给予帮扶并进行监管。这些活太细碎，起早摸黑是常态。很多村民白天要外出打工或干农活，黄自军经常会选择晚上去走访那几家村民，了解最近帮扶项目的发展情况和家庭情况。潘田村没有娱乐场所，他就一门心思

潘田村村头

把主要时间花在和贫困户的交流谈心上，寂静的山村、崎岖的山路，总是有他一路骑行的孤影，成为扶贫路上的“孤胆英雄”。每当走访完贫困户走出潘田村路口时，他总是会把摩托车在河堤上停一下，回头看看潘田村的夜景，万家灯火映入眼帘，所有的劳累瞬间就飞到了九霄云外。

不忘初心，牢记使命，脱贫攻坚，任重道远；在扶贫的路上，黄自军立下愚公移山志，咬定目标、苦干实干，坚决打好打赢脱贫攻坚战，确保潘田村与全国一道迈向全面小康社会的道路，一个也不会少，一个也不会掉队！

（文/耿旭静　图/黎旭阳）

贾华格

在丰京村“痛并快乐着”：第一书记贾华格

初见贾华格，金丝眼镜与细声细气的语调透露出一股书生气，但黝黑的皮肤与湿透的短袖衬衫，俨然是一副扎根田间地头多年的农村干部模样。他是广州市花都区卫生健康局派驻梅州市丰顺县丰良镇丰京村的扶贫第一书记兼扶贫工作队队长，从2016年5月至今已经过去了4年有余，岁月没有对他的模样造成太大的改变，但他却用这4年多的时间，给这个曾经贫困落后的村子，带来巨大的变化。

丰京村共3个自然村，建档立卡贫困户35户141人，有的残疾，有的家庭破碎，村内产业结构更是落后。他原本一直在医院从事文职工作，却突然要面对从产业的发展振兴到基础设施的建设，甚至还要照顾到每个村民的工作和生活。面对这些考验，贾华格没有想过退缩，妻子二胎遇险、与村干部正面“硬刚”、在疫情暴发初期迎难而上……4年多的时间里，贾华格陷入太多的困境，有些得以顺利解决，有些成为一生的遗憾，种种这些都杂糅在贾华格言谈间的深邃眼神之中。

谈及扶贫多年的感受，贾华格不曾细想便脱口而出“痛并快乐着”，说完带着些许释怀笑了几声。他直言，痛就是跟村干部和村民交流时的困难，还有整理资料的烦琐，但这些都抵不过他收获的幸福，收获了很多贫困户的笑容，收获了并肩作战的友谊。

风雨无变山河无恙的意外之旅

贾华格是湖南邵阳人，硕士研究生毕业之后辗转湖南、北京、广州等地工作，2014年来到了广州市花都区花山镇社区医院，做起办公室文职工作，每日重复着院内的行政琐事。努力工作、照顾家庭、生个二胎陪孩子们长大……原本的生活节奏本应平稳地进行，但一份突如其来的工作却闯进了他的生活。

2016年5月份，贾华格接到领导的指示——前往丰京村扶贫担任扶贫第一书记兼工作队队长，这打破了他原本平静、温暖的生活，从此以后，“扶贫”“丰京村”“柚子”等字眼逐步与他的命运捆绑在一起。

如果说丰京村是前方的战场，那么家里的支持就是后方最坚实的保障。然而，丈夫和父亲突然从身边离开，到400千米外的陌生地方，每天浸在贫困户家中和田地里面，这种变化让家人难以接受。

孩子过两年就要小升初，妻子工作繁忙难以一人料理家务，烧得一手好菜的贾华格更是承担起了家中大厨的工作。“孩子在很多关键时期我没能陪伴在身边，这些时候对他独立人格的形成是非常重要的。”尽管对妻儿充满愧疚，但贾华格还是毅然接受了这一工作。

然而，在丰京村委办公室的椅子上还未坐热，一场突如其来的意外，却给贾华格和他的家人造成了极大的冲击。当时由于国家政策放开，贾华格与妻子决定生二胎。5月9日贾华格来到丰京村之前，妻子告知他有可能已经怀孕。果不其然，仅过了10天，19日的时候贾华格接到家里人的一通电话，说妻子的肚子不舒服。

然而，初到丰京村，手头上的事情十分烦琐，在尽可能解决完工作之后，贾华格赶到广州已经是5月26日了。当时妻子的肚子痛得更加严重，贾华格马上将其送去医院，发现竟然是宫外孕，伴随着大量失血，要马上动手术。送做了麻醉处理的妻子进手术室，已是半夜时分，他叫来了孩子，看到命悬一线、失血过多好似弥留恍惚之际的妻子，这个平时不轻易表露感情的男人，只剩下一身的无助和婆娑泪眼。

贾华格

面对在病房外焦急等待的贾华格，医生感叹道，幸好你送来得早，如果再晚半天，你妻子的性命难保。医生们在手术室内努力，贾华格在室外祈祷，终于在死神手里拽出了坚强的妻子，光是输血就达到了2900毫升。

经过此劫难，贾华格仍然放心不下丰京村内繁杂的扶贫事务，在医院内陪伴了不到一个星期，还未等妻子出院，便匆匆忙忙地赶回村子展开扶贫工作。原本就反对贾华格参与扶贫工作的妻子，如今遭受这一重创，丈夫又未能陪伴左右，忧思愁绪凝聚心头，导致出院后患上了抑郁症。

“扶贫这一拖就是5年，我们也40多岁了，也就放弃了要二胎的想法。把遗憾化作力量，把贫困群众的孩子当作自己的孩子。”原本憧憬着怀上二胎，一双儿女未来承欢膝下，如今这一愿望却落空了，这也是贾华格在扶贫过程中的最大遗憾。

“最初的反对和不理解肯定会有的，但慢慢地也就接受了。”贾华格的妻子在高校上课，小孩也正在上学，为了让妻儿了解自己的工作，每逢寒暑假，贾华格总会带着家人到当地居住，让他们感受自己日常的扶贫工作环境，他们也理解了为何要扎根到农村中来。

稳定了家中的后方保障，贾华格放下了心中的负担，到丰京村开启了他的扶贫之旅。

几番曲折的初到丰京

丰京村位于广东省梅州市丰顺县丰良镇，全村面积仅4.6平方千米，辖椹布、北厢、棠荆3个自然村共19个村民小组。与一些人迹罕至的贫困村落不同，丰京村作为城乡接合部，散发了些许商业气息，沿街可见一些商铺，车辆通行较为顺畅。

出生于湖南省邵阳市新宁县的贾华格，在高中之前都在村里，从小家里种脐橙，所以他自认为了解基本的农活知识，能够适应农村的环境。“自己是农村出来的，现在反哺农村也正合适。”对于这份需要扎根农村的工作，贾华格并没有感到陌生或恐惧。

尽管贾华格对农村环境的适应力颇强，但他身上褪不去的“书生气”，却与这个地气十足的农村政治生态环境格格不入。“他们习惯了拍胸脯称兄弟，我跟他们聊不到一块儿去。”贾华格回忆，一些村干部习惯了喝酒抽烟，对于烟酒不沾的贾华格来说，更是难以跟他们打成一片。刚开始要精准识别，要精准施策，针对部分干部在精准识别时优亲厚友，他坚持要按政策剔除某些不符合贫困线下的“伪贫困户”，于是开始了跟这些村干部软磨硬泡灌输政策理念和工作纪律，工作开展很困难。功夫不负有心人，在他的一再坚持下，前期就剔除5户，增加进来符合条件的3户，为精准施策打下基础，获得当地群众的良好口碑。

村里的干部多是干过多年的老干部，对于扶贫工作队新的要求、新的标准和新的做法，他们很难接受采纳。对于这位突如其来的扶贫队队长贾华格，他们内心更是排斥，内心的不满渐渐累积。

2016年元旦，扶贫资金还没划拨到位，在丰京村委办公室内，村书记内心的不满终于爆发，大声呵斥贾华格：“钱不到位，你这个扶贫队队长可以回去了！”突如其来的冲突让贾华格深思：自己的思想工作还没做到位。为了不激化矛盾，当时贾华格并没有发作，但表现出来的不悦也让双方的关系再次凝固结冰。

村干部熟悉当地的环境，更熟悉当地村民的情况，无论是在决策还是执行上，扶贫工作队都需要村干部们的协作。所以，取得村干部的信任，与村干部达成一定程度的工作默契，是非常有必要的。贾华格除了上班时间跟村干部讲述扶贫政策，下了班还到他们家里闲话家常。

“喝酒抽烟不行，那就喝茶。”丰顺县位于梅州市南端，毗邻潮汕地区，当地语言有客家话和潮州话，4/5的居民讲客家话，1/5的居民讲潮州话。一个湖南人，要想融入潮汕和客家文化，喝工夫茶就是必须掌握的技能之一。煮水冲茶，“关公巡城”“韩信点兵”，贾华格在一杯杯浓浓的茶汤中走进了丰顺的世界。当地有喝绿浓茶的习惯，一天走村入户下来，绿茶中咖啡因超量让他整晚难以入睡，但是他挺过来了。

丰顺人除了喜好喝茶，泡温泉也是日常爱好。这跟丰顺当地的温泉资源分不开。丰顺地热资源得天独厚，温泉遍布、溢流不息，素有“九汤十八漈”之称。全县共有出露地面温泉16处，水质好且储量大、易开采，属低矿物重碳酸盐淡水，对某些皮肤病和风湿症有一定的浴疗效果。

位于丰顺县内的丰京村自然不缺温泉资源，村民们在下班或周末的空闲时间，总会抽空到周边温泉泡一泡，在热腾腾的水汽中将心防放下，喜乐烦忧通通排解出去。贾华格自然不会放掉这么一个好的沟通方式，在泡温泉的过程中，不仅加深了与村干部和其他村扶贫书记的感情，也排解了自己的压力。

“性格上有些东西要改变和妥协。要用他们的方式来沟通。”贾华格内心暗暗思忖并试图做出改变：偶尔说说笑话缓和气氛，有时候也跟他们一起发发牢骚，逐渐跟村干部成为并肩作战的伙伴。

7名村干部的关系好不容易搞好了，但贾华格还要面对的，是全村2500多人的思想工作。关乎村民每个人的利益，可不是一两杯茶就能简单搞定的。2016年到2017年上半年，扶贫工作刚开始，很多项目都在摸索中，分红、奖补、分发生产资料等措施还没完全铺开，这也引起了部分村民的不满。

2017年6月，一封来自村民的举报信，称他们没有享受到扶贫政策，这让贾华格着实捏了一把汗。何新田有残疾证，属智力残疾，母亲林月珍年老多病，属于无劳力低保户，正常情况下，建档立卡工作与基本的扶贫措施应该已经到位，为什么还要举报？

原来，由于何新田与儿子何谋辉常年在外打工，贾华格到各家贫困户走访调研时基本很难见到他们面，只能通过跟何新田姐姐与姐夫的沟通，来了解何新田一家人的需求。但何新田姐姐认为，扶贫工作队没有帮忙做好屋顶漏水维修等工作，许多扶贫政策都没有落实到何新田一家，但贾华格在多次走访过程中，却没有收到他们的反映，如今却收到来自他们的举报信，而且还搞到了梅州市扶贫局，这让贾华格一时觉得很委屈。

收到村民的举报，落实解决问题才是最主要的。贾华格如实写好反馈情况，把已做的帮扶政策写上去，还未做但正在打算落实的也写了进去。对于何新田一家反映的屋顶漏水，工作队立马做了打屋顶大棚防水的预算，并在举报信反馈下来的半个月内完成了这一工作。“后来相应的扶贫举措，其他户能享受到的，他们家也一样享受。”解决了举报的问题，贾华格内心的一块石头也落下了。

尽管内心有点委屈，但贾华格很快就进行自我反思：我们在这件事上要敲起警钟，一方面要积极落实政策，另一方面还要做好村民的思想工作。

种下产业扶贫的“致富树”

要让丰京村摆脱落后贫穷的困境，就要了解其贫困的根源所在。刚到丰京村，对村子的情况还没有全面的认识，贾华格每天走访调研，踏进田间地头，走进贫困户家中，了解丰京村的发展困境。

贾华格发现，丰京村原有的产业结构十分落后，农户主要种植橄榄、红薯、花生等低附加值的农产品，完全不够村里的各项开支，连保洁员都请不起，这也导致了村内卫生环境状况极差，进一步造成了村子经济发展的恶性循环。

如何让村子实现产业振兴？贾华格深入村子的各个角落，与村干部不断调研和讨论，最终确定了要发展柚子这棵“致富树”。

选取柚子作为产业振兴的手段之一，贾华格内心是有考量的。经过多年的发展，梅州是著名的“金柚之乡”“蜜柚之乡”，种植面积已达50万亩，产量占广东全省柚果产量的90%，占全国的1/5，全球的1/10，是全省最大的柚子产区。梅州柚是梅州三大农产品之一，当前已成为梅州农民的主要收入来源。

在梅州境内的丰京村，自然有着得天独厚的地理优势。“丰京村阳光和水源充足、土壤富硒，十分适合种植柚子。”在调研过程中，贾华格发现在北厢自然村内有一座占地25亩的荒废柚园，荒废的柚园可以重新利用，节省了新建产业园区的金钱和时间成本，建成之后不仅可以发展柚子的种植生产，园区修整之后还可以开展林下经济、体验采摘、观光农业，建设成多功能的生态农业园。

建成园区、获得收益、扩大投入再生产……这些都是理想中的想法。在落实到具体项目细节时，却花费了扶贫工作队不少力气。项目正在立项时，村委提出至少要预留90万元的扶贫资金预算，但这已经大大超出了贾华格的心理预期，占据了很大一部分的扶贫资金。从2016年5月份提出发展柚子产业的想法，到2017年3月份才最终立项并落实，其间长达11个月的论证，也让这个项目从资金预算到内容执行等方方面面不断明晰。

以最低的预算撬动最高的收入，贾华格的心中有他的一把算盘。在后来发展水电站的项目中，原来业主要价135万元，为了能尽量节省扶贫资金，贾华格请来评估公司评估，并对项目做出还价，最后110万购买下来，硬生生“抠”出25万元。

柚园的发展壮大也印证了贾华格的想法，建成后的第二年，生态柚园的毛利润便达到了32.16万元，纯利润就有10万元左右。

贾华格在柚园查看柚子收成情况

贾华格妻子（右一）与儿子（右二）在柚园养殖场

10万元的纯利润，第一年的投入产出比就已经大大超出了预期值，但贾华格却做出了一个决定：将柚园承包出去，让专业的农业公司来经营管理，村合作社则收取每年45000元左右的租金，通过资产分红的方式，每位贫困户每年可分得600元。通过柚园的建设，丰京村实现了“躺着挣钱”，持续造血，贾华格和扶贫工作队也能将精力集中到其他的产业发展中去。

生态柚园这棵“致富树”的建设，让贾华格在丰京村产业脱贫的道路上找到了突破口。很快，他又“盯”上了当地的水力资源和光照资源。在丰顺，全县水能资源理论蕴藏量20.57万千瓦，可开发装机量11.48万千瓦。除此之外，地处山区的丰京村的光照资源，也十分适合发展光伏发电产业。

2018年年中，由于贾华格前期“抠”出来不少扶贫资金，这部分资金正好可以发展新的扶贫项目，光伏发电的计划很快就进入贾华格的脑海中。然而，对于这种高投入的项目，村干部开始完全不同意也不支持。为此，贾华格只好带着村干部到其他扶贫村学习参观，他们发现很多村都有发展光伏产业，只需要一次性投入，后期不需要多少管理成本。

经过不断调研商讨，2018年7月终于将光伏发电这一项目提上议程，9月份报县里项目库审议，会审批复可以发展，10月份公开邀标并进行施工。12月19日，光伏发电产业正式并网发电。光伏产出效益好，不需大量人工维护，是一笔划得来的交易。尝到甜头的丰京村民，又几次三番催促上马新的光伏项目，2020年，村“两委”和驻村工作队又决定在丰良镇政府楼顶租借650平方楼顶，打造180千瓦高效单晶硅。

在丰京村委的楼顶与丰京村棠荆小学旧址、水电站、棠荆文化健身中心，一片片黑得发亮、超过900平方米的光伏电池映射出刺眼的光芒，为村子带来源源不断的创收。“2019年纯收入约29万元，贫困户分红21.5万元，人均分得1500元。光伏发电为村子带来了实实在在的收益。”

为了全面振兴丰京村产业，贾华格带着扶贫团队、村干部和有发展意愿的群众四处调研，针对丰京村的产业优势和区位特点，村子打造了丰京村丰毅生态柚园、百香果园、全资持股丰京电站和130千瓦光伏发电站的“两园两站”的项目。数据显示，2019年“两园两站”净产值27.8万元，贫困群众人均分红1500元。

通过“两园两站”产业扶贫项目的建设，贾华格带领村子走向致富的道路。2019年年底，丰京村全村人均收入达到12570元，贫困户人均收入达到13866元，远超2019年的8699元脱贫线，村集体收入从6700元提升到67560元，几年间就翻了10倍。

在贾华格的努力下，丰京村的百香果、柚子、蜂蜜、客家娘酒等，成为当地和周边城市的抢手货。如今，村子还走出了一条消费扶贫的新路子，借助当地电商公司和花都区电商企业，打通了销售终端，让农产品可以销往全国各地。

“扶贫工作不能一直待在办公室，应该多调研、多走访。”贾华格坚信，只有走遍村子的每一个角落，才能真正挖到这个村子贫困的“根”。前期调研走访，贾华格每天的微信步数都在20000步以上，村民都称他是“跑步书记”。他说，只有走到田间地头，走进老乡家里，才能了解群众最需要什么。

外出走访调研，办公室内做资料做统计，不分昼夜的贾华格笑言提神醒脑是这几年工作的必需，但太多的咖啡和茶叶会让原本就失眠的他精神更加紧绷，所

贾华格查看百香果收成情况

以慢慢地养成了嚼槟榔的习惯，有时开一趟车回广州便能嚼完一包槟榔。“这东西吃多了不好，也在努力戒掉。”贾华格无奈地笑道。

贾华格在调研走访过程中发现，村子每条道路几乎没有完好的路灯，稀疏的几盏村民自装路灯昏黄乏力，一片漆黑的村道让村民在夜间难以通行，这让原本就没有太多人气的村庄夜间更加黯淡。

“产业搞起来了，还得让村民真正过上城里人的生活。”贾华格下了决心要让村民的生活逐渐“光亮”起来，很快，村子道路的亮化工程就提上了日程。2017年，棠荆自然村架设安装路灯62盏，路灯线路全长2.2千米，椹布自然村路线架设安装路灯66盏，全长2.8千米。

路灯照亮了全村的道路，夜晚沿着丰溪河一路走去，平坦的道路与光亮的路灯，让整个村子在山脚下熠熠生辉，茶余饭后的丰京村村民，或是携家带口沿途散心，或是三五好友嬉笑打闹，提起这一亮化工程，村民们赞不绝口，“晚上出门散步可以走很远，沿着村子一路走下去，特别明亮、特别安心。”

至2019年年底，丰京村在人均收入、人居环境整治、基础设施建设、公共服务等方面均已经达到贫困村退出标准。5年来，贾华格通过双脚丈量这里的每一寸土地，走出一条更天换地的扶贫攻坚路。

贫困群众的卖货员

丰京村有一位73岁的老人吴昌思，丧偶，儿子一个人上班，儿媳智力有问题无劳力，3个孙子在读书，扶贫之初年人均收入不足3000元。他家种了五亩柚树，由于缺乏经验，五亩柚树结果2000～3000斤，而且绝大部分果都无法形成商品果，长相难看，酸涩难吃，基本上卖不出去。我们第一次去他家，他家住在快要倒塌的旧村小学里，孙子们热心地拿柚子给我们吃，难以下口，我们的心更酸。

2016年起，我们丰京村在花都区卫生健康局对口帮扶下，大力发展贫困人口参与度高的区域特色产业，充分利用各方资源优势，成立村级企业丰顺良谷科技有限公司和丰毅扶贫生态农业专业合作社（公司＋基地＋农户），在村里种植能人带动下，承包了25亩柚园，租了50亩地种百香果，采用生态绿色传统农业方式种植柚子、百香果。我们给像吴昌思这样的贫困家庭免费提供技术指导、有机肥料、生态防治农药。在吴昌思老人一家精心呵护下，2017年产蜜柚11000斤、沙田柚8000斤，后来几年连连增产增收，种出的柚子如蜜一般甜。

好的农产品产出以后，“卖难”问题困扰着他。经过多番调研，贾华格找到了一条率先开展消费扶贫的道路。在花都区卫健局的支持下，柚子园组织开展“柚见幸福”爱心认购活动，号召系统内干部职工认购农产品，他们的柚子销往花都区各个医院，每年贫困户的柚子源源不断运送到医护人员手中。

2019年，继续留任的贾华格带领扶贫工作队和村“两委”，确定以消费扶贫为抓手，多次参加扶贫产品展销、直播，联络多方企业，搭建农产品购销平台，拓宽扶贫农产品销售渠道，逐步解决农产品“卖难”问题。

丰京村丰毅扶贫合作社和丰顺良谷科技有限公司积极开拓，先后与丰顺丰鼎、广州供销农联、广州掌鲜鲜慕达、广州宝比万像和花都善待家等企业成功对接，农副产品逐步打开了市场，绿色有机百香果和柚子、原生态蜂蜜、客家原浆娘酒、富硒竹稻米、高山紫薯等产品成为消费者订购单里的“抢手货”，逐步形成了产、供、销一体化销售链。

连续四年，丰京村农产品销售良好，2017年和2018年毛收入都超过30万元。2019年，我们帮助村民销售竹稻米1800袋、蜂蜜3300瓶、娘酒180瓶、蜜柚6900盒、沙田柚5400箱、高山紫薯2400箱，累计销售额52.382万元。

2020年至今，受疫情影响，我们仍销售出百香果6500余斤、蜂蜜2500瓶、蜜柚10000余盒，产值超过50万元。后期在各界帮助下，随着消费旺季的到来，沙田柚、蜂蜜、娘酒、富硒大米、紫薯还会有更大的销售量。

我们发展了生态农业的柚子、百香果两园，我们还发展了两站：100千瓦水电站和130千瓦的光伏电站。与南方电网签订售电合同，2019年两项合计产生23.1万元销售额。

消费扶贫和并网发电，使得贫困户收益有保障，村集体收入大大增加。

吴昌思老人在2017年搬进了新家，我们帮他添置了家具家电。如今，他家人均可支配收入达到13660元，家庭经济发生了翻天覆地的变化，一步一步过上脱贫致富的好生活。

贫困户眼中的“自家人”

年过不惑的贾华格，不仅要操心村内的产业发展和基础建设，还要操心每一位贫困户的经济收入和家庭情况。哪一家贫困户家庭不睦，哪一家贫困户工作困难，甚至贫困户家中小孩的学习成绩，贾华格都了然于胸。

50多岁的杨水生每天负责村街的卫生和日常维护，这两年刚刚住上了新盖的两层楼房，娶了老婆，有了活泼可爱的孩子。在杨水生家中，他噙着泪对贾华格说：“有今天的好生活，这是我之前想都不敢想的，感谢贾书记！”在四年前，这位村里35户143名贫困人口中的一员，47岁了还未娶妻，身无一技之长，与80岁的老母亲住在昏暗破旧的老围屋内。老母亲那一年秋因病离世，他的生活更是凄惨。

为了改善杨水生一家的生活境况，贾华格托人情找关系，将他安排到恒益建筑工程公司做建筑工，几年下来杨水生成了建筑行业里的行家里手。贾华格又帮他安排村里的公益性岗位，负责村街的卫生和日常维护，领固定工资并且买了社保。他很珍惜：天刚蒙蒙亮就把村前的大道打扫得干干净净，然后开开心

贾华格在工作中

心上工地，下午下班后再到村前大道转一圈，维护一下卫生才回家。他每个月的收入已能达到4500元。

为了让杨水生住上新房子，贾华格四处奔走，争取到了危房改造项目，住建部门提供了43500元的危房改造补贴；还申请到花都区帮扶资金，给了杨水生5000元的住房补贴。2017年，杨水生盖了一座两层楼房，并且娶妻生子。如今孩子已经两岁多，每回贾华格到杨水生家时，孩子都会亲昵地喊“贾叔叔”。

杨水生从原本低矮破旧的老围屋，到如今一家三口住上亮堂堂的楼房，这是丰京村贫困户生活变化的真实写照。截至2018年12月31日，住危房的吴玉宏、杨水生、吴恩辉、何自南等13户贫困户全部完成危房改造，住进安全住房。此外，扶贫工作队帮全村贫困户购买了城乡居民基本医疗保险，实现了城乡居民基本医疗保险全覆盖，参保率100%；帮助16岁以上、60周岁以下非在校贫困户购买养老保险，覆盖率100%。

2016年刚到丰京村的时候，村民们叫贾华格“贾队长”，4年过去了，大家早把贾华格夫妻俩当成了自家人，连称呼都改了，如贫困户吴恩浓便是习惯性地喊贾华格为老贾，叫钟小连为嫂子。

贾华格走访贫困户杨水生（左三）一家

贾华格回忆道，吴恩浓开过公司、餐馆，做过销售，也养过鸡，因各种问题总是亏损，因此一蹶不振，干什么都提不起劲来。贾华格了解到他的情况，认为他的养鸡技术不能荒废，便多次找上门做思想工作，帮他分析市场行情，传授经营管理经验，希望他站出来当脱贫致富带头人。在贾华格的极力劝说之下，吴恩浓重振信心接纳了他的建议，为此贾华格申请了生态柚园项目，请他在柚园工作，并且发展林下经济，在柚园创办一个小型养殖场。

“生态柚园项目刚建起来时，没有一条像样的道路，水电交通、住宿极不方便。老贾他带妻儿多次来看我，不仅请来工程队在柚园通水架电、修路、修工作用房，而且时常对我嘘寒问暖帮我解决各种问题。”说起往事，吴恩浓感动不已，“老贾和我无亲无故，都这么老远过来帮助我，我还有什么理由不好好干。”

吴恩浓全力投入柚园管理和种植，饲养胡须鸡、灵山黑鸡和狮头鹅，采用全生态养殖，肉质鲜美，营养价值高，具有很高的市场认可度，成为他脱贫致富的希望。贾华格总是及时提醒吴恩浓要抓好鸡、鹅的禽畜防疫和产品销售，到处帮他跑销售，在“朋友圈”发布，利用自己的人脉关系找单位、朋友推销。目前，吴恩浓正逐步扩大养殖规模。

帮助像吴恩浓这样的贫困户找准致富门路，一直是贾华格的重头工作。经过上户调查研究，贾华格前后帮助15名贫困户解决就业，帮助六户贫困户发展了特色种养，蜂蜜、娘酒、粉丝、土鸡、百香果、柚子成了他们脱贫致富的拳头产品。

和贾华格共事一年多，驻村党建指导员刘镛对贾华格给出这样的评价：“他无私奉献、坚忍、耐心、细致，能吃苦，也能受委屈，想做事、能干事。我们互相配合默契，很好地完成扶贫工作。”

通过四年时间的帮扶，丰京村建档立卡贫困户36户141人全部达到脱贫标准，脱贫率100%，解决了贫困户“两不愁、三保障”和贫困村“一相当”等实际困难，真正实现不愁吃不愁穿，教育、医疗、住房有保障。

“要为丰京村打造一支永不撤离的干部队伍。”贾华格不仅自己走，也带着村子的扶贫队伍走。为了寻找适合村子发展的产业，他每半年都要带着他的扶贫团队外出调研，五年来去过花都、梅县、大埔、平远、蕉岭、南沙、清远等地的产业园区和农业基地，做项目调研、业务洽谈和产品展销。

丰京村委的干部之一吴林，原本是中国联通在梅州地区的一名“90后”员工，也是村内建档立卡地贫困户之一。为了让他能更好地照顾家庭，贾华格劝说他到村委做事，并为他家中的香烛纸店提供创业资金，他也渐渐成为贾华格的得力帮手。

“希望我离开丰京村之后，他能够继续为村子的乡村振兴做出点成绩。”贾华格将内心的梦想寄托给这位年轻的干部。

“相信丰京村通过我们坚实的扶贫攻坚工作，彻底改变贫困面貌，老百姓过上体面的好日子。丰京村沿着乡村振兴道路，一定能建成美丽的社会主义新农村。”贾华格对村子的未来充满信心。

紧急！突如其来的疫情

2020年1月22日，贾华格回到广州，想着终于能够在家过年，好好陪家人过一个新年。然而，新冠疫情的突然袭击，打破了他预想好的新年计划。

作为卫健干部，贾华格预感到这场疫情将会带来很大的影响。但400千米外的丰京村乡亲，他们会知道吗？他们要怎样才能保护自己？他们如何把病毒挡在家门口？贾华格想到这些心急如焚，马上打电话给村党支部吴恩培书记，了解村里的防疫情况，嘱咐他要密切关注外出回村的人，尽量买一些口罩和消毒粉防疫。

25日，梅州出现了第一例输入性的新冠肺炎确诊病例，防疫情况变得更加紧急。妻子看贾华格在家中又打电话又发微信，坐立不安，便让贾华格回去村里帮忙。“这么一句简单的话语，让我感动不已，驻村扶贫的这么多年，妻子就是这样一直默默地支持和理解。”

26日大年初二，贾华格买了50多个口罩，便长途驱车赶回了村里。进行自我消毒后，他马上到村委大楼跟村干部开会，商量部署疫情防控的对策。但工作一开始，工作队就遇到了难题：丰京村是丰良镇中心，人口相对密集，外出和返乡的人也多，怎么排查和摸底呢？和村干部们商量后，大家决定采取“自愿登记，上门排查，鼓励村民上报”的措施，把防线下沉到每一户村民家门口；还建立了

贾华格在工作中

整村大片区的微信群，发布权威信息。同时，30多位在家党员分组包片和村医一起上门检测，在主要路口设置体温检查点。

从26日开始，村里的党员和村干部一直坚守岗位。农村防疫的“难”在于村民防范意识的淡薄，“易”则需要接地气的方法和感情来做好他们的思想工作。多年驻村经验告诉贾华格，任何工作开展都离不开一个“乡情”。所以，贾华格与村干部逐门逐户去宣传“居家防疫”，教他们必要的医学防疫常识。宣传到位，村民理解，很快村民的防疫意识提高了，有些村民还自愿加入防疫工作中。

“口罩戴着不透气，但贾队长说这是保护罩，我现在出门就戴上了。正为口罩紧缺发愁，贾队长今早就送过来应急了。”村民杨丽娟说，她家中有4个孩子，往年一到过年，女儿女婿外孙回娘家，好不热闹。今年过年，村里大喇叭天天宣传疫情防控，村干部也来通知要少出门、不串门、不聚集，她意识到情况的严重性，让孩子们都别回来。

“何叔，这两天天冷，身体感觉怎样？”“现在是疫情防控关键时期，您没事少出门，出门戴好口罩，回来勤洗手。”一大早，贾华格再次来到五保户何汉元家中，送来大米、水果等生活物资，请来村医给他检查身体，宣传科学防控措施。

“谢谢贾队长关心，年前村里发的鸡开始生蛋了，我还自己种菜做饭，吃饭问题不用愁，没事我就不出门。”何汉元高兴地说。今年72岁的何汉元是村里五保兜底的建档立卡贫困户，在扶贫工作队的帮扶下，他去年获得村扶贫产业分红、五保金、养老金等共有14000多元可支配收入。

考虑到村里防控力量相对薄弱，贾华格还走了“后门”，积极向帮扶单位申请到医疗口罩分发给村里。同时，发挥自己的专业优势，兼任村里的疫情防控知识宣传员，将帮扶单位发布的防护小贴士告知村民。“我和村干部们考虑过封村，但丰京村位于丰良圩镇，四周七村围绕，外村外镇村民进出必经此地，防控任务重，我们只能不断加强宣传、排查，耐心奉劝，提高村民防控意识。”贾华格说，年初他刚回村发现很少村民出门愿意戴口罩，如今走在大街小巷大伙都自觉戴上了。

村民的安全固然是首位，但丰京村好不容易发展起来的产业，如果因为一场疫情导致半途而废，后果不堪设想。现代化农业不仅对天时地利有要求，在生产端、流通端和销售端都需要保证万无一失，很显然疫情对丰京村的农业会带来一定的影响，尚不明朗的疫情发展对农业造成的损失急需提前考虑。

在柚园、扶贫车间、水力发电站等主要园区，贾华格一直紧盯着园区内的工作进度，由于疫情防控工作到位，全县未出现一例新冠肺炎病情，贫困户们很快就投入园区的生产工作中。

百香果苗在2、3月就要换新苗，才能保质保量。由于前期换的2000棵黄金果成活率极低，4月份急忙又换上1500棵台农紫香百香果。换苗、施肥、疏花、授粉、保果、除虫……上半年的农活时间表十分紧密，贾华格和村干部也下足了功夫，为贫困户发放口罩，做好防控疫情的安全教育，在保证安全的前提下，贫困户很快就进入了园区工作，各大园区的齿轮很快就转动起来。

在贾华格和村干部以及贫困户们的共同努力下，不仅全村没有出现过一例新冠肺炎病情，贫困户赖以生存的园区又得以正常运转。“现在卖出柚子10000

箱，花都卫生健康局对扶贫尤为重视，号召各单位工会购买。”在大货车的尾箱，贾华格一边搬着柚子，一边欣喜地说道。

村民常跟贾华格开玩笑：“不是贾医生的贾书记，其实是一个贾老师。”贾华格淡淡笑着，能在疫情期间，得到片刻的轻松，何乐而不为呢？在大家的共同努力和战斗下，丰京村、丰良镇、丰顺县至今没有出现一例新冠肺炎病例。

小康路上的扶贫之家

“感谢我的妻儿，他们的理解、陪伴与同行支持着我在扶贫路上走过一步又一步。”回想起这几年走过的路，贾华格内心感慨不已，脱贫攻坚的征程上，他不是一个人在战斗。

初到丰京村，语言不通、群众不信任、业务不熟悉等问题都亟待解决，贾华格日日夜夜地工作，每每妻儿打电话给他，他不是在入户贫困户的路上便是在与村干部开会讨论扶贫事宜，即便是周末，他也很少回去看望妻儿。

妻子钟小连是一名教师，2016年暑假，她带着儿子贾毅到天河客运站坐大巴，跨越几百公里，来到了贾华格工作的地方。妻子见到丈夫工作艰苦、压力大、饮食起居没有规律，长期高压工作使得贾华格身体出现了状况，她心疼丈夫，但也慢慢理解了丈夫和他的扶贫事业。也正因此，只要有空，她就来村照顾、陪伴丈夫，做些力所能及的扶贫工作，减轻丈夫的工作压力。

贾华格远赴梅州市丰顺县扶贫之初，儿子贾毅才10岁，他和妈妈在家自强自立，独自面对生活的辛苦和学习上的诸多困难，从不叫苦，从不埋怨，从容乐观。多次前往梅州市丰顺县的山村看望爸爸，他会学着用电脑办公，帮爸爸完善扶贫资料，入户时帮忙拍照记录；他勤奋劳动，到扶贫产业园里帮忙除除草、喂喂鸡、养养鸭。

2019年暑假，贾毅还带着他的初中同学到丰京村调研贫困户致贫原因、贫困学生学困原因，根据调研分析得出脱贫脱困的对策。一直帮助村里小朋友学习，带着村周围的小朋友运动和游戏，因此村里的群众都亲切地叫他“小贾老师”。

为了迎接即将到来的扶贫“省考”，钟小连、贾毅与贾华格一起入户调研扶贫政策落实情况，多次加班到深夜共同规范整理扶贫档案，将全村户资料、项目资料、迎考资料逐个核对清楚，并拍照转换成PDF文档保存，建立完整的村、户扶贫档案。此时的妻儿不仅仅是精神上支持贾华格的工作，更是身体力行地一起接下了扶贫的大旗，为这项伟大的事业摇旗呐喊。

为了帮村里卖扶贫产品，贾华格一家齐出动，在花都区百花汇商场、花城街一消防大队警民共建活动现场摆摊，销售扶贫农产品。每次说起这件事，村党支部书记吴恩培、村主任何铁军都对贾华格一家赞不绝口：“他们帮村里做了不少实事，点子多、思路清晰、方法行之有效。四年来，贾书记帮助村里贫困户销售农产品，为群众解决产品‘养在深闺人未识’的困境。”

2019年，花都区第一轮驻村工作结束，原本可以踏上回程的贾华格，在家人的支持下，他毅然地留了下来，继续完成扶贫使命。当贾华格向贾毅征求意见时，贾毅说：“爸爸，我长大了，可以照顾好自己。村子里的叔叔伯伯、爷爷奶奶还有小朋友更需要您，您就安安心心地在那里帮助他们完完全全走出贫困

贾华格夫妇在扶贫展销会售卖产品

吧！”家人的支持成了贾华格继续扶贫的无限动力。

错过生育二胎的机会是贾华格与妻子一生的遗憾，但他们却收获了整个丰京村的幸福笑脸，贾毅更是在他的言传身教中感受到父亲扶贫工作的意义，这便是贾华格的“快乐”，远远超过5年期间些许阵痛的那份快乐。

贾华格书记扶贫故事讲完了，他的五年扶贫岁月也即将结束。是什么让他克服各种困难、扎根基层、服务精准扶贫和乡村振兴的呢？

是一份爱民之信念，内心有信念，脚下有力量。群众的困难就是他的困难，群众的忧愁就是他的忧愁，群众的苦也是他的揪心之痛。在这5年里，他把家庭放在一边，不顾自身的身体健康问题，全心全意投入工作中。克服了很多困难，解决了很多问题。基础数据用他的脚步来证实，群众的感情用他的热情来拉近，群众的困难用他的行动来解决。农产品从生产到包装，到销路联系，到送到医院职工手上，他都参与。贫困户就业从联系岗位，到应聘面试，到岗前培训，到技能提升，他付出了很多心血，才让他们成为有技能的技术型人才，坚实地走上脱贫致富奔小康的大路。

在精准扶贫攻坚战的最后几个月，他履行着一名扶贫干部的庄严承诺：他的扶贫，仍然初心不改，仍然情怀为本，仍然敬业奉献，一定把扶贫政策落实到底，不达目的，绝不罢休！

（文/张晓宜、徐静）

李建平

我在村委会副主任家住了5年：第一书记李建平

走进浮南村，一路山清水秀。这也是广东省兴宁市最北部的村落之一，离最近的高速出入口车程就要半个小时，离兴宁市区更是要一个多小时。

2016年5月，广州市天河区公安分局二级警长李建平担任浮南村帮扶工作队队长；2019年，已经扶贫3年的他再次选择留在浮南村，担任驻村第一书记。从2016年到2020年，他已在浮南村待了5个年头，也在浮南村委会副主任的家中住了5年。

全村46户153人建档贫困户，至2019年年底全部顺利脱贫出列，脱贫率达100%。村集体收入也从零增长到今年的10多万元。光伏发电站、百香果园、浮南村文体广场、100盏入村道路路灯……5年来，浮南村发生了巨变。

“回乡”打起扶贫户脱贫致富大旗

浮南村位于兴宁市罗浮镇南部，距圩镇3000米，全村山地面积5605亩，水田面积1150亩，旱地面积168亩，系省定贫困村。村民的收入来源以传统种养为主，外出务工人员居多，全村下辖6个自然村，27个村民小组，共有人口3061人，总户数547户，其中党员56人，村委干部6人。然而，这个村的贫困户并不少，共有相对贫困户46户、相对贫困人口153人。

2016年，广州市发布《关于做好我市新时期精准扶贫精准脱贫三年攻坚驻村干部选派工作的通知》（穗组通〔2016〕27号），2016年5月，广州市公安局天河分局浮南村帮扶工作队正式开始驻村帮扶，拉开了浮南村精准扶贫攻坚战的帷幕，广州市天河区公安分局二级警长李建平主动向组织申请，来到农村基层，加入扶贫工作队伍，担任此次工作队队长。

“我是梅州人，本来就出身于农村家庭，20世纪90年代从家里来到广州读大学后，我就留在了广州工作、生活。当我知道有这样一个可以回报家乡机会的时

俯瞰浮南村一角

候，我就向组织递交了申请。”李建平说。

原来，李建平是梅州大埔人，家里就在农村。他出生于1973年，20世纪90年代，他从老家考上了广州体育学院，1997年，毕业后在广州市天河区工作，在天河区沙东派出所当了5年民警后转到治安大队，这一待就是18年。虽然人已在广州安家，但他仍然对回报家乡念念不忘。

“如何当好队长？”这是李建平得知组织选派他到村任职的第一反应。对他来说喜忧参半。喜的是，他有了一次学习、工作的机会，忧的是他一直从事警务工作，没有农村基层经验，对村级建设更是“门外汉”。

翻开李建平的帮扶日志，第一页就写着“不破楼兰终不还，敢教日月换新天”刚劲有力的两行字，表达了他对这场脱贫攻坚战必胜的决心。

带着这份决心，李建平踏上了浮南村的土地。

到底有多“山”？广州开车到这里需要近5个小时

浮南村是一个山村，这个山村到底有多“山”？进驻前，李建平除了从网上搜索的关于浮南村的零碎资料，其他信息并不多。

对李建平来说，能丈量浮南村多“山”的一个标准是车程：这里是兴宁最北部的村落之一，离最近的高速出入口开车就要半个小时，离兴宁市区更是要一个多小时，离江西省却很近，沿路就可看到前往江西只有十多公里的指示牌。而这里离广州的家，却要近5个小时车程。

“很多驻村扶贫的同志可能会从兴宁市区再去驻点的村，但我每次都直接开到村里，因为这里太‘山’了，最近的高速路口开车到村里也要半个多小时，如果绕道兴宁市区更费时间。”一般情况下，驻村工作队工作日在当地，周末可以返回广州，但李建平很多时候却会选择相隔一周才回到广州。除了花销的原因，还有安全的原因。“长时间开车很不安全，我有几次在服务区休息时都忽然惊醒，以为自己还在开车……”

暖心的是，爱人对他也很理解，看到丈夫奔波劳累，主动提出给李建平换了一辆新车，以提高安全系数。另外，为了让交通的成本进一步降低，李建平和同在周边镇村扶贫的其他几个战友约定，每次大家都组队回广州，路上轮流开车。

光伏扶贫发电项目

“只要能够提高贫困户的收入，让他们活得更加从容、更有尊严、更加快乐、更有希望，应该就是扶贫吧。”这是李建平最初对扶贫工作的理解。

过去的浮南村是一个典型的贫困山区“山”村，全村山多地少，村容村貌差，村集体经济薄弱，村民增收缓慢。

驻村以来，李建平经常和“两委”班子成员谈心谈话，一起学习，一起工作，统一思想。他奔波于贫困户、山间田里和办公室之间，深入走访民情，了解贫困户面临的困难及需求，全面了解农户生产经营情况和村生产生活基础设施状况，与贫困户共商脱贫之计。

截至2020年5月，在李建平驻村扶贫满4年之际，他共走访548户次1600多人次，接待天河区公安分局到村调研26批次共206人，建档立卡资料63份和208份年度计划，各类项目方案和可行性调研报告30份，扶贫动态数据3万多条。

在副主任家住了5年

初到浮南村，为了更好开展工作，李建平决定吃住在村委会，然而他发现，这并不现实。

“当时的村委会空间很有限，虽然有地方能摆下我的一张床，但连个厕所都没有，更别说在里面做饭了。”此时，浮南村委会副主任曾繁标向他伸出援手。

原来，浮南村共有6位村“两委”干部，每个人分驻一个片区，其中曾繁标家离村委会最近，只需步行几十米就能到。孩子们不在村里，夫妻俩在一楼住，开了一家便利店；二楼有一间房暂时没人居住。于是，李建平在他们的邀请下，搬了进来。

房间被李建平收拾得一尘不染，摆放着桌椅和台灯，还可用来办公，二楼客厅也成了他的会客厅。在房间的床上，李建平挂了一幅《2018—2020年广州—兴宁精准扶贫省定贫困村脱贫攻坚图》，上面详细列明了被帮扶的44条省定贫困村的位置、驻村第一书记的姓名、该村的贫困户底数等。这张图绘制于新一届第一书记到任之时，广州帮扶兴宁16个镇44个贫困村建档立卡贫困户共2135户6116人。其中李建平所在的罗浮镇就是兴宁最北的一个镇，这个镇共有三位驻村第一书记，分别在浮南村、塘社村、浮美村。李建平驻村时间最长，是整个兴宁北部驻点村的“片长”，新来的驻村书记会经常向他请教，他也成为当仁不让的“老大哥”。

“标哥没有收我房租，每个月我只用交500元的伙食费！”李建平笑着说。5年相处下来，他和曾繁标一家俨然成了亲人，有空时他还会下厨炒两个菜，请曾繁标夫妻俩品尝。从广州回来，他还时不时为夫妻俩带些礼品；回广州时，曾繁标夫妻俩也经常送他一些土特产。

“住了5年其实对我们家来说并不麻烦，我们反而能经常在一起商量村里的工作，让我也很受益。”曾繁标说。

事实上，李建平与曾繁标不仅是同事更成了好朋友。李建平还保存着一张两人在一起时被抓拍的相片：当时突发洪水，村里的一座小桥被冲垮，曾繁标拉着李建平的手共同渡过涨水后的河流……“那时我对水下环境不熟悉，标哥这个举动让我觉得特别暖心。”李建平说。

“给钱给物，不如有个好支部”

刚到浮南村时，李建平发现浮南村“两委”干部年龄偏大，干事创业热情不高，开展工作较为散漫，凝聚力不强。

在他看来，“给钱给物，不如有个好支部”。村“两委”班子是农村群众的主心骨，是带领群众致富奔小康的“领头雁”，没有一个好班子，即使送一座金山银山也难解决贫困难题，搞不好还会适得其反，各项工作陷入被动、举步维艰，加深干群矛盾。

如何发挥基层党组织战斗堡垒作用，带领村民发展集体经济？带动村民增收致富？这些问题一直是李建平思考的重点。连续几个晚上，他都睡不着，思来想去，最后决定应该从抓村党支部建设入手，以抓党建促进浮南村事业发展，带动村民脱贫致富。

李建平构思出了两条思路：

一是帮强扶优村级班子。驻村干部积极发挥好“传、帮、带”的作用，紧紧抓住村班子建设，积极带思想、拓思路、增才干，多搭梯子，多当幕后推手，不断规范班子运行、激发村干部活力，让村“两委”班子特别是支部书记成为主角，引导他们树立“脱贫靠自己、发展靠自己、致富靠自己”的意识，使村班子进入良性循环轨道。

二是从思想上激发村干部干事创业之心。他用自己的干事劲头去感染每一位村干部，在扶贫工作中遇到大大小小的问题都同村干部商量，虚心向村干部请教，鼓励村干部建言献策、出谋划策，促使每一位村干部都投身到扶贫工作中来。

在他的带动下，通过外出参观考察、邀请专家辅导、开展党日活动等方式，浮南村不断搞活教育形式，增强学习效果，提高村干部的素质，村党组织的凝聚力、战斗力不断增强，为打好脱贫攻坚战打下了坚实的基础。

从“零”开始，以集体经济带动贫困户脱贫

浮南村集体经济基础薄弱，村集体收入一度为“零”，找到一条符合浮南村实际的发展之路，发展适合该村致富产业，壮大村集体经济，使村民增产增收，是摆在李建平面前的当务之急和最大难题。

没有调查就没有发言权。李建平带领村“两委”干部，挨家挨户走访调查，听取收集村民关于本村长远发展、脱贫致富的意见建议，形成了深度调研报告。在报告中，他们认为阻碍浮南村发展的是以下几大原因：

一是劳动力大量流失。随着工业化、城镇化加快推进，青壮年劳动力大量外流，村庄空心化、老龄化趋势加重，增加了整村推进产业扶贫的难度。

二是产业扶贫投入不足。村里没有形成优势新型产业，而传统种植、养殖产业劳动力需求大、风险高、经济效益低，加之受市场、资金、技术、人才的多重影响，依靠农户自身发展，规模小、经营粗放，难以形成规模化、现代化的产业发展格局，导致工作队为农户制定的涉及种植、养殖业的发展规划落实程度相对较差。

三是一些贫困群众“等、靠、要”思想严重，陈规陋习发生根本转变要有一定的过程。

针对这些情况，李建平向天河区公安分局请示汇报，最终争取到帮扶浮南村

李建平与浮南村村民在一起

的3个集体收益项目，分别是：总装机容量59.89千瓦的一期光伏扶贫发电项目，总装机容量63千瓦的二期光伏扶贫发电项目，8.67亩黄金百香果。在这些项目的带动下，至2020年年初，浮南村年度集体经济收入超过10万元。

如今，浮南村村委会和浮南小学楼顶都已建成了光伏发电站，既可以有效缓解炎热的天气带来的高温，又最大限度利用公共资源，源源不断发出的电能也为浮南村脱贫攻坚赋能。

驻村工作队要进村入户抓末端

做好贫困人口的脱贫是重中之重。李建平深知脱贫攻坚到了最后阶段，所面对的多数是因病致贫、因学致贫的“贫中之贫、困中之困”，更需要以“钉钉子”的精神冲出深水滩、啃下硬骨头，勇往直前，各个击破。

李建平的想法是驻村工作队要进村入户抓末端，提高帮扶措施的针对性、有效性，本着“有什么困难就解决什么困难”的原则，从贫困群众最迫切需要解决的实事、难事入手，解决实际困难。“我们要摆脱急功近利思想，贫困‘钉子户’不是一朝一夕形成的，脱贫也不可能在一天之内完成，要保持韧劲，久久为功。坚持从每一户每一人的实际情况出发，真正了解群众想什么、盼什么，需要为他们解决什么，真正了解贫困户的现状和实情。”李建平说。

在实践中，李建平绞尽脑汁与当地村干部、贫困户共同谋划脱贫之策，有针对性地实施“一户一策”。对无劳动力的贫困户，采取争取政策类补助，或是采取入股分红的形式来增加经济来源；对有劳动力的贫困户，采取发展种养、提升劳动技能、劳动力转移等方式来提高经济收入，实现“输血造血”。

浮南村至2019年年末有劳动能力的贫困户人均可支配收入达12000元以上，比帮扶前（2015年年末）的3500元增长343%。全村46户153人建档贫困户，至2019年年底全部实现脱贫，脱贫率100%。

驻村入户，他成了村民心中的“李老弟”

早晨，在通往浮南村某贫困户的路上，从正在散步的巫大爷口中传来一声问候："早上好！李老弟，怎么今天散步回去时才遇见你，是不是昨晚又加班了？工作重要，但也要注意休息好！""早上好！巫大爷，不是加班，刚刚去了村头李大哥家，聊起来就忘了时间，这不，正赶往陈大妈家，走，我们顺路一起去。"手里提着装有资料的环保袋，正大步走来的李建平说。

浮南村百姓对李建平的第一印象是谦虚有礼、工作扎实、平易近人，他关心群众生活上的困难，他们也习惯性地称呼他"李老弟"。"驻村工作以来，'李老弟'这个称呼，是我最大的骄傲。"李建平说。

驻村以来，李建平经常与驻村工作队、镇村干部一起，跟扶贫户、困难党员座谈交心，他不仅全力做好贫困户的帮扶工作，对村内其他困难群众也一视同仁，只要他听到、了解到有村民遇到困难，都会尽全力提供帮助。

有一次，村民曾大哥半夜突然发病，急需到路途遥远的镇卫生院就诊，妻子、孙子都不会骑摩托车，急得手足无措。这时他们想起了上次来家里时说"遇到困难打电话给他"的李叔叔。接到电话，李建平连忙出发，载着曾大哥到卫生院。幸亏救治及时，曾大哥平安无事。

"喂，李老弟，你巫大哥又犯病了，又在家里砸东西了！"陈英（化名）打电话说道。正在熟睡的李建平，一接到电话就立即联系村干部一起来到陈英家中，帮助陈英将丈夫送到医院治疗。

陈英家是浮南村贫困户，她患有肢体二级残疾，丈夫长期患老年痴呆、精神分裂等病，女儿外嫁，家中无劳动力、无经济收入来源，生活困难。由于田地权属问题，陈英家门口的路一直没有打通，每次出行都要"借道"田埂，极其不便。

李建平来到浮南村的第一天，就暗下决心要帮陈英家打通一条方便出入的水泥路，后来在与村干部的共同努力下，经过与旁边村民多次协商，终于在2016年年底为陈英和她的家人打通了一条通往马路的水泥道路，告别了"田埂"。

为感谢李建平的帮助之情，行动不便的她坐在轮椅上，在手机上一字一句，用最真诚简朴的语言给他发来感谢祝福信，她说道，有心感恩，无以为报，唯有用这简单的感恩祝福信表达自己的感谢之情。

"多亏了李老弟帮忙啊，我的孙子、孙女去学校读了书，现在都学到了技能，到外面找了一份好工作。"见到记者前来，贫困户刘九妹（化名）特别高兴。

原来，李建平刚驻村时就了解到一个特殊情况：刘九妹家经济困难，无法供小孩读书，懂事的孙女巫小妹、孙子巫小弟看到家里实在困难，虽不甘放弃就学，但为了不增加父母的压力，刚刚初中毕业的他们选择辍学外出打工。

获悉这一情况后，李建平当即来到刘九妹家了解情况，并多次与巫小妹、巫小弟及其家人沟通，以一名大哥哥的身份教导姐弟俩，使姐弟俩明白多学点知识、多掌握点工作技能，无论对他们自己还是对家庭才是最重要的。

因姐弟俩在李建平开始驻村前已辍学一年多，通过多方沟通和协调，李建平为两个孩子从社会上筹集了助学资金，同时还从自己的工资中拿出一部分，帮助他们联络了兴宁市的技术学校并成功就读，实现了姐弟俩的读书梦。

“这个家里没有真正的劳动力，只有姐弟俩都掌握了技能，出来工作了，才能让这个家庭真正脱贫。”李建平说。

除了刘九妹家，类似的一幕还发生在李香（化名）家中，而这也让李建平放心不下。

“喂，李大姐，巫明（化名）那边治疗情况还好吧？”假日难得有空回家的李建平还不忘打电话关心贫困户的情况。李香本人年迈多病，儿子患有残疾，儿媳无技术，收入不高，两个孙女就读大学，孙子（巫明）患有精神分裂症（抑郁症），家里经济收入低，子女读书、看病等家庭支出大，生活十分艰难。

面对这样的情况，李建平一方面帮助其儿媳在外地就业，另一方面帮助其儿子在家发展轻劳力的种养，增加家庭收入。对就读大学的两个孙女，也想方设法从社会上寻求资源为其助学，对患有精神分裂症的孙子巫明，积极为其联系医院就医，经常联系，拉家常，为其情绪开导，现在巫明的脸上经常可以看到笑容。

此外，李建平还注重发挥社会的力量，在他的动员倡导下，越来越多的乡贤都加入帮扶队伍中，齐心协力共同帮助贫困户，为扶贫工作注入新的力量。

用脚步丈量，100盏太阳能路灯照亮昔日贫困村

驻村以来，李建平深知脱贫攻坚不仅仅是村民要脱贫致富，村庄也要脱贫致

奔走在扶贫一线的李建平

富，要大力实施乡村振兴战略，建设美丽的新农村。一分辛劳一分收获，如今的浮南村正日益发生着改变，变得越来越靓丽：村内仅剩的几条泥土路也铺上了水泥硬底化道路；村内随处可见垃圾回收桶，村庄环境卫生不断改善；兴建了村卫生站，解决了村民看病远、看病难的问题；村庄沿路加装了充满中国特色的太阳能路灯，每天傍晚开始，路上散步的百姓络绎不绝；兴建了村级文化广场，老百姓休闲、健身有了个好去处，一幅其乐融融的景象；建造了百香果种植基地，为村民提供了工作，提高了经济收入，老百姓生活水平越来越高了。

“这些路灯是我自己一步步丈量出来的，保证每隔30至50米一盏灯，每一盏灯的选址都经过细细分析，一共100盏，从村头一直安装到村尾。”李建平说。记者发现，眼前的路灯每一盏均独立设置，灯上还挂上了红彤彤的“福”字造型，十分喜庆。在每盏灯之上是一块太阳能电池板，发出的电量足够路灯使用。一到晚上，这些亮堂堂的灯一字排开，驱散了黑夜。“只要有光，这些太阳能电池板就能发电，哪怕偶尔赶上白天下雨，平时积累的电量也够路灯使用。”

浮南村文化广场也是令李建平满意的一项工程。这里几乎是罗浮镇最漂亮的村级文化广场，就建在村里，方便村民们活动。一到晚上，这里就成了村民们跳广场舞的不二之选。当逢年过节，外出的青壮年们回来之时，这里就成了篮球赛的比赛场地，青年们一边切磋技艺，一边畅谈外边的生活。记者看到，广场背景是一幅巨大的景观墙，广场周边则设置了不少宣传栏，既有政策宣传，也有扶贫成效的展示，尤其是新老照片的对比，折射出浮南村发生的巨变。

据悉，截至2020年5月30日，李建平带领驻村工作队帮扶浮南村各项扶贫资金共774.35万元。其中，天河区引导资金352万元，天河区公安分局自筹资金87.8万元，“631”资金180.73万元，社会资金36.5万元，行业资金117.32万元。筹建村公益项目18项，发展主导产业2个，合作社1个，资产入股项目2个，浮南村扶贫基金1个，危房改造23户，有劳动力贫困户年人均可支配收入由帮扶前3500元提升到现在的12000元以上，村集体经济收入从原来的0元提高至10多万元，产业帮扶一一落地，浮南村文体广场、浮南村卫生站、10公里道路硬底化、600米农田圳道、100盏太阳能路灯相继建成，村容村貌得到较大改观。

教育帮扶，村里来了广州的支教团队

扶贫要扶智，教育也是李建平的心头事，除了帮辍学的孩子返校之外，他还引入外部资源，对村里唯一的小学——浮南小学进行帮扶。

2017年7月8日—12日，为关注贫困户家庭留守儿童，为留守儿童带去快乐的暑期生活，广州市公安局天河区分局驻浮南村工作队邀请广东科贸职业学院暑期社会实践团队到浮南小学开展“大手拉小手，爱心助成长”支教活动，受到了浮南村委和浮南小学的热情接待。

7月8日，由广东科贸职业学院动物科技系刘付国树老师带队，9名学生党员组成的暑期社会实践支教团队到达浮南村。支教团队为留守儿童制定了以社会适应为主题的团体心理辅导方案。内容主要分为“初次相识”“朋友——我的一笔财富”“这就是我和我的家”“把心留住”四个方面，意在使孩子们建立深厚的关系、理解并培养同伴关系、重新思考并改善家庭关系，最终实现自我成长。在团体辅导过程中，志愿者们与孩子们相处融洽，共同参与，建立起深刻的友谊。经过团体心理辅导方案的实施，孩子的个性、学习、人际交往、情绪、问题行为和自卑心理等都有所改善。

此外，为了全面提升留守儿童的文明修养和综合能力，树立正确的世界观、人生观和价值观，支教团队讲述“小学生安全与卫生常识”“爱护身边的小动物”“小学生科学教育”“小学生素质、文明教育”等课程。

其中，“小学生安全与卫生常识”课主要展示了在交通、火灾、罪犯和疾病等危机状况下，孩子们该如何去应对，还讲解了如何预防常见疾病，养成良好卫生习惯的重要性。在“爱护身边的小动物”课上，支教团队结合动物医学专业知识为孩子们讲解身边常见的小动物，教育孩子们要与动物和谐相处。在“小学生科学教育”课上，支教团队通过生活中一些常见的科学知识问答让孩子更好地理解为什么会这样。“小学生素质、文明教育”课则主要是教育一个孩子讲文明、讲素质等，教育孩子尊老爱幼、不要随地吐痰等一系列文明的行为，全面提高孩子的综合素质。

此次邀请大学生开展“大手拉小手，爱心助成长”支教活动是为贯彻落实“精准扶贫”安排，响应国家政策，大力开展精准扶贫攻坚工作举措之一，为贫困户留守儿童提供一个成长的机会，对于孩子成长是人生的一大宝贵的财富；对于浮南村来说，是一场政策和教育的双重精准扶贫。

这只是李建平带领驻村工作队帮扶浮南村的一个缩影。当他发现学校后山经常发生山体滑坡之后，他链接资源兴建了挡土墙；当他发现孩子们的课室桌椅老旧之后，他链接资源按照广州学校的标准资助了一批设施；随着自己孩子慢慢长大，每逢假期，李建平也必定将孩子带到这里，与贫困户家的孩子结对，共同成长……

前三年帮扶均获评优秀，他再次选择留下

2016—2019年，在李建平带队帮扶浮南村的前三年，该帮扶队均被省、市考核评为优秀，并被省评为2016—2018脱贫攻坚突出贡献集体。

前三年的扶贫，笃定了李建平继续帮扶的信念。2019年5月，天河区公安分局选派的帮扶贫困村的干部收队返回，但李建平向组织申请了继续留下来，并从原来只任帮扶队长到兼任第一书记。

“当时我也曾想过我是父母的孩子，妻子的丈夫，一个孩子的父亲，这个小家需要我。但是一想到脱贫攻坚是时代赋予每一个扶贫工作者的时代任务和光荣使命，身为一名共产党员要树立政治意识、大局意识、核心意识、看齐意识，顺时势，不辱使命，勇于担当，作为奋斗在脱贫攻坚一线3年的战士，更应该初心不改、矢志不渝，始终把浮南村人民利益置于首位。我还是选择了全力以赴干好本职工作，为全面打赢脱贫攻坚战，加快建设幸福美好新浮南做出应有的贡

献。”李建平说。

李建平走访村民了解情况

2020年，一场新冠肺炎疫情蔓延至全国，为及时做好帮扶贫困村的疫情防控工作，防止疫情在农村地区扩散，李建平积极争取天河区公安分局的支持，在防疫物资紧缺的情况下向浮南村及时支持了1000个医用口罩、200双手套、30副护目镜等防护物资，为帮扶贫困村抗击疫情提供了有效的保障。李建平和驻村党员突击队一起以实际行动践行着共产党员的初心与使命，为群众的安全和健康筑起一道坚实的壁垒，将疫情拒之村外，保证了一方平安。

如今，李建平最牵挂的是浮南村未来可持续发展的问题。为此，他将更多心思放在村集体的增收上。2020年，在二期光伏扶贫发电项目为村集体增收的基础上，帮扶队利用剩余的资金科学安排、合理安排引导资金50万元投资到兴宁市龙头企业（梅州金绿现代农业发展有限公司），至2020年年底村集体经济收入可达14万元以上。为浮南村奠定保障基础，确保贫困户稳定脱贫建立了长效机制。同时，对于村集体经济收入的使用，在李建平的主导下也建立了向贫困户倾斜的原则。

“浮南村实施乡村振兴战略，首先要完成脱贫攻坚任务，确保焦点不散、靶心不变、力度不减，巩固脱贫攻坚成果。我们将及时研究适合浮南村的好路子向2020年后过渡，向着到2035年人民生活更为宽裕、城乡区域发展差距和居民生活水平差距显著缩小、基本公共服务均等化基本实现、全体浮南村群众共同富裕迈出坚实步伐的目标继续前进。”李建平说。

李建平：回顾我的扶贫路

在从事这份工作之前，“扶贫”这个名词，对我来说是一个很陌生、很遥远的概念。扶贫让我联想到的是大西北、大山区、深山老林里的农村，仅有的交通工具是牛车、马车，走路要走上一两个小时才能上学、就医、购物，穷得叮当响的地方。广东省作为改革开放的先锋部队，经济总量全国排名第一，无论如何都不会想到，也有需要扶贫的贫困地区，梅州兴宁市罗浮镇浮南村就是其中一个，也就是我去扶贫的那个地方。

有时候跟别人聊天，问我做什么工作，我说扶贫，人家又问什么是扶贫？我却一时语塞，难以解答。褪去神圣的外衣，扶贫是一份包罗万象的工作，绝对超出你的想象空间，你能想到的都有，你所想不到的也有。这里面有涉及政府部门的工作，包括医保、社保、教育、低保、五保、养老、残疾补助、农田补助，甚至计划生育补助，需要扶贫工作队跟贫困户和政府部门一项一项去核对、去落实；涉及工程建设的工作，包括项目选址、立项、可研、预算、招投标、竣工决算，需要扶贫工作队制定项目实施方案、报批、实施、验收；涉及财务的工作，扶贫工作队需要与财政所、村会计、结算中心打交道，包括资金计划、申请、审批、台账、报表；涉及档案专业的工作，包括贫困户建档立卡、一户一档，实施项目所有佐证材料的整理和归档，扶贫信息平台的电子版录入，各类关于帮扶成效的文档、表格、照片、公示等，扶贫一年下来，已经有满满一个橱柜的档案；另外，还有涉及农业、林业、建筑、养殖、环保、规划、卫生等各个专业的工作，无法一一列举。记得听一个地方政府官员讲过，从来就没有什么扶贫专业，他自己也是半路出家，现学现卖，所以，我也无法给扶贫一个确切的定义，只要能够提高贫困户的收入，让其活得更加从容、更有尊严、更加快乐、更有希望，应该就是扶贫吧。

也许扶过贫的人给你讲过，这份工作很轻松啊，每周去一天，一个月下来没几天，就跟度假一样。但是我要说，这一轮的扶贫不一样，一上来就拼刺刀，绝对不是闹着玩，这一轮特别辛苦特别累，容易脱贫的，在上两轮扶贫中已经脱贫，这一轮剩下的都是硬骨头，精准扶贫已经到了攻坚拔寨的地步，你说难不难？我们扶贫工作队是驻点帮扶，就是除了周六日，其他时间都要上班，并且实际的情况是这样的，即使周六日都上班，晚上也加班，也未必能够完成手头的工作，这就是“五+二”“白+黑”的由来，某些扶贫队队长猝死、过劳死、扶贫路上出交通事故，就是因为工作压力太大，顶不住，有些公务员来扶贫之后，经常失眠，早上又醒得早，得了高血压，头发也都白了，可见工作量之大，绝非常人能够

李建平（左二）在会议上与大家讨论脱贫攻坚事宜

忍受的。

扶贫之路，荆棘丛生，坎坷难行，扶贫人面临的第一个拦路虎就是信息平台系统，这个系统不是一个成熟的产品，而是边开发边使用，发现漏洞再修补，关于贫困户的所有资料、任何信息、帮扶项目、现有的档案都要录入系统，系统出现问题，还要向开发人员反馈系统错误信息，方便开发人员打补丁，扶贫人员工作量非常大！省里除了开发了一个扶贫信息平台，另外还开发了一个扶贫云大数据平台，专门监控扶贫数据，要求各村建设演示平台，直观展示扶贫信息；还有一个手机APP（软件），要求采集每户贫困户的地理位置，采集家庭成员照片，定期打卡，然而贫困村网络信号覆盖很差，手机搜不到定位，上传不了数据，简直是雪上加霜！扶贫人员困难重重。

为了帮助贫困户脱贫，发展主导产业，变输血为造血，打造一镇一业，我们驻浮南扶贫工作队团结一心、同舟共济，我们不怕困难、共同努力，我们互相鼓励、开拓进取，我们的光伏扶贫项目硕果累累，目前建成并网发电总装机59.89千瓦。对你来说，这些可能只是普通的数字或者一个结果，但是这个数字的背后，我们做了大量前期工作，从无到有，创新以及创业真难，资料都有厚厚的一堆，从别人的不理解、不支持、不同意，到加深认识、逐步了解，到同意开展项目，其中的辛酸苦楚，亲身经历的人体会最深。根据目前的发电量和实际收益测算，收益率在12%以上，远远超过其他产业项目，而且长期稳定零风险，得到地方政府的认可和大力推广，这是对我们工作的最大肯定。也许十年、二十年后，各位回到浮南，看到当年所主导的光伏项目，仍然在发电，在为贫困地区做贡献，也是一件令人激动和欣慰的事情。

这一路上，我与各位“扶友”在同一战场并肩作战，大家经常坐在一起喝茶聊天，讨论扶贫工作，从大家身上学到很多东西，受益匪浅，希望扶贫工作结束后，我们每人都可以获得一枚优秀的战斗“勋章”。

在这次扶贫中，省直单位派出两名扶贫工作队成员，其中第一书记兼工作队队长，广州市政府直属部门和天河区各单位只派出一名工作队队长，驻村第一书记由梅州市各政府机关派出。但在实际工作中，却是捉襟见肘，因为涉及的专业太多，工作量太大，项目审批、检查和考核严格，一个工作队队长远远不够，顾此失彼，按照目前的工作量，应该配备一个团队，包括一个信息员、一个财务人员、一个档案员、一个计划兼工程人员，工作队队长还得各方面都懂，能够统筹兼顾，指引扶贫开发方向，俨然一个企业的架构。

一路走来，我扶贫工作的点点滴滴，过程十分艰苦，很多事情就像不可逾越的高山，一开始很难，难到你想屈服、想放弃，但是只要坚持下来，过了那个坎，也就水到渠成、熟能生巧了，光伏项目是这样，系统录入是这样，扶贫攻坚克难是这样。其实，我还有很多书要读，很多路要走，很多人要见，很多话要说，很多事要做，关于浮南扶贫工作，我还有很多故事要跟大家分享，只是能力有限。

另外发现一个有趣的现象，大家宁愿花大量的时间刷朋友圈，刷微博，晒脸，晒美食，晒玩，但是却不愿意花一点点时间去思考，去读一本书，去做一些更有意义的事情。难道随着社会的发展，物质文明的提高，人类已经退化到只要管好吃喝玩乐就心满意足了？盯着手机荧幕、动动拇指就高枕无忧了？朋友圈，公众号，作者总喜欢把自己标榜为真理掌握者，有一种世人皆醉我独醒的清高，告诉你应该这样，应该那样，还用一个一个小故事苦口婆心、步步设套、层层洗脑，想想真的好有道理，说的每一句话都是肺腑之言，甚至令人潸然泪下，实际上90%以上都是博眼球、赚点击率而已，说过的话跟放过的屁一样没两天就抛到九霄云外了。人，应该有独立的人格、自由的思想，否则身体强壮、俊男靓女，跟咸鱼又有什么两样？教育，首先应该教人做人，而不是把人框住、分数至上、扼杀思考能力、消灭动手能力。

住在条件简陋、湿气很重的宿舍楼，也是一种人生考验，兴宁的冬天特别冷，房子四处漏风，冰冻刺骨一般；春夏的季节，外面下着雨，房子里面的墙壁都往外冒水，特别潮湿，一到夏天非常的热，遇下雨天水都是黄色的，刷牙都觉得恶心。另外，农村地区自然生态极好，草木茂盛，扶贫干部与各种动物一起生活，相亲相爱，其乐融融，有蚊子、苍蝇、蚂蚁、蜈蚣、蟑螂、毛毛虫等。

有很多人问，你们在这里扶贫很闷啊，晚上八九点钟，镇上人家全都关门睡觉了，一片漆黑，镇上也没有什么娱乐活动。其实不然，在紧张而又充实的扶贫工作之余，我们也有一些精彩的节目，节目一：散步，这是在镇食堂晚饭后，几位驻罗浮镇的扶贫队队长一起在镇上、浮南村村路走一走、聊一聊，谈得最多的还是工作上的事情；节目二：茶话会，实际上就是大家聚在我们宿舍喝茶聊天，古往今来，天南地北，三百六十行，小道消息，畅所欲言，不分对错，不亦乐乎，主要还是交流扶贫工作心得；节目三：球类，包括羽毛球、乒乓球、篮球等，有时候大家约好，一起去爬浮南村的财神山，谈论浮南村的变化。各位队长所参与的都是很健康、很高雅的活动，没有什么不良嗜好。

意莫高于爱民，行莫高于乐民，我们共产党人看到群众生活如此困苦，更应感到寝不安席、食不甘味。参与了扶贫工作，人生的内容更加丰富，更加精彩，人生才更加有意义。

（文/秦松　图/莫伟浓）

刘龙腾一家三口在达康幼儿园

跳舞吧，联一村：第一书记刘龙腾

出 发

2020年10月13日，该年第16号台风“浪卡”在广东省东南方向沿海地区登陆，受其影响，连日艳阳高照的广州等珠三角地区风力明显加强，天空缀满了沉甸甸的乌云，大雨随时就要倾泻而下。此时，距离广州230公里，位于粤西北的清远连州市却一片平静。

“台风最多到阳山县转悠一圈，就被山挡住了，到不了我们连州。”连州的人们似乎从来不为台风而忧心，他们知道，有粤北地区连绵起伏的山岭设下的重重障碍，再大的风雨到达连州时也只剩下几颗零星的小雨点。

连州市位于广东省西北部、小北江的上游，总人口约54.6万，北面与湖南永州、郴州两市接壤，西面与连南、连山两个少数民族自治县及广西贺州市相连，东面与韶关市相接，南面毗邻珠江三角洲。该市地处南岭之中的萌渚岭南麓，西、北、东三面山地，中部稍低，均为丘陵地带。群山遮蔽的不仅有台风，还有千百年来连州人的出行路。这里交通闭塞，至今仍未开通轨道交通。从省城广州出发，除了自驾前往，只能乘坐长途汽车，单程就要花去近4小时。

这条路，连州市联一村的第一书记刘龙腾再熟悉不过了。

刘龙腾出生成长于广东省河源龙川县，本科考入广东工业大学，毕业后进入广汽集团工作，从此在广州扎了根。2019年2月起，他代表广汽本田成为派驻连州市联一村的第一书记。由于长期在户外为扶贫工作而奔波，这位“80后”第一书记皮肤晒得黝黑。他留着利索的平头，戴一副黑框眼镜，一副标准的工科男形象。

这天中午，我们在广州见到刘龙腾时，他刚刚结束在广汽中心的一场会议。简单用过午饭后，我们便启程前往联一村。他驾驶着一辆由公司公派的广汽本田轿车，由于频繁的长途驾驶和长期行驶于乡野之中，黑色的车身扑满了尘土，还溅上了不少泥点。但刘龙腾无暇顾及，他还要赶回村里进行每月例行的“夜访”。也就是在夜幕降临后，当村中的贫困户结束一天的劳作回家休息时，到家里拜访他们，以了解他们的近况。

［注：根据2020年4月连州市下发的相关文件要求，连州市四套班子领导、市直单位负责人、镇（乡）领导班子成员、驻村第一书记和党建指导员每月不少于2次下沉到所挂任的镇（乡）或村（社区）开展“夜访”。］

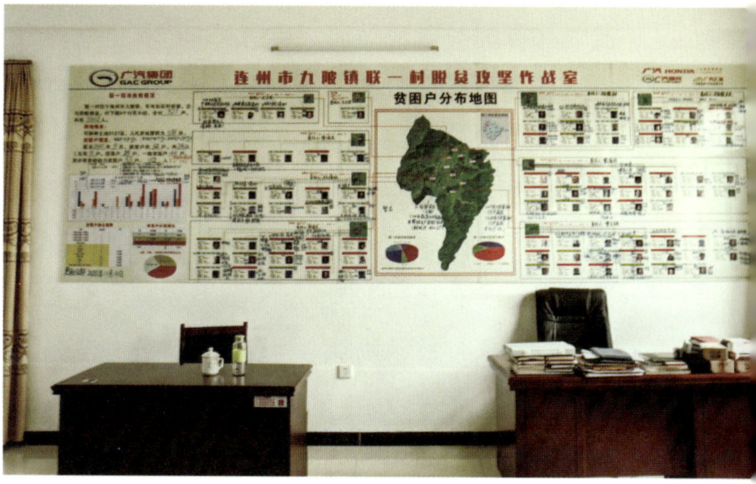

联一村脱贫攻坚作战室

根据刘龙腾之前发来的资料，联一村位于连州市九陂镇，距镇政府和市政府所在地均有10公里的路程，管辖9个村民小组，有农户927户3602人。截至2020年4月底，有建档立卡贫困户93户242人。其中扶贫五保户15

户，扶贫低保户30户，一般贫困户48户。截至2020年5月联一村有劳动能力贫困户人均收入达13269元/人/年。通过2016—2020年的精准扶贫工作，联一村达到贫困村退出标准，全部93户贫困户242人达到贫困户退出标准，并已提出申请退出。

这些冷冰冰的数字并不足以勾勒出一个刚刚走出贫困的乡村模样。在这片地处偏僻、风光秀美的土地上，生活着怎样的人们？他们的生活经历了哪些改变？带着这些疑问，我们离联一村越来越近。

夜访

我们跟随刘龙腾等扶贫干部到达联一村时，天色已暗沉下来。进入夜晚，城市和农村的差别更加明显。不同于城市里车水马龙、霓虹闪烁的热闹，进村的山路上，静默和漆黑从四处袭来，吞噬掉人类白日里生活的痕迹。

此时正是村民晚饭的时间，路上几乎见不着人影。路边看门的土狗察觉到有人靠近，发出警觉的吠声。

“哎呀，是刘书记来了！”一扇简陋的木门被拉开，露出老人欣喜的笑脸。

这里是贫困户文玉琼家。客厅只有10平方米左右的面积，没有餐桌，低矮的茶几上摆着几只不锈钢碗，里面还盛有吃到一半的豆角和青菜。客厅里最瞩目的是进门左侧的那面墙——满满当当地贴着大红色的奖状，不留一丝缝隙，覆盖住一大块墙面。

从人们交谈的只言片语中，可以得知，这是一户老人抚养孙女的家庭，因缺乏劳动力，长期处于贫困之中。孙女文玉琼从小品学兼优，今年参加高考，分数超过了本科线，但遗憾的是只录取到专科学校，现在正在深圳上学。

然而，孙女刚离家上学不久，家里就遭到厄运。据廖阿婆描述，9月的一个夜晚，小偷从二楼翻窗而入，盗走了存放在房间里的2万余元的现金。这是廖阿婆数十年零零散散攒下来的红包和利是，一直存着，想为孙女的大学学费和生活费留个保障。

刘龙腾等一行人随即上楼看“案发现场”。拐进客厅一侧的楼梯，只见一阶裸露的水泥楼梯通往二楼，墙壁没有任何粉刷和装饰，只挂着一盏孤零零的、昏暗的暖色灯泡。二楼遭窃的房间已经被老人清空，刘龙腾打开窗户往外张望了一下，随即摇了摇头。

“村里没有监控，遇到这种事情就算报警也抓不到犯人。”其余人的脸上也是一样的沉重表情。

“玉琼读书的事情你就不用再操心了。”回到客厅，刘龙腾对老人开口说道。他说的是当地土话。联一村的土话与客家话接近，恰好与刘龙腾的家乡河源市龙川县方言一致，这也使得刘龙腾可以和村民无障碍交流。“玉琼的学费是有补助的，你们家的对口帮扶责任人也已经发动捐款了，现在已经筹到2000多元。”

其实，这并不是刘龙腾第一次因这件事而上门。盗窃事件发生后，他已经第一时间了解情况，并且积极寻找对策。但是面对老人的不安，他只能一次又一次地安抚和宽慰。

刘龙腾（右二）到文玉琼家“夜访”

婷 婷

农村里的不幸和贫穷总是相生相伴的。因病致贫、因残致贫、因学致贫……简短几个字背后，饱含着活生生的人们的血与泪。

每每这时，刘龙腾脑中总会回想起初次走访王建双家里的场景。那时他刚开始进行驻村工作，正在逐一摸索着村中贫困户的情况。

“村书记带着我来到贫困户王建双的家里，走进狭小昏暗的房间，黑黑瘦瘦的他用呆滞的眼神望着我们，妻子离他而去，他和四岁的女儿相依为命，失去一只胳膊的他，不幸又患上脑瘫，连洗澡都没有办法自理。这是怎样的一种无助和绝望啊！”

王建双自幼遭受意外失去了一只手臂，但是这个自强不息的男人并没有放弃生活的希望。凭借着勤奋，他用仅剩的一只手养活了自己、养活了一家人，但命运并没有打算就此放过他，迎接他的依然是一个接一个的厄运……

刘龙腾继续回忆道，在那个狭小昏暗的房间里，“一个头发凌乱、眼睛里还带着一丝紧张的小女孩”躲在一角。这个小女孩就是王建双的女儿婷婷，当时只有3岁，因为交不起学费不能上幼儿园。

婷婷那双忧郁的眼睛不禁让刘龙腾想起自己的童年。那时，刘龙腾的家里也陷于贫困的境地，经济条件只能允许供一个孩子读书，他和妹妹都争着把这个机会让给对方。但后来，妹妹被迫辍学，他得到了家里唯一的读书机会……这件事也成了他的一个心结。

“刘叔叔来了！”刘龙腾的回忆被一声稚嫩的呼喊声中断了，眼前这个笑盈盈的女孩就是婷婷。不同于一年半前那个灰头土脸的小女孩，现在的婷婷脸上洋溢着开心和自信，虽然见人多有些害羞，但是仍兴奋地与这些到访家中的人们打着招呼。

➲ 刘龙腾（右一）到王建双家“夜访”

通过墙上贴有的信息表，可以了解到，王建双一家虽然没有劳动收入，但是依靠低保补助和集体分红，2019年家庭可支配收入达11396元。去年，收到广汽集团提供的教育补贴，婷婷免费就读于村里的达康幼儿园，和村子里的其他孩子一样背起了小书包。平日里，王建双的母亲过来照料这对父女的生活。终于，王建双家里又传来了久违的欢声笑语。

跳舞吧

晚饭时间过后，时钟指向8点。联一村像是短暂打了个盹后醒来，又恢复了生机，连道路两边的路灯都仿佛更明亮了些。

这是广汽集团为联一村捐赠的路灯，于2018年统一安装。在这之前，村民夜晚出门只能靠手电筒照明。“摸黑走夜路”——这是所有贫困村数十年来的通病，已经在2020年的决战决胜脱贫攻坚行动中彻底成为历史。

解决了夜间照明的问题，村民也就不再被夜晚束缚在家中。

“走，我们看孩子们跳舞去！”刘龙腾带着我们去往联一沙坪村。

“刘叔叔！刘叔叔！”沙坪村文化室的门前已经聚集了一群孩子，年龄从3岁到10岁都有。一见到刘龙腾，年纪小的孩子们便兴奋地扑上来“挂”在他身上。

紧接着，不见谁发出号令，也没有大人指挥，只见几个半人高的孩子从文化室里拖出一个大音箱，个子最高的女孩打开手机连接蓝牙，剩下的孩子们在文化室前的空地迅速排好方阵。

“你笑起来真好看，像春天的花儿一样……”伴随着音乐声响起，孩子们自然地跳起了舞步。显然，这是一首他们已经烂熟于心的歌曲。站在最前面的男孩是队伍中年纪最小的“捣蛋鬼”，今年只有3岁，但是跳起舞来有模有样的，认真的模样教人忍俊不禁。

“孩子们跳得真好看！是谁教他们的？”我们忍不住问道。

“你猜猜。”刘龙腾神秘地笑了笑，紧接着走上前去，站在领舞的位置，带着孩子们开始跳下一首歌曲。

孩子们并不是联一村舞蹈唯一的主力军。同一时间，在联一朝阳村文化室前，有另一番热闹的景象。

这个舞台的主角是村中的妇女们。不同于孩子们的烂漫可爱，她们穿着统一的服装，俨然一支训练有素的专业舞蹈队伍。

“几十年前，我做梦都没想到现在能过上那么好的日子。”说话的是村民何翠凤，她是这支广场舞队伍的元老和主力人物。她从2017年起，开始和村里的几个伙伴一起学跳舞，没有人教学，她们便照着网上的视频依样画葫芦，在村里的文化室里反复练习。

“我们现在会跳几十首歌曲，光是舞蹈服装就有十几套，还去镇上表演过。”何翠凤脸上绽放着止不住的笑意。

2019年，刘龙腾来到联一村后，大力鼓励村民参与广场舞。他认为，扶贫不仅要做到帮扶物质上的贫困，更是要丰富村民的精神文明世界。在他的推动下，联一村新建了大灌塘和沙坪文化室，文化室增至7个，为自然村提供了一个文化活动的场所和党建阵地，为村民开展业余活动提供便利，吸引村民从屋内走向户外，夜间开始跳广场舞，成立舞蹈队，广场舞队由2支增至4支，形成了社会主义

刘龙腾带领村民跳广场舞

新农村广场舞文化，让新农村的精神面貌焕然一新。

广汽集团帮扶成效

“刚来到联一村，眼前的村庄只有泥土路、旧瓦房，不通公交车，没有幼儿园，更没有产业，村民种的东西也卖不出去。”刘龙腾说道。在过去的几年里，联一村的变化可谓是日新月异，这背后离不开刘龙腾的所属单位——广汽集团的重视与支持。

广汽集团一直以来对扶贫工作高度重视。据了解，广汽集团目前主要承担4省（广东、贵州、新疆、陕西）3市（梅州、毕节、喀什）的产业帮扶、8个贫困村（清远连州3个，贵州毕节5个）结对帮扶，以及广州市从化区鳌头镇黄罗村乡村振兴任务。

广汽集团成立以来，在扶贫公益事业上累计投入超过28.5亿元，先后对口帮扶10条贫困村，共帮助1133户贫困户5287个贫困人口实现脱贫，2014—2018年，广汽集团连续5年为广东扶贫济困日启动仪式上捐款最多的国有企业，连续荣获2014—2018年度“广东扶贫济困红棉杯”金杯。

一是定点帮扶成效明显。2016年起定点帮扶的清远连州市九陂镇联一村、白石村和四联村3个贫困村，经过四年帮扶，累计投入帮扶资金6323.16万元，其中自筹帮扶资金5524.4万元，233户贫困户586个贫困人口全部脱贫，人均可支配收入增加到1.5万元，村集体收入均超过30万元。3个贫困村“两不愁三保障一相当”工作落实到位，扶智扶志有机结合，贫困户收入稳定增加，稳定脱贫成效显著；乡村基础设施建设不断完善，村民生产生活环境持续改善，贫困村发展基础不断夯实。

二是深度参与东西部扶贫协作。已在毕节市完成3家、黔南州完成4家共7家广汽品牌4S店建设，总投资6300余万元，自成立至今正常营业。正在推进毕节广汽本田4S店建设，预计2020年年底前完成主体工程施工，2021年3月开始营业。2019年，毕节市和黔南州7家广汽品牌4S店实现销售2898辆，实现营业收入4.21亿元；2020年1—5月，7家4S店实现销售1052辆，实现营业收入1.58亿元，既促进了当地市场活跃，又增加了就业岗位。

推进校企合作，与贵州省毕节市毕节职业技术学院共建“广汽班”。广汽集团结合毕节人力资源丰富和国企用工需求，不断探索校企合作订单式培养模式，实现贫困户学生就业精准脱贫。目前已合作成立2个班级，共计培养80名学员（含建档对象33人），通过送课到校、校企交流、奖学金激励和捐赠实训设备操作等措施，定向培养具备生产制造技术能力的专业人才，10月份广汽班学生将提前进入广汽集团实习。

结对帮扶毕节市纳雍县库东关乡5个深度贫困村，2018—2019年每村每年投入15万元帮扶款，2020年加大帮扶力度每村投入30万元，为每个村每年解决两三个问题。

三是助力粤东、西北地区振兴发展。在广州（梅州）产业转移工业园中设立了广汽零部件产业园，用地规模约500亩，实行“3+3+3+X”帮扶模式，推进“四位一体”发展，即政策引导、国企先行、产业带动、绿色发展，从2016年起连续三年每年确保三个项目落户广汽零部件产业园，并统一购买240亩土地建设厂房租给园区使用。园区计划总投资约16亿元，将引入包括汽车零部件、汽车租赁、物流配套及商贸服务等企业。项目达产后将新增产值40亿元，创造税收4亿元。目前，入园项目共计15个，9个项目已建成投产，6个项目在推进建设，已累计完成投资5.5亿元。2019年实现营业收入1.2亿元，实现税收200万元，带动当地就业800余人，2020年预计实现营业收入3.5亿元，实现税收1400万元，带动当地就业1000余人。

为积极响应“一带一路”倡议和产业援疆政策精神号召，在新疆建设可共线生产自主品牌新能源汽车和传统汽车的生产线，成立广汽乘用车有限公司新疆分公司，计划投资10.87亿元，建成5万辆/年生产能力。2018年5月一期一阶段建成投产，投资3.87亿元，实现产能2万辆/年。2019年完成产量4866台，实现产值4.84亿元，上缴利税超过2470万元，已为当地解决就业近400人。

与广汇集团签订战略合作协议，由广汇集团在新疆喀什疏附县成立喀什华汇汽车销售服务有限公司，建设广汽品牌六合一4S店，支持当地经济发展。广汽销售园区（六合一4S店）占地106亩，总投资2.6亿元，经营广汽本田、广汽丰田、广汽传祺、广汽三菱四个品牌。2019年实现销售2444台，销售额3.46亿元。

此外，广汽集团积极推进渭南合作项目，一是建设广汽西北商贸中心，项目总投资4亿元，分三项投入，预计达产年为2027年，新增营业收入约3.82亿元。项目全部达成后，年营业收入约6.6亿元，利税2087万元，将带动当地就业500余人。项目公司（陕西广汉物流有限公司）已在渭南高新区完成注册。二是成立广汽传祺（陕西）销售有限公司，于2018年6月22日在渭南完成工商注册，注册资本2000万元。2019年实现销量1.15万辆，营收8.97亿元，税收172.31万元。2020年1—5月实现销量3900辆，营收3.79亿元，税收22.95万元。

四是积极投身乡村振兴。按照“产业振兴、人才振兴、文化振兴、生态振兴、组织振兴”的要求，扎实推进乡村振兴工作。向广州市捐赠4亿元，用于广州乡镇路灯建设；投入1050万元到南沙区横沥镇新村村城乡结对共建文明活动；目前正参与从化区鳌头镇黄罗村乡村振兴建设，帮扶三年，每年投入90万元帮扶款。

基层党建工作始终是驻村第一书记的中心任务。以“不忘初心、牢记使命”主题教育为切合点，广汽集团扶贫工作队集中三个村47个党支部，开展学习教育。针对有些支部党组织生活不健全，扶贫工作队亲自挂点，利用晚上空余时间召集党员干部开展组织生活学习，倾听党员干部的心声，增强党员凝聚力。

广汽集团扶贫工作队建立村干部分片包干制度，切实把党组织服务覆盖到每个村民，做到扶贫政策、措施、信息“三到户”，矛盾调解和事项办理“不出村”。

“走出去”也“引进来”，广汽集团还大力实施基层党组织“头雁工程”。广汽集团组织帮扶村书记到广汽集团和先进村调研学习，多次组织村书记学习，提升贫困村书记治理能力和工作水平。

“联一是我们的新家”

“从读书到走向社会，得到过很多人的帮助，才得以让我完成高中、大学学业，从山沟沟里走了出来，这些我一直记在心里面，老是想着，有一天能回到农村带领大家脱贫致富。”

2018年，广汽本田党委公开选聘新一轮驻村干部，没有丝毫犹豫，刘龙腾主动报名。经过两轮严格的筛选，他如愿竞聘成功。而事后他才知道，当时有6位候选人盯着这个职位，其中不乏全国劳模等有力竞争者。

回到家，面对妻子覃甫坤，他却不知道如何开口。当他支支吾吾，说要到联一村扶贫的时候，妻子不仅没有埋怨，反而提出：“我能帮你做点什么？”

刘龙腾参加驻村干部竞聘演讲

刘龙腾想了想说：“我们村里有个幼儿园，你可不可以去支教？”

“好，我可以去支教。那3岁的儿子怎么办？”

“带去！”

就这样，覃甫坤辞去了省一级代课老师的工作，在达康幼儿园无偿任教，他们的儿子也在这个幼儿园上学，刘龙腾一家开启了为期一年“举家扶贫”的历程。

初到联一村，到王建双家里的那一次走访，让刘龙腾下了决心：一定要让婷婷，和自己的儿子一样有学上。他立刻和广汽本田下属党支部联系，号召大家积极捐赠学费。这不是只为婷婷，而是让联一村所有贫困户孩子，都能有书读。

“我们不仅要让孩子们读得起书，质量上也不能输城里太多。”刘龙腾说道。

联一村交通极为不便。村里幼儿需要到连州市里或者镇里去上幼儿园，因为交通不便，路程又远无人接送，所以很多学前适龄儿童都在家里无法上学。为解决村里留守儿童学前教育问题，广汽集团在2017年3月投资130万，在联一村新建了一个达康幼儿园，其硬件标准都是参考广州市幼儿园，并从2018年9月开始正式接收幼儿。

铺着崭新防滑垫的小操场、可折叠的收纳木质小床、硬件齐全的多功能室、全视频监控的安全食堂……一走进达康幼儿园，眼前的一切让人惊叹，这和印象里的乡村幼儿园大相径庭。达康幼儿园不仅解决了联一村的幼儿教育难题，还吸引了周边村庄的幼儿前来。这都是因为达康幼儿园的设施条件好，收费合理，针对贫困户还有相应的减免政策，所以周边的村民都愿意带孩子来就读，目前已有90多个学前适龄儿童在园上学，其中有10个贫困户的小孩。

联一村的达康幼儿园率先在扶贫村开设幼儿特色课程，把城市里的早教课程

刘龙腾妻子在幼儿园教英语

达康幼儿园

和双语教学都带进了幼儿园。英语专业的覃甫坤主动承担了幼儿英语课程，和小朋友一起，又唱又跳学英语。他们的儿子成了老师的小助教，带着学英语，抢着认汉字。达康幼儿园成了令人羡慕的村级双语幼儿园。

今年6岁的杨铖希，父亲早逝，母亲改嫁，他跟着爷爷和有精神病的奶奶生活。今年开春，爷爷把他从村外的幼儿园转到了达康幼儿园，不仅交的钱少了，离家里也近了很多。广汽集团给所有来幼儿园就读的贫困户每学期都会减免1800元的保教费，像铖希这样的情况只需要每学期缴纳1495元的伙食生活费就可以了。不仅如此，广汽集团还在企业内部发起“营养工程”爱心捐赠活动，每个星期都会为在园的孩子和老师免费发放两次营养牛奶。为了提高幼儿园的教学质量，广汽集团还组织捐赠“音乐盒子”“美术盒子”等艺术教具，协助幼儿园老师为孩子们提供更多丰富有趣的课程。

特殊的春节

时间来到2020年的春节，刘龙腾和家人虽然远在500公里外的广东河源龙川山区老家，心却早已飞到了联一村。

时值新春佳节，在接到上级通知时，刘龙腾正带着妻儿在龙川老家陪伴母亲过节。此前，他进行驻村工作近一年未回过老家。当提起要准备返回连州去抗防疫情时，老母亲和妻子忧心忡忡，从河源龙川到清远连州，若放在平时肯定没问题，可此时公共交通工具停运，没有车辆，口罩等防护装备不够，一路风险未知。

4岁的儿子哭着说："爸爸我们不能回连州，电视上说病毒太厉害了。"刘龙腾只能蹲下身回答说："爸爸得回去，这是爸爸的工作。"

孩子的目光似懂非懂，但家人还是支持了他的决定，就这样，刘龙腾踏上了返岗回村抗防疫情的路途。

春节假期前，按照公司的公务车管理制度，刘龙腾同志把公务车留在了广州。按照计划，他们将在春节假期结束后，从老家先返回广州，再开车回连州开展扶贫工作。但随着疫情发展，所有节奏均被打乱。正在刘龙腾急得团团转时，传来消息，广汽本田兄弟企业——广汽乘用车驻连州市九陂镇四联村第一书记、扶贫工作队队长霍溥源正在梅州探亲，两位第一书记一拍即合，溥源从梅州出发，经过龙川县城载上刘龙腾，再直赴连州。

解决了龙川县城到连州的交通问题，新的问题又来了，从刘龙腾所在镇里到龙川县城这一段近两个小时的路程怎么办呢？受疫情影响，公交中巴处于停运状态，周围的亲朋好友、乡邻们自觉响应不串门、不走亲访友的号召，宅在村里，外地车辆基本不让进来。

临近出发的前一天，刘龙腾还没有找到解决办法，心急如焚。后来在好心人的提醒下，刘龙腾与镇上顺丰速运合作点沟通之后了解到，快递物流车每天下午一点出发，前往麻布岗镇，但若搭乘物流车，则会合时间要晚一个多小时。最后经过协商，拟订了折中方案，顺丰速运快递车司机送刘龙腾至麻布岗高速路口，溥源绕行几十公里到麻布岗高速路口接上刘龙腾后，一起前往连州，这才解决了出行难题。

随着疫情形势的日趋严峻，刘龙腾所在的镇上和县城的口罩都被抢购一空，口罩成了返岗的又一个难题。

刘龙腾向广汽本田党委汇报了情况。公司党委高度重视，第一时间协调各方资源，考虑到春节期间，部分交通停运等因素，特兵分两路，一是通过公司在职员工、刘龙腾的同学等"接力赛"形式，确保龙腾同志能戴着口罩安全出发；二是通过协调相关资源，委托从广州出发前往连州的兄弟企业驻村干部带去口罩，确保刘龙腾进村后有口罩可防护。

智慧农业扶贫项目

金秋十月，在联一村党群服务中心的一侧，村中的妇女们正在忙着将香瓜擦干净、包装成箱，空气中弥漫着香瓜清甜的香味。这些香瓜是刚刚从联一村的朝阳绿色蔬菜种植基地收上来的。

这个基地占地面积100亩，总投入70多万元，作为广汽集团在联一村建设的智慧农业扶贫项目，它事关未来村集体经济收入和是否可有效巩固脱贫户增收。

“这套智慧农业系统的监控，有十几个摄像头，它能够监控我们整个蔬菜种植基地的种植情况，特别是能够看得到我们农作物的生长情况，包括如果有水淹或者是病虫害，我们也可以通过手机就可以查看。”站在联一村产业扶贫智慧农业二期项目田头，刘龙腾充满信心地介绍说，为了帮助村民寻找致富门路，去年驻村以来，他带领工作队采用专业调研方法，走田埂观察作物收成，下地取样检测土壤，多方咨询专家，又专门赴外地考察。经多方论证，结合连州市农业优势资源和种植传统，培育了朝阳100亩蔬菜种植基地，该项目属于联一村智慧农业二期项目，是广汽集团产业扶贫项目之一。智慧农业系统主要包含视频监控系统、自动浇灌系统。视频监控系统源于造车的追溯管理理念，该监控系统配备可360度旋转的高清摄像头，可监控100亩蔬菜种植基地的情况，视频数据会自动保存上传至阿里云空间，基地的农产品从播种，到施肥、浇水、除草，再到采摘等全过程都在系统监控之下，实现农产品的可追溯，让消费者吃到放心的农产品。

自动浇灌系统大大减少了早晚各一次浇水的人工成本，喷淋得更加均匀。该基地由联一村集体企业“连州市联一农业发展公司”亲自运营，为了加强党引领一切，发挥党员的先锋带头作用，由联一党总支组织委员文卫军同志兼任联一发展公司总经理，与广汽集团扶贫工作队队员孔岩一起管理这个产业项目。据介绍，这个基地将完成土地整合后的大片土地充分利用起来，避免了田地丢荒，同时为村集体增收。

联一村紧跟连州菜心产业园项目发展，申请政府专项扶持资金22万元，单位自筹扶贫资金投入24万元，联一发展有限公司投入6万元，共投入资金52万元用于建设高标准水肥一体化蔬菜基地100亩。联一朝阳基地出产的蔬菜销售到广汽本田、广汽丰田、广汽乘用车等主机厂食堂。同时通过电商平台向广汽系统员工、社会配送优质蔬菜。累计销售连州菜心、油麦菜等优质蔬菜6.5万千克，销售收入23万元。为当地村民及贫困户增加务工收入10万元。

2020年，联一朝阳蔬菜基地主要选取优良品种，种植台湾红茄、台湾美白玉香瓜、广良27号甜玉米等优良品种，提高产量，取得较好的经济效益。同时开展粤港澳大湾区“菜篮子”基地建设，进一步提高蔬菜品质，创建良好品牌。

“脱贫摘帽不是终点，而是新生活、新奋斗的起点。”承载着历史使命的2020年已经接近尾声，随着脱贫攻坚战进入收官阶段，建立完善稳定脱贫的长效机制，衔接乡村振兴，成为下一个阶段的重要任务，而这也是刘龙腾等扶贫工作人员共同面临的挑战和难题。

村民正在包装香瓜

联一村新貌

智慧农业扶贫项目将为联一村提供稳定的村集体收入，直接带动村民就业16户，其中带动4户贫困户就业，有效巩固脱贫户增收。更重要的是，刘龙腾将广汽集团的企业管理模式注入了这个项目，经过这段时间的历练，村干部已经担起独自运营这个项目的重担，用刘龙腾的话来说："已经完成了从村干部到职业经理的转变。""这就是我们留给联一村的一支带不走的扶贫队。"刘龙腾总结道。

显然，在这场持久的脱贫攻坚战中，联一村已经交出了令人满意的答卷，而且向随即而来的乡村振兴跨出了坚实的一步。在刘龙腾的组织和带领下，这个村不仅消除了经济上的贫困，而且全村的精神面貌焕然一新。这样的联一村，定能在未来舞出更大的一方天地。

（文、图/缪璟）

刘琦

“90后”第一书记刘琦：“村里一草一木都让我魂牵梦萦！”

2020年3月1日晚8点，夜幕低垂，天空下起了绵绵细雨，漆黑一片的梅州大山却被深处传来的一阵阵“轰轰”声打破了往日的平静。只见一位“90后”青年身着雨衣，驾驶着一部老旧摩托车在雨中小心地行驶着，山路的两旁都是悬崖峭壁，车轮轧过水坑激起的泥浆不断打湿他的裤腿，他却仿佛视若无睹，此时此刻，他心中最牵挂的就是将背包里的平板电脑成功送到离村20多公里的茶阳镇上，因为明天就是广东省中小学开始开展线上教育的第一天，那里有群贫困户的孩子们需要用这些平板电脑上课。

当把最后一台平板电脑安全送到贫困户余长水家中再骑车返回村里，已经是晚上11点多。返程途中天空仍然飘着细雨，更添一丝凉意，但是他的心里却是暖洋洋的，因为他及时把教育物资送到了贫困在校生手上，保证他们不因为缺乏线上教育条件而停课停学。回村洗漱完以后，他泡上了一碗热腾腾的泡面当作晚餐，结束了普通一天的工作。

这个“90后”青年就是清溪镇河背村第一书记刘琦，作为广州对口帮扶梅州大埔县47个省定贫困村里最年轻的第一书记，从2019年年初来到河背村以来，心中牵挂的，始终是村里刚完成脱贫摘帽的贫困户们；嘴里念着的，始终是村里呕心沥血建立起来的扶贫产业。在刘琦的带领下，这个位于广东和福建交接处的移民村集体经济从结对帮扶前的不足1万元到现在的超过20万元，贫困户年人均收入从2016年的不足3500元到现在的1.48万元，并于2019年年底完成贫困户、贫困村的退出工作，脱贫率达100%，这个贫困的小山村一改往日落后的面貌，让人耳目一新。

小小柚成就扶贫大事业

在广东省东端的大埔县和福建省永定区的交界处，有着这样一个鲜为人知的小村落——河背村。该村距离大埔县46公里，距离梅州市85公里，距离广州市484公里。从广州驱车出发进入梅州境内，沿途山路曲折盘旋，忽上忽下，很容易让人产生疲劳和困乏，经过整整7个小时马不停蹄地赶路，会忽然发现沿河的高山之中有零星分散的房屋分布，这就是河背村了。河背村属于广东省粤电水库偏远山区移民村，由4个原坐落在河边的自然村组成，地势陡峭，山多平地少，村落呈“L”形沿汀江河散落分布。前后跨度9公里，村民们零星分散在各个山头之上，彼此之间距离遥远、缺少沟通。

河背村共413户，1567人。全村总耕地面积450亩，山林面积8500亩，村民收入主要依靠蜜柚种植、香蕉种植、水产养殖。2020年共有贫困户27户93人，其中，一般贫困户14户，低保贫困户11户，五保户2户。93名贫困人口中，因疾病、残疾等因素无劳动力或丧失劳动力的50人，在外务工的30余人，2016年该村被定为省定贫困村。河背村为什么穷？主要有以下几个原因：一是基础设施滞后，一直以来存在行路难、饮水难、灌溉难等问题；二是农业种植作物单一，主要是以种植传统的蜜柚、香蕉农业作物为主，传统养殖猪、鱼等因为政策而被迫停止；三是种养技能缺乏，文化素质偏低，生产率低下；四是生产条件较差，农业机械化使用普及率很低；五是缺少劳动力，外出务工人员多，留村劳动力缺乏。

2020年年中，我们走进河背村，却发现是另外一番完全不同的景象：机器在“轰隆轰隆”地不断运作，村民们在热火朝天地不断忙活，只见他们熟练地把一个一个小柚果进行分拣、切片、烘干、打包……虽然忙得不可开交，但是欢声笑语不断。“多亏了刘书记，别看他年纪轻轻，来了之后却实实在在地为我们做实事，我一把年纪了还能在村里找到工作，摘掉‘贫困帽子’，物质生活条件越来越好，都托了他的福。”53岁的余天才激动地说道，他工作的地点，正是河背村自己创办的产业——柚果加工扶贫车间。

靠山吃山，靠水吃水。河背村峰岭耸峙，丘陵连绵，山地、丘陵占绝大多数，可谓是“八山一水一分田”的真实写照。在这样严峻的环境下，村里的家家户户只能依靠柚树维持生计，远远望去，整个河背村都掩映在一片片的柚林之中，柚子在这里的重要性，等同于平原地区的大米，是村民赖以生存的根本。目前，河背村的蜜柚种植面积达1000多亩，其中贫困户种植面积约70亩4000多棵，

协调龙头企业上门收购贫困户蜜柚

带领龙头企业上门收购蜜柚

就在这短短一两年里，贫困户的蜜柚收入取得了翻天覆地的变化。

河背村贫困户蜜柚收入在这一两年内猛增的关键在哪？这不得不提到驻村第一书记刘琦。细心的刘琦在日常走访入户中发现了一个普遍存在的问题——贫困户的蜜柚难出售。同样的山同样的水孕育出来的柚子，为什么贫困户的看起来又丑又老，而当地种植大户种植的却是又好看又漂亮呢？刘琦百思不得其解。看着贫困户辛辛苦苦种植一年的柚子却难以卖出，刘琦的心里感觉特别不是滋味。刚到河背村的那段时间里，每次探望完贫困户，刘琦就把自己“关”在不同的柚林里，仔细观察彼此的不同。功夫不负有心人，经过耐心对比后刘琦终于发现：贫困户的柚子都选择露天种植，这样吃起来口感很好却品相差，柚子收购户看到第一眼就摇头；而种植大户的柚子选择的是套袋种植，这样能够有效防止病虫害，柚子皮色又好看又光滑，自然不愁销路。

发现症结所在，接下来就是切实解决问题。刘琦一方面主动联系当地龙头企业，让他们来村开展讲座，对套袋技术进行普及推广；另一方面邀请佛山科学技术学院郭金彪老师来村指导，开展专业技能培训。为了更好地促进柚子的生长，刘琦还根据贫困户的实际需求，发放相应的农业生产化肥和道具。“一开始贫困户对我们宣传的套袋技术持半信半疑态度，但是在试种一期之后，家家户户都发现自己家的蜜柚变得又大又圆又漂亮，纷纷对刘书记竖起了大拇指。”河背村委会副主任范定能笑着说道。质量的提升带来的是经济效益的变化，据不完全统计，2016年以来，河背村蜜柚销售产值达80多万元，特别是贫困户的柚子收入得到显著提高，小小的柚子成为村里名副其实的“致富果”。

在蜜柚种植帮扶过程中，广州老干局的扶贫干部发现，当地修剪蜜柚时经常随地丢弃很多残次果，保守估计有5万吨左右，这些残次果一般都作为垃圾倒在果园、河边、马路等，没有人进行处理，很大程度上破坏了村里的生态环境，也容易滋生各种有害病菌。

如果把丢弃的残次果利用起来，这样不是既有利于带动产业发展，又有利于保护当地环境吗？柚果加工扶贫车间这个概念就这样从无到有地发展起来了。没有厂房？没关系，村里废弃学校正好改造；没有员工？没关系，采用车间模式优先招收贫困户；没有购买商？没关系，他们与梅州金柚康有限责任公司签订了长期购销合同，公司收购加工扶贫车间的产品进行二次精加工，成品可以用于护肤品、化妆品、食品等各个领域。

然而理想很美好，现实却很残酷。2019年3月刘琦刚进村后就感觉到，当时村民普遍对柚子加工这个新兴产业不了解、不认同，更别提去柚果加工扶贫车间进行工作。“老祖宗的经验多少年来就告诉大家，多余的小柚果是没有任何用处的，是大家眼中公认的废品，突然有人跟我们说这些不是废品还能收集起来赚钱，这就好比天上掉馅饼，眼看一切都安排好了却没有人愿意去厂里做，刘书记急了。”余天才说道。

俗话说得好，新官上任三把火。为了加强村民尤其是贫困户的参与度，提升柚果加工扶贫车间的整体产值。刘琦不仅亲自带领村“两委”干部挨家挨户上门做工作，科普柚子加工专业知识，讲解柚子回收的好处和给村民带来的多种实惠，还专门召开了柚子收购动员大会，并与承包商协商收购贫困户的柚子要给予适当补贴，最后更是争取到了青溪镇党委、政府的有力支持，将河背村的柚子收购通知通过微信公众号、广播、公告等方式通知到了下属所有行政村。众人拾柴火焰高，在多方齐心协力之下，参与小柚果加工的村民越来越多，余天才也是在这个时候加入了扶贫车间成了加工队的一员。仅仅过了一年多的时间，柚果加工扶贫车间收购的残次品就从2018年的50余吨扩大到80余吨，产值也从2018年的9万元猛增至17万元，看着渐渐鼓起的钱袋子，余天才的双臂仿佛有使不完的力量，干得更起劲了。

刘琦不仅在协调中发挥了中流砥柱的作用，还亲力亲为走在生产第一线。每年的柚子加工环节都有一个严峻的问题绕不开——加工时间只有短短40天，但是加工任务繁忙，如果收购回来的柚子不及时加工就会渐渐腐烂，从而直接影响到贫困户的收入。为了尽可能地给村民创造财富，让收购的小柚果物尽其用，每到最适合加工的6、7月，刘琦就和河背村委会副主任范定能全天候守在车间里，24小时不间断抓生产。6、7月份恰好也是雨季，龙舟水应时而至，来势凶猛，这时候下游发电站发电量陡然提升，电压经常性超高，车间的烘干机时常会因为电压异常而停止工作。“看着屋内那一袋袋还没加工的小柚果，听着外面那一阵阵的瓢泼大雨声，我半夜怎么也睡不着，经常起来跑到车间里面望一望，看到机器都正常工作了才回去再躺下，不然这一颗悬着的心怎么也放不下来。有的时候干脆直接睡在柚子上面，通宵守着才让我真的放心。”正是刘琦无数个夜晚的坚守，换来了每年柚厂的大丰收，村民们看在眼里，记在心里。平时挂在嘴边的话“嘴上没毛办事不牢”也悄悄变成了“嘴上没毛做事最牢”。

贫困户与刘书记的不解之缘

“等、靠、要”蝶变“干干干”

早上六点多，天边开始泛出点点鱼肚白，大埔县清溪镇河背村村民范省能就爬了起来，用储蓄水浇地，他已经习惯这个点早起。“自从刘书记来了后，我们用水再也不用愁了。既然水源充足了，我也在自家门前种植了些蔬菜补贴家用，早上浇完水再出门，肯定一举两得！”说到这里，范省能脸上洋溢起幸福的笑容，只见他麻利地将蓄水桶里的山泉水经过输水管道运输到菜地旁，再用水桶装着一瓢一瓢浇灌着。放眼望去，他种的蔬菜种类真的不少，细细数来有生姜、辣椒、青菜等数十个品种。在他无微不至的照顾下，所有的蔬菜都长得枝繁叶茂，远远看去家门口郁郁葱葱一片，待到秋季来临必定是一派丰收景象。

把自家的菜地打理好之后，范省能给自己做了顿梅州腌面，吃饱喝足，前往其他村民家开始了一天的务工。范省能的工作很具有梅州特色——给河背村家家户户种植的蜜柚套上袋子，按时计费。只见他老练地拿起柚子袋一套一捆，不到10秒钟的时间，一个柚子就被他给套好了。梅州是蜜柚之乡，每户都会种上几株到几百株不等的柚子树，这些柚子都需要进行套袋种植处理，这样既可以保证没有日常喷洒的农药残留，也可以提高质量，避免发生生理病害，吃着更加放心。看着范省能在自家柚子林里马不停蹄、忙忙碌碌的背影，其他村民都感慨道：“真是士别三日当刮目相看，以前的范省能可是村里有名的贫困户，每天游手好闲、无所事事，总是幻想着有个媳妇送上门，现在居然变成了村里最有干劲的那个人。”

“扶贫先扶志，扶贫必扶智。只有他自己内心深处生出了脱贫的志气、挺起脱贫的腰板，才能保持经久不衰的脱贫致富动力并持之以恒，才有了现在不一样的他。没有脱贫志向，再多扶贫资金也只能管一时，不能管长久。”对于范省能如此翻天覆地的转变，刘琦感到既欣慰又开心。回想起2019年年初他刚来到河背村时，就听到了许许多多关于范省能“等、靠、要”思想严重的传闻，当时他还不相信这一切是真的，要知道资料中看到范省能才46岁，身强力壮，随便找个工作也能摆脱“贫困户”的帽子啊。但当刘琦走进范省能家里时，才知道一切所言非虚：一间破旧的房屋挤着范省能和年迈的老母两人，发黄的墙面、简陋破旧的家具、些许漏缝的屋顶、屈指可数的摆设……无一不显示着“家徒四壁”这四个字，家里还有随时断水的可能。更让人难以置信的是，当刘琦找范省能聊家常谈思想时，他总是一副爱理不理、敷衍了事的态度，聊了半天只热衷一个要求——做低保户拿钱，连刘琦通过再三协调给他介绍的村里的公益岗位都不屑一顾，工作一度难以开展。

刘琦（左）在给贫困户讲解扶贫政策

但是刘琦并没有因此感到灰心丧气，而是选择“三顾茅庐”。“一次不行我就多走两次，两次不行我就多走十次，我相信一定能够说服他。”凭着一股韧劲，不会说客家话的刘琦愣是在一次次的走访中和范省能拉近了心与心之间的距离，宣传扶贫工作和心理辅导，培养他积极向上的乐观态度，慢慢地两人成了无话不说的朋友。天有不测风云，相依为命的母亲在2019年6月突发疾病去世，这让范省能陷入了莫大的痛苦之中，刘琦一方面第一时间代表村委会给范省能送去了慰问金，另一方面积极鼓励他重新振作起来，开始面对新的生活。“如果没有刘书记当时开导我，我可能真的走不出母亲去世的那一关，母亲离世时一直放不下我，因为我之前的生活状态真的很糟糕。是刘书记让我看到了新的希望，让我真正明白‘等、靠、要’等思想归根到底就是一个‘懒’字，为了让母亲泉下安心，我一定要奋斗起来，干干干！”

根据范省能的期望和需求，刘琦结合村里的实际情况，给他介绍了帮村民套柚子的工作。一开始，村民对于范省能到底能不能胜任这个工作还有些半信半疑，毕竟他之前太懒了，但是范省能本人的实际行动却让大家刮目相看。一开始，他连套柚子都不会，还需要人手把手地教；一周之后，他就越练越熟，速度不慢于其他人；一个月后，他套柚子的速度比一般人还快，扎口扎得还比别人更牢固，村里人聊起他都竖起了大拇指，争着请他来帮自家柚子套袋子。谈起自己做事利索的秘诀，范省能笑着说道："其实关键还是在于刘书记，每次我做完工作，刘书记都主动找我探讨当天的工作内容，教我如何更好地改进套柚子的方法，更好地提高工作效率，我才有了今天的成果。"

在刘琦的帮助下，范省能家不仅进行了危房改造，添置了很多新的家具，还安装了蓄水桶，解决了困扰很久的用水问题。如今在村里到处都可以看到他忙忙碌碌、一刻不停的身影。但是他并没有因此而止步不前："我到现在才意识到勤劳光荣、懒惰可耻的真正含义，虽然用双手摘掉了贫困的帽子，但是这还远远不够。河背村毕竟落后又位置偏远，工作机会太少了。我希望等疫情结束后能够出去闯一闯，创造属于自己的幸福生活。"

"残疾户"涅槃成"致富王"

2019年，刘琦在一次次的入户走访过程中发现了一个严峻的问题：留在家的贫困户务工务农积极性都不高，"等、靠、要"思想还是普遍存在。"当时的我真急坏了，要知道，扶贫先扶志，不然给予再多的资金扶持也是白搭，虽然思想工作一直在做，但是效果并没有明显地展示出来，如何才能更好地激发贫困户的内生动力，进一步提高务工务农收入呢？"

刘琦（右）在了解贫困户房屋漏水情况

刘琦一方面仔细阅读《大埔县精准扶贫以奖代补实施办法》，与全国其他脱贫攻坚模范村的成功方法相类比，从中寻找出切实可行的方案；另一方面多次与村"两委"干部进行商讨，如何才能更好地把方案"河背化"。功夫不负有心人，最终在刘琦的主导下，《河背村贫困户以奖代补实施办法》终于公布于众，该办法规定，按照贫困户每户年劳务收入的8%进行奖补，对先进典型进行广泛宣传，提倡多劳多得、少劳少得、不劳不得的脱贫思路。在以奖代补的推动与激励下，河背村2019年劳务收入相较于2017年，提升将近50%，以奖代补制度的推行，极大地提升了贫困户劳动脱贫致富的动力。余荣开一家也正是这个方案的受益者之一。

“刘书记，你又来看我们了啊！快快快，屋内坐。”81岁的余荣开远远见到刘琦，就立马激动地迎了上来，紧紧握住他的双手，久久不肯放开。“最近柚子长势怎么样？家里兔子鸡鸭养殖还好吧？”落座之后，刘琦跟余荣开聊起了家常。“好好好，一切都好，今年柚子丰收的时候又要麻烦你了。”“您放心，到时候我们一定再来帮忙……”

以前说起余荣开家，村里人都不由得惋惜地摇摇头。这是一个命运多舛、艰辛苦难的家庭：

余荣开本人81岁，早年因故导致一只眼睛永久失明，留下二级残疾；老伴丘六英今年80岁，患有糖尿病、高血压和心脑血管疾病；儿子余茂初，从出生起就是听力一级，语言一级，身患多重残疾；儿媳余定芳也被诊断患有智力三级残疾，全家五口仅有孙子余锦秀是一个健健康康的人，如今在广州从事餐饮工作。全家赖以生存的根本就是祖上传下来的那100株柚子树，用余荣开本人的话说就是“一年生活好不好，全看柚子好不好”。随着余荣开本人年纪越来越大，身体也没有以前硬朗了，他时常为儿子和儿媳的未来而深深发愁。

2019年突如其来的市场行情让这个本来就勉强温饱的家庭雪上加霜，由于雨水太多以及市场供求关系变化影响，柚了价格跌入“冰点”，本来约定好收购的企业纷纷不见了踪影，望着含辛茹苦栽培一年结出的累累硕果，余荣开夫妇几天没有合上眼，腰也仿佛变得更弯了：“靠山吃山，我们这一家五口人就指望这每年一次的柚子丰收度日，今年柚子长势那么好，却挂在树上没人要，这可怎么办啊？”

在看到余荣开家所遭遇的困境后，刘琦再也坐不住了，第一时间来到余荣开家了解情况。“他们家的柚子个头大分量足，在往年一定卖个好价钱，今年滞销真的不是正常情况。”看着余荣开老人那充满希冀的目光，刘琦感到心头一热，暗暗下定决心：“一定要以最快速度帮他们家解决这个问题。”上午调查一结束，下午刘琦就立刻骑着自己的摩托车到60公里外的大埔县农业农村局汇报情

刘琦（右）在看望留守贫困户

况，烈日当头，骑行过程中汗水几乎打湿了刘琦的全部衣衫。在农业局领导的协调之下，刘琦成功与当地龙头水果企业达成协议，用高于市场价的价格收购余荣开家所有的柚子。刘琦随后马不停蹄把这个好消息带回给了余荣开，余荣开惊喜之余，又发起了愁，距离企业来收柚子只有3天时间，所有的柚子都在树上面，自己和老伴年老体衰，儿子、儿媳、孙子又帮不上忙，到底该怎么办呢？

“放心余叔，一切交给我，您等着拿钱就好！”刘琦说完，就立刻电话联系村委会副主任范定能一起商量解决办法。第二天早晨5点，天未亮，外面漆黑一片，刘琦就摸着黑爬了起来，和范定能一起敲响了一家又一家村“两委”干部的大门，大家一听说帮余荣开家摘柚子，立马二话不说都连忙穿上衣服参与了进来，约莫6点多，在余荣开一家还在睡梦中的时候，刘琦就带着大家忙活了起来：拿住柚子向上稍稍一折，“咔！”一个柚子落入手中，热情高涨的刘琦顾不得察看柚子的大小，立马放入筐中再摘下一个柚子……经过3天的努力，5000多斤柚子摘完并以高于市场的价格成功送到了山下企业的收购车上。“余叔，来年丰收了再交给我哦！”望着刘琦挥挥手渐渐远去的背影，摸着那一叠崭新的百元大钞，余荣开喉咙哽咽，激动得说不出话来，泪水不禁湿润了双眼。

功夫不负有心人，余荣开一家的家庭人均收入从2018年的13839元猛增到2019年的19536元，实现了“跨越式”发展，从“残疾户”涅槃成为村里脱贫致富的典型代表。如今的余荣开，走路腰挺得老直，精神奕奕，根本看不出是一名80岁的老人，谈到柚子树，他乐呵呵地说道："接下来我打算进一步扩大柚子树的规模，再多种植50至100棵柚子树，有刘书记在，我心里放心。"

其实关于刘琦跟贫困户之间的不解之缘还有很多很多，村里人都如数家珍。因为刘书记，67岁的退伍老兵邱必煌通过产业帮扶，过上了自力更生的幸福生活；因为刘书记，49岁的陈振甘一家在茶阳镇开起了家具店，做起了多劳多得的小老板；因为刘书记，38岁的寡妇钟仕梅搭建了草药铺，改变了丈夫意外去世的艰辛生活……"锲而舍之，朽木不折。锲而不舍，金石可镂。"在刘琦以奖代补的推动激励下，河背村的贫困户们都彻底摆脱了以前的"等、靠、要"思想，由"懒汉"转变成为致富的勤快人，走上了一条勤劳致富路。

"作为第一书记参与脱贫攻坚，是我这辈子最光荣的事情"

舍小家顾大家

从2019年3月到2020年9月，不知不觉间，刘琦在清溪镇河背村已经度过了一年半的扶贫时光。对于他来说，时光飞逝，肩负这项光荣的任务仿佛就在昨天。河背村作为广州市老干局专门对口扶贫的村落，从2016年到2020年已经是第四个年头，在老干局全体同事的不懈努力和帮扶下，逐渐摆脱了贫穷落后的面貌，日益焕发新的生机。但与此同时，随着工作进度的不断深入开展，驻村第一书记的工作难度愈发艰巨。2019年年初，在脱贫攻坚决胜年的关键时期，谁去轮换，谁去站好脱贫攻坚的最后一班岗，显得尤其重要，但是老干局由于人手有限，一时间找不出合适的人选，处于捉襟见肘、左右为难的局面。

当时，刘琦还在家里细心照料着自己刚刚出院的父亲。因为身患冠心病及肺部疾病，刘琦的父亲先后两次手术失败进入ICU病房抢救，作为家中独子的他，本应该在父亲大病初愈需要家人的陪伴和呵护之际守在床旁，但是刘琦听说单位因选不出合适的扶贫人选而陷入僵局时，毅然决然地主动向领导申请，要求投入扶贫事业中去，舍小家顾大家，这是刘琦最真实的写照。"一心投入脱贫攻坚的工作中去，我对三个家人愧疚甚多，第一个就是我的父亲，我没有在他身边看着他一天天地好起来，没有真正做到一个儿子应尽的孝道，但是在听到我的决定后，父亲也非常支持我去。作为当代年轻人，作为一名共产党员，更应该爱党爱国，党需要我去哪里，我就到哪里去，为祖国抛洒青春热血，抒写忠诚担当。”

“我第二个对不起的人就是我的未婚妻，如果没有参与扶贫工作，可能我和她现在都有了幸福的结晶。”谈及自己的未婚妻，刘琦不由自主地打开自己的手机目不转睛地盯着发光的屏幕看，愧疚的脸颊上漾起了快乐的微笑，原来他早已把未婚妻的照片设置成了背景图片。早在2019年年初，刘琦就打算和未婚妻举办婚礼，共同走进婚姻的殿堂，但是由于扶贫工作繁重，刘琦根本脱不开身回广州，以至于婚期一拖再拖，直到2020年年中也没有举办。“从繁华的大都市到偏僻的大山深处，我和未婚妻的日常交流也发生了翻天覆地的变化：以前一起相约下班看看电影吃吃美食，现在只有等我每天工作忙完，我们才有半个小时到一个小时宝贵的煲电话粥时间，因为那时候已经是晚上10点之后了，这是我每天最甜蜜的时刻。”虽然无法时时刻刻在未婚妻身边陪她，虽然屡次说好的结婚日都没有真正提上日程，但是刘琦的未婚妻还是没有抱怨过他一次，反而鼓励他作为年轻人更应该冲在一线。“我和她约好了，等我和河背村村民一起打赢2020脱贫攻坚决胜年，让他们从此过上幸福快乐的小康日子，她会穿着洁白的婚纱在广州等着我。”

2020年3月，突如其来的疫情让河背村如火如荼的脱贫工作“缓”了下来，如何消除疫情带来的影响，推动贫困户及时返岗复工，恢复春耕劳作生产成了刘

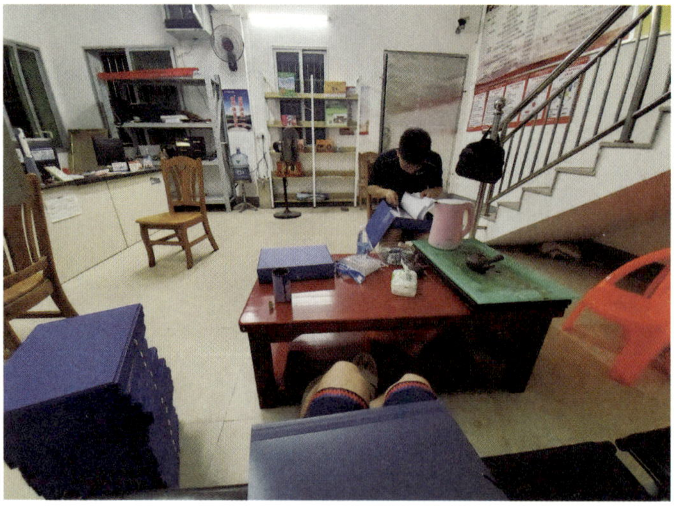

深夜整理扶贫台账

琦扶贫工作的当务之急。但是人有旦夕祸福，就在这时候刘琦家里传来噩耗——年迈的爷爷由于突发心肌梗死去世，由于工作太忙碌，刘琦没能回去见爷爷最后一面。“我最感到愧疚的人是我的爷爷，小时候爷爷总是无微不至地照顾我、关心我，如今却跟我阴阳相隔。当我准备放下手里的一切立刻赶回他老人家的身边时，家里传来爷爷对我最后的教诲：踏踏实实、一步一个脚印做好手头扶贫的工作才是我最需要关注的，不要担心爷爷。”说到这里，这位起早贪黑、没有喊过一句苦和累的第一书记双眼噙满了眼泪。刘琦用自己的实际行动彰显了共产党员“舍小家，顾大家”的责任担当，在脱贫攻坚的战场上勇往直前，义无反顾。

驻村再艰苦，但让他魂牵梦萦

“现在的河背村，走进去后有一种不认识的感觉，我们真的十分感激刘书记。”一直在外地务工的村民余锦回村后感叹道。来到村口，左侧是水泥浇筑的村民健身广场，多种多样的健身器材、古色古香的休憩凉亭成了村民们茶余饭后锻炼身体、拉闲散闷的好去处；右侧是修葺一新的河背村党群服务中心，“不忘初心、牢记使命”八个遒劲有力的大字，时时刻刻提醒党员干部聆听民众呼声，解决民众疾苦。远处，小柚果加工厂仍在不知疲倦地“嗡嗡翁”运作着……整个河背村在不知不觉中发生了翻天覆地的变化，谁还能想到以前这里只有一片荒地和破旧的村委会老楼呢？

过去的村委办公场所

直到今天，刘琦还能清楚地回想起2019年3月10日刚来清溪镇河背村的场景，经过大约7个小时的长途跋涉，在车里昏昏欲睡的刘琦第一次踏上河背村的土地，映入眼帘的是贫困落后的乡村面貌，一条沿着河流修筑起来的山路弯曲绵延到村口，村前是光秃秃的一片空地，杂草丛生，整个村除了破旧的村委会老楼，其他基本什么都没有，村民们的家都错落地分散在各个山头，彼此没有多少

如今的村委办公场所

交流……这让满怀热情来到这里准备大干一番的刘琦浇了一头冷水，在这样的地方到底怎么开展扶贫工作呢？但是他转念一想：既然组织相信自己，那么一定要有高度责任感和使命感，无论如何都要圆满完成任务。回想起在农村做了30多年司法调解工作的老党员爷爷，回想起27户贫困户93名贫困人口渴求改变的目光，刘琦来到这里的第一天就下定决心：从现在开始，这里就是我第二个“家”！一定要为家多做点实事，撸起袖子加油干！

兵马未动，粮草先行。打仗的关键就是大后勤，扶贫攻坚战也不例外。村里生活条件艰苦，很多时候都吃不上一顿正经饭菜；住的是村里的卫生站，一到晚上蚊虫横行；由于没有集体供水可用，村里经常停水，很多时候要到半夜才能洗澡；村民分散居住，他唯一能够代步的只有那辆老旧摩托车；更要命的是他太年轻了，俗话说“嘴上没毛，办事不牢”，村里有些贫困户对于他来到底能带来什么还持有怀疑观望态度，再加上刘琦本身来自湖南省郴州市，对于梅州方言完全听不懂，与贫困户之间也没办法顺畅交流……

当过两年兵的刘琦在一年多时间里，靠着一股韧性和满腔的热情，脚踏实地，深入群众之中，逐一拜访了河背村的老党员、“两委”干部、乡贤、普通农户、作坊主、贫困户，走遍了村子的每个角落。炎热的阳光把刘琦从一个皮肤白皙的都市青年变成了黑黝黝的乡村干部，他也在日积月累中把村情民意摸清吃透，了解群众之需，扎扎实实地为村民办实事、办好事。刚开始语言不通，走访入户无法和贫困户正常沟通交流，特别是晚上有时贫困户打电话因为听不懂，又

以前开展培训的条件

现在开展培训的条件

刘琦（前左）组织贫困户讲解扶贫政策

怕有什么事，刘琦还要专门上门去看。但是随着上门拜访次数的增多，如今的刘琦虽然还是不能完全听懂客家话，但是已经能够理解其中的意思，和村民不仅没有了沟通的障碍，还和他们培养起深厚的感情，取得了他们的信任。“刘书记，快快快，进屋喝茶哦！”如今的他无论路过哪一家门口，只要被贫困户看到了，他们都满怀热情地邀请刘琦去家里坐坐。“谢谢您了，我工作还忙，有空一定来！”还带着湖南口音的刘琦笑着答道。只有“多跑腿，多动嘴”，一切困难都会迎刃而解，这句话已经成了他的座右铭。

扶贫一年多时间，最让刘琦放心不下的是村里一直困扰贫困户多年的用水问题。河背村坐落在大山深处，一般都使用从山体的缝里流出来的山泉水，水源很不稳定。春夏季节雨水充沛，山水能够满足他们生活所需，但是到了秋冬季节，尤其是干旱的日子，贫困户连基本的饮用做饭都成了问题。加上河背村村落呈“L”形沿汀江散落分布，贫困群众居住十分分散，根本无法通过集中供水彻底解决贫困户安全用水问题。“水都吃不上，其他事情还能办得安心吗？”刘琦几个晚上都没有睡上安稳觉，他白天带领村“两委”干部反反复复实地考察河背村所有水源地水量大小，详细记录了水源地受天旱影响情况，现场思索解决方案；

晚上挨家挨户上门与贫困户共同商讨对策。最终详细可行的安全用水改造方案成功出炉：按照一户一策，因地制宜，就近取水，确保用水安全，通过打井，添置用水、储水、增压设备，合理规划公用水源地等措施。但是棘手的是，在推进过程中遇到不少困难，特别是部分村民担忧自己用水受到影响，私人水源不愿意与贫困户共享。为了彻底解决普通农户后顾之忧，刘琦带领村“两委”干部多次上门苦口婆心做思想工作，一次不行两次，两次不行三次，最多的达到了十余次。最终，凭借他的这种诚心、耐心和责任心，其他村民被刘琦所打动，同意开放自家水源给贫困户使用。看着贫困户家一打开水龙头，清澈的泉水顺着水管“哗哗”流了出来，刘琦的心里感觉像吃了蜜一样甜。

广州市委老干局帮扶梅州市大埔县青溪镇河背村4年多，全村总户数413户，总人口1566人，其中贫困人口27户93人，有劳动能力的贫困户20户83人，已脱贫贫困人数93人，全部达到脱贫标准，脱贫率100%。社会保障方面，落实贫困户参加城乡居民基本医疗保险93人，参保率100%。农村危房改造方面，累计已完成或动工危房改造数14户，2020年度危房改造完成率100%。贫困户子女教育方面，落实贫困户子女教育资助人数10人，贫困户子女义务教育毛入学率100%。还帮助全村转移就业人数40人，其中贫困户17人，帮助全村就近就地就业40人，其中贫困户10人，贫困户“两不愁三保障”得到全面落实。有劳动能力贫困人口人均可支配收入从2015年年末的3461元增长到2020年年末的8950元，全村农民人

➲ 刘琦（中）带领村干部协调贫困户用水问题

均可支配收入从2015年年末的7300元增长到2020年年末的11890元，整个河背村向着村强民富、村域和谐、村民安居乐业的方向不断迈进。

“作为第一书记参与脱贫攻坚，是我这辈子最光荣的事情，这里的一草一木，都让我魂牵梦萦，因为这里已经成了我第二个家。”刘琦深情地说道。群众利益无小事，他经常把村民反映的每件事情都记在本子上，更记在心里，结合村里的实际情况制定科学可行的发展规划，按计划按目标一步一个脚印地做好工作，脚踏实地去办好。在刘琦看来，要做好驻村工作，可以归纳为以下几个词：信念、责任、服务、奉献。既然选择了远方，便只顾风雨兼程，坚决打好打赢脱贫攻坚战，确保河背村与全国其他地区一起迈向乡村振兴！

（文/董业衡　图/受访者提供）

罗明翔

从煤矿村到广东厨乡：全域旅游美丽乡村的蝶变

玉水村位于广东省梅州市梅县区城东镇，村子四周群山环抱，山上茂密的柚子树散发着阵阵清香。村口新修建的广场平整宽阔，一条崭新的柏油马路贯穿整个村子，沿途的路灯、公交站一应俱全，道路两旁灰瓦白墙的岭南风格村居错落有致，不少村居墙上的新农村建设主题彩绘让整个村子增添了艺术气息……很难想象几年前这里还是一个破败的贫困村。亲身感受过村子的发展变迁，村民们不禁感慨“这里发生了翻天覆地的变化”。

“以乡村振兴带动脱贫攻坚，让所有村民过上幸福的生活。”玉水村驻村扶贫第一书记罗明翔立志挑起这副脱贫重担，事实证明他做到了。截至2019年年底，玉水村集体经济年收入达5.37万元，全村贫困户顺利脱贫摘帽，曾经的贫困村，如今以“广东厨师之乡”的美丽新农村面貌展现在世人眼前。

第一部分
结缘玉水村

（1）主动申请挂职。

罗明翔与玉水村结缘是在2019年1月份。当时，第一轮扶贫干部已经完成了3年的驻村扶贫工作，需要第二轮扶贫干部来接替继续工作。而这一轮扶贫干部的工作正值脱贫攻坚战的关键之年、收官之年，工作的好坏直接关系到脱贫攻坚战的成败，因此上级领导和组织部门对此次招收的扶贫干部有着更高的要求：要担任部门正职，还要有丰富的工作经验。

罗明翔利用在城管中队、国土所和农村发展与管理办公室部门主任等岗位积累的丰富工作经验，响应国家及各级政府号召，主动报名申请到梅州市梅县区城东镇玉水村挂第一书记兼扶贫队队长职务。

对于主动申请到玉水村挂职第一书记，罗明翔也是经过深思熟虑的。玉水村离增城400多千米，扶贫工作需要平时吃住都在村里，“背井离乡”远离家人而且工作细碎繁重，肯定没有待在原来的机关工作舒服。不过，罗明翔更多的是考虑到，在2020年全国要实现农村贫困人口脱贫、贫困县全部摘帽的关键时刻，自己能够参与脱贫攻坚战，通过自己的工作来共同实现这一历史壮举，这是人生中难得的宝贵经历，更多的是自豪感。于是在有的同事还犹豫的时候，他毅然决然地提出了申请。

在知道了丈夫决定要去梅州农村驻村扶贫后，罗明翔的妻子开始时是反对的，理由也很实际。他们的女儿正在读初中，青春成长的年华平日怎么能少了父亲的陪伴，而且女儿马上要面临中考，正是需要家长平日加强辅导的关键时期。再就是，双方父母都已年迈，平时有个头疼脑热、感冒发烧需要看病就医，也缺少不了罗明翔在身边照顾。除了这些客观条件，妻子也不能理解，放弃城市里安稳顺手的工作，到梅州偏远的农村去驻村搞扶贫，罗明翔是为了什么？对此，罗明翔却有着自己坚定的认识，那就是作为一名共产党员，在组织需要自己的时候，就要有这个觉悟主动站出来承担起这份责任。他耐心地跟妻子做工作：自己平日里就是从事农村发展管理工作，在这个关键的时刻，没有人比自己更适合冲在扶贫一线。对孩子来说，父母的教育除了“言传”还要有“身教”，自己能够跳出舒适的圈子投身到更艰苦、更有意义的事业中，对孩子今后的健康成长也是一种激励。最终，妻子被罗明翔坚定的意志所打动，主动承担起照顾家庭的责任，以实际行动支持丈夫的扶贫事业。

（2）初到玉水。

提到玉水村，附近的人都知道那曾经是个贫困落后的“煤矿村”。20世纪80年代，玉水村集体经济落后、基础设施差，玉水村村民主要依靠农业收入和在煤矿打工挣钱养家糊口。煤矿关闭后，下岗的矿工们又没了生计，纷纷外出打工。顺利挂职玉水村第一书记兼扶贫队队长后，罗明翔发现，现实的困难要比想象中更大。

玉水村位于梅县区城北镇西北部，距梅州城区约20千米，整个村子坐落于群山环绕的盆地当中。由于位置和地形的因素，当地交通较为闭塞，当地村民笑称“无论从哪个方向出趟村都得要爬座山”。18平方千米的村子内多为山地、林地，耕地面积少，村民以种植柚子为主要家庭收入。同其他贫困村一样，玉水村产业结构落后的情况长年得不到改善。2015年，玉水村的集体收入仅为0.16万元。

与此同时，玉水村的贫困户人口却不少。玉水村下辖29个村民小组，共有人口2680人。2016年，当时的玉水村有贫困户50户135人，有劳动力贫困户29户98人，占村总人口5.03%。在全村没有像样产业的基础上，如何实现贫困户的精准脱贫，成了摆在罗明翔面前最大的现实问题。

（3）走访摸排。

面对玉水村贫困落后的复杂局面，罗明翔并没有乱了阵脚。当兵出身的他有着清晰的思路，要实现贫困户的精准脱贫，必须先要知道贫困户的真实情况，才能制定针对每户的精准扶贫措施。“要走到贫困户家里去，才知道他们贫穷的真正原因。”刚到玉水村的罗明翔就骑上摩托车，立即开展了对这100多户贫困户一家一家的走访摸排工作。

走访贫困户的工作开始进展得也并不顺利，罗明翔首先遇到的就是语言问题。村里的贫困户大多都是年纪较大的老人，只会讲客家话，而罗明翔却完全听不懂，而他讲普通话村里的老人又听不明白。起初，罗明翔只能跟着会说客家话的搭档、驻玉水村扶贫工作队副队长张周元一起，听他翻译老乡们的方言。

面对扶贫工作队的到访，贫困户一开始对他们是“爱搭不理”的态度，一方面是语言不通，罗明翔与贫困户互相听不懂对方说什么；另一方面是贫困户对陌生人到访也有着戒备心理，不熟悉也就不会吐露心声。初次的走访，罗明翔认识到，要做好扶贫工作，就要跟贫困户建立感情，得到他们的心理认同。于是，他和搭档加密了走访贫困户的频次，不但白天工作时间上门走访，晚上还利用饭后散步时间，见到哪家贫困户家还亮着灯，主动走进他们家里拉家常。他还利用业余时间，通过看视频、听广播，学习客家话。经过3个月时间的努力，罗明翔每户贫困户家庭走访了不下10趟，村民说的客家话也已经能听懂8成左右。贫困户与罗明翔他们也熟悉了，渐渐放下了心理戒备，开始接纳他们。

走访过程中，罗明翔也在细心观察并解决贫困户家庭的现实困难。在走访贫困户郭伟平家时，罗明翔发现他家进门的台阶很高而且湿滑。郭伟平身患残疾，平时跟父母住在一起，父母亲也都七八十岁了，腿脚不便，对他们来说日常出入很是危险，急需加装栏杆。由于这部分钱不能用扶贫资金，罗明翔就报告给了一对一结对帮扶贫困户郭伟平的干部，也是自己单位的领导那里，希望他来赞助一下。领导自掏腰包1000元，帮助郭伟平家台阶上装了不锈钢栏杆，解决了他们一家每天进出门的安全风险问题。随后在领导和罗明翔再次到他家走访时，郭伟平的妈妈感动得流下了泪水。虽然只有1000元，但让贫困户感受到，扶贫干部将他们的事放在心上，并落实在行动上。

为何一定要与贫困户建立感情？罗明翔表示，只有贫困户认同了你，他才会跟你说他家的真实的、急需解决的问题，数据才能准确，否则扶贫工作没法做。他举例说，比如，村民家原本有100只鸭子，他会考虑到如果说了真实的数字，工作队会不会以为这户很有钱，给的补助就少了，于是就会少报一些，等到根据这个虚假数字领到的帮扶物资到位时又不够用；或者是贫困户家本来有养鸡的场地却说没有，工作队就不会把养鸡项目给到这家。这样数据不准的情况，就会制约扶贫工作队制定帮扶措施。

用心去做事、用行动去感染周边的人，罗明翔带领张周元用了两三个月的时间，解开了贫困户的心结、摸查了他们的情况。罗明翔表示，这段时间的工作虽然艰苦，但比其他任何工作都重要，这是扶贫工作的前提。根据每一户贫困户劳动力的特点，以及家庭实际情况，来制定帮扶措施，更具有针对性，这样的帮扶举措起到的效果就要比大水漫灌似的帮扶好很多。

如今罗明翔对每户贫困户家庭情况了如指掌，与村民关系也十分融洽。他笑着说，以前走访贫困户时经常被看家护院的狗狂叫着拦住去路，不敢过去，只能打电话叫贫困户来接，现在我们俩再走在村里，狗都不会叫了而且还乖乖带路。

第二部分
一户一策　精准扶贫

（1）一户一策。

在前期走访的基础上，罗明翔掌握了全村贫困户的真实情况，并着手制定针对每一户贫困户的精准扶贫措施。玉水村2019年有建档立卡贫困户47户124人，其中有劳动能力贫困户26户93人，无劳动能力贫困户21户31人。“一户一策，精准扶贫”的措施也就针对这些有劳动能力的贫困户展开。

贫困户朱晋华因生意失败负债20多万元，老婆一气之下离婚，带小孩远走他乡。朱晋华也因此一度消沉，每天借酒消愁。眼看他一天天消沉下去，扶贫工作队看在眼里、急在心里。扶贫先得扶“志”，在罗明翔看来，让朱晋华重拾生活的信心，让他看到生活的希望，激发他生活的内生动力，这个工作刻不容缓。可是，如何才能打开他的心扉呢？工作还得一步一步来。朱晋华借酒消愁，于是，在每次去朱晋华家走访时，扶贫工作队都会带点酒和小吃，边陪他喝酒边替他解愁，告诉他欠的债是可以通过劳动还上的，眼前的坎不是迈不过去。一次不行两次，两次不行三次，罗明翔他们先后上门七八次做工作，朱晋华终于打开了心结，重新鼓起了对生活的勇气。

心结打开后，扶贫工作队就要发挥其特长，开始为他量身定做切实可行的帮扶措施。在得知朱晋华勤劳肯干且有养鱼的工作经验，扶贫工作队使用“631扶贫资金”帮助他购买了1万多元鱼苗，发展养殖产业，并邀请农业局养殖专家多次到现场指导培训。“2019年年底，欠款已经全部还清，还有人上门帮我介绍对象。”谈到这里，朱晋华脸上露出了久违的笑容。

看到生活有了希望的朱晋华自己主动出击，开展多种经营。去年，朱晋华

罗明翔（左）到养鱼贫困户朱晋华家的鱼塘了解养殖情况

在养鱼的基础上，又种植了400棵柚子树，还在柚子林里养起了走地鸡，搞起了“林下经济”。单一的养鱼如今也跟种树、养鸡结合，形成了循环农业。现在的朱晋华愁容已是烟消云散，在村里见到他总是笑容满面。

贫困户杨维胜前几年承包了村里的一片鱼塘，但数年来一直没有解决鱼塘的工业用电问题。鱼塘没有电，天气热的时候没有办法泵氧，鱼因而成片地死，外人看来都很心疼。由于效益不好，许多年下来杨维胜家还是贫困户。他自己也因为用电的问题跑了镇政府、供电局等部门，但三四年过去了工业用电的问题始终没有解决。罗明翔走访杨维胜家时，杨维胜主动反映，他什么帮扶都不要，只要帮他搞定用电问题，他靠自己的劳动就能实现脱贫摘帽。

在得知该情况后，罗明翔极力帮助杨维胜去解决鱼塘用电的问题。2019年，六月、七月份天气炎热，杨维胜的鱼塘由于没有泵氧，鱼又开始大面积死亡。杨维胜连夜带着罗明翔到现场查看，鱼塘里四五斤一条的鱼一次就死了七八十条，就是数百斤，按照批发价每斤5元钱计算，杨维胜一天损失就达一两千元。这一塘鱼并不是只死这七八十条，而是连续几天不断地有鱼死去，看着杨维胜辛辛苦苦养了一年的鱼在几天之内死得七七八八，罗明翔很是心痛。鱼死了就亏本，周而复始，杨维胜家多年无法脱贫，症结就在用电上。为解决鱼塘用电问题，罗明翔先后找了多个部门，最终找到了镇党委书记，言辞恳切地将事情原委告知，并表示基本生活生产用电如果都不能保障，那么还怎么开展扶贫工作，而且还极易增加返贫的风险。书记得知后立即打电话给几个相关部门，大家坐在一起研究如何解决问题。最终，罗明翔拿着镇里盖好章的工业用电申请表，又去找到供电所，经过沟通协调，供电所同意报装申请。当杨维胜现场办理好鱼塘用电报装时，心中压抑多年的怨气烟消云散，转化成了对新生活的无限向往和对扶贫干部的感激。

罗明翔就这么一户户走访调研，深入贫困户和其他家庭了解他们所需并及时解决。村民发自内心地觉得扶贫工作队是在帮助贫困户，贫困户也打开心扉真心实意地支持、帮助罗明翔开展工作。贫困户除了反映自己家的情况，还会及时地将其他贫困户的情况反馈给扶贫工作队、反馈给罗明翔，让他们的扶贫工作更加顺利地开展。

罗明翔到贫困户柚场检查了解柚子树生长情况

作为驻村第一书记和扶贫工作队队长，罗明翔坚持访民情、听民声、解民忧，把为群众办实事作为扶贫工作的出发点和落脚点。“一户一策，精准扶贫”，罗明翔工作思路清晰，针对有劳动能力的26户贫困户共93人，根据每户每人的特长，制定了行之有效的帮扶措施，让他们从事自己擅长的工作，因而，玉水村的脱贫成效也较为显著。

2019年度，玉水村有劳动能力的贫困户人均可支配收入为10995元，高于2019年的脱贫标准8266元，全村贫困户实现100%脱贫。

2019年，全村村民人均可支配收入为16493元，玉水村人均可支配收入均超过全省农村居民人均可支配收入的60%（11022元），人均可支配收入达到相对贫困村退出标准，玉水村达到脱贫出列。

（2）贫困户收入，每一分钱都来不得虚假。

春节过后的这段时间，趁着清晨微润的气候，贫困户杨伟贤早早便走进他的木耳菌房，细心查看着每一个菌包。这是他领到的第一批帮扶菌包，一共3450包，过段时间便可以收成了。杨伟贤表示，头几年因为家中母亲、妻子和自己都生了重病，孩子又要读书，家里甚至到了揭不开锅的地步，在扶贫工作队的帮扶下，现在家中不仅有了多个村里项目的分红，更是有了可以延续发展的产业。

杨伟贤说，现在生活好了，有木耳了就有出息，有地方的话自己还想进一步做大（规模）。现在，杨伟贤家有了村集体项目的分红，包括入股企业、光伏发电、商铺租赁等项目，还有孩子读书的助学金，加上老人的补助金，一年下来就有了一万多块钱，减轻了家里很大的负担。这些都是扶贫工作队到来后，给贫困户带来的实实在在的收入。

杨伟贤说的收入，每一笔都经过扶贫工作队和他本人确认，每一分钱都有据可查。在杨伟贤家的墙上，笔者看到了一张“杨伟贤家庭收支统计”表单，上面有杨伟贤的签名和手印。统计表单上，除了家庭成员、帮扶单位、打工收入等基本信息，还记录了扶贫工作队帮扶他们家的项目，包括产业项目——12月份木耳种植，投入23000元；产业项目——贷款投资李金柚分红收入4500元，光伏发电分红1400元，店铺租金分红1250元；转移性收入——高龄老人津贴300元，养老保险政策360元，医疗救助1756元。

目前，贫困户杨伟贤家共有四人，母亲年迈、妻子生病都没有劳动能力，儿子还在读大学，除了种田，就靠杨伟贤平时打零工来维持一家的开销。不过，已经59岁的杨伟贤2020年就年满60岁，届时他们一家也将成为无劳动能力的贫困户。这是否会让他们家再度陷入困境？

对此，罗明翔也一直关注着，不过，对此他并不担心。罗明翔表示，扶贫工作队已经为贫困户买了养老保险，杨伟贤年满60岁后就可以领养老金了，而且无劳动能力的家庭还能申请低保，而扶贫给到的措施一项都不会减少，平时他仍可以继续打打零工，这样算下来杨伟贤一家明年的收入非但没减少反而还增加了。

村里对杨伟贤的评价很好，都说他人很勤快，踏实肯干。因此，村里谁家有盖房装修的活儿都会找他。后续，扶贫工作队引进的项目还有不少工程需要劳动力，罗明翔也已经提前跟他打好招呼，今年杨伟贤也不愁在村里没活儿干了。

扶贫工作归根到底是群众工作，为群众办实事就是第一书记的本职工作。对贫困户来说，希望每月能够有稳定的收入维持开支，很多打零工的工作收入并不稳定，因而社会保障政策落实尤为重要。

扶贫工作队进驻以来，为玉水村落实了政府全额资助47户贫困户124人购买城乡居民基本医疗保险，2019年度医疗救助 24人次，累计救助 38441.719元。

玉水村60岁以上贫困户100%享受城乡居民养老保险待遇，像杨伟贤这样的贫困户明年就可以每月领到养老金了。

第三部分
产业扶贫

产业找对头，脱贫有奔头。产业扶贫是稳定脱贫的根本之策，拔掉穷根，没有当家产业不成。“第一书记”选准产业发展路子，才能提高精准扶贫的“含金量”。

为了振兴村庄产业发展，以产业带动扶贫，罗明翔多次带领扶贫工作队调研走访，挖掘适合村子发展的产业项目。

（1）村里引进1.5亿元大项目，建设厨乡田园综合体。

以乡村振兴的形式来扶贫，以面带点，村里必须有龙头产业项目。按照这个思路，罗明翔也一直在苦苦寻觅。

2019年春节，刚和家人团聚完，罗明翔便驱车赶往玉水村委大楼，着手准备扶贫工作，恰好碰上来村委办事的杨伟君。了解到杨伟君在新疆开金矿公司，罗明翔敏锐地意识到这是个振兴村子产业的好机会，马上邀请杨伟君回乡创业。

尽管杨伟君有回乡发展事业的想法，但毕竟是跨界创业，多少有些风险。罗明翔明白他的顾虑，耐心地跟他讲回乡创业的好处，“现在村子大力发展乡村振兴，你回来就能喝到‘头啖汤’，而且还能落叶归根，为家乡做点贡献。”尽管多番解释，杨伟君还是犹豫不决地回了新疆。

“当时就认定他了，一定要把他拉回来创业。”罗明翔不死心，三番五次登门拜访，邀请他“出山”，不仅到他家做了3次思想工作，还大老远跑到新疆找他。在罗明翔“三顾茅庐”的努力下，杨伟君终于答应到家乡发展现代农业，并于当年在村里专门成立了企业——广东小蛮牛生态农业开发有限公司（以下简称“小蛮牛公司”），并与玉水村签订了乡村振兴战略合作协议。

玉水村生态环境优越，但产业基础薄弱，公司前期该如何发展？很快，小蛮牛公司就确立了发展思路，即以“厨师之乡”为抓手，以“客家菜师傅”乡土人才培养工程为切入点，紧跟乡村脱贫创富的新路径，激活农村产业发展的新活力，探索构建一个“农业＋旅游＋生态＋居游共享”的现代化厨乡田园综合体。

公司整体计划投资1.5亿元，规划用地4300亩，分三期实施。其中，一期计划投资1800万元，占地面积120亩，可创造100多个就业岗位。主要建设厨师培训基地、民宿、特色餐厅等，以“客家特色、厨师之乡”为主题，整合生态农林产业上下游资源，围绕绿色农业、生态农业、高效农业的发展，打造一个以健康吃、舒心住、快乐游和教育、科研、文化为一体的特色项目基地。

根据一期计划，小蛮牛公司要以“厨师之乡”为抓手，在玉水村打造一个厨师培训基地。2020年6月，笔者在玉水村委会的后山山脚见到该培训基地的钢结构框架已经搭建完成。培训基地将与嘉应学院及梅州厨师协会合作，两家机构将为基地带来源源不断的学员，进一步擦亮玉水村“厨师之乡”的招牌。

围绕厨师培训，相应的农产品种植、物流、餐饮、住宿等上下游产业链也陆续建设。在厨师培训基地旁，通往山上的步道也正在如火如荼地建设中，半山腰一座原木色的休闲小木屋也已经搭建完毕。步道通往后山果园，届时人们不但可以站在环山栈道上看风景，而且可以沿途采摘柚子等水果。游玩过后，在厨师培训基地品尝地道的客家菜，也都有一番风味。据小蛮牛公司副总经理张加平介绍，一期主要建设厨师培训基地、观光登山步道、休闲小木屋，预计国庆期间就可以竣工并正式开幕。

据介绍，项目二期计划投资7000万元，集约荒废的水田及山林，通过现代化智慧大棚，奇、新、特的蔬菜及水果的种植生产采摘，废弃蔬菜老叶、黄叶和根系养殖鸡鸭牛羊猪鹅鱼等的生态循环生产模式，达到整个生产过程的零污染、零排放；项目三期计划投资6000多万元，主要发展方向为修缮具文化渊源的古屋，统筹规划以村为点建设玉水厨乡独特的民宿。

张加平表示，项目最终是要将玉水村建设成为一个厨乡田园综合体，发展全域旅游，这个景区没有大门，只要进了村子就是进了景区。她还表示，厨乡田园综合体的规划建设必将带动整个玉水村的经济发展，公司以统一管理经营，由“农户＋贫困户＋产学研技术支撑”形成的组织结构，优化利益分配的经营模式，通过“政府搭台、企业唱戏”的方式带动玉水村一村一业的特色种养发展。

罗明翔说：“项目完成达产后，将极大增加村集体收入，带来众多的就业岗位和促进本村农产品的销售，也能带动贫困户脱贫增收。”

（2）全力发展产业扶贫，建立长效帮扶机制。

在与小蛮牛公司签订合作协议的同时，罗明翔还积极探索其他多种适合玉水村的产业项目。罗明翔明白，全力发展产业扶贫，才能建立长效帮扶机制。

利用玉水村日照充足的优势，罗明翔布局了光伏发电项目。通过使用“631扶贫资金”及产业引导资金共计57.4万元打造分布式光伏并网发电项目，在原玉水公学楼顶建设56.7千瓦光伏发电站。该项目预计为贫困户每年增加约2000元收入。

金融扶贫项目也是贫困户增收的有力补充。由政府担保和贴息，玉水村23户有劳动能力的贫困户通过梅县客家村镇银行授信贷款5万元入股广东李金柚农业科技有限公司投资分红，投资两年，每年按9%收益分红，每年为贫困户发放红利4500元；投资伟业基础设施建设投资有限公司，根据梅县区政府常务会议内容和城东镇签订的合同书，有劳动能力的贫困户共投入30万元到伟业公司，每年按8%的收益分红，可为参与投资的贫困户平均每户增加1300多元收入。

资产帮扶项目收入更加稳定。扶贫工作队投入65万余元在梅县锦绣国际家居博览中心购买商铺，通过收取租金的形式实现资产扶贫。目前已收取商铺5年租金222019元。

“一个人就业就能带动一家脱贫。”对于有劳动能力的贫困户家庭，罗明翔带领扶贫工作队大力开展就业帮扶。根据贫困户劳动力特点，提供全方位、精准化、精细化服务，制定有针对性的个性化求职就业，引导贫困户劳动力和用人单位精准对接，加强珠三角地区人力资源信息联网和劳务输出合作，积极帮扶贫困人口到珠三角发达地区就业。目前，贫困户劳动力全部实现就业。

对于不能外出打工的贫困户，发展种养帮扶项目更适合他们。罗明翔根据调研的贫困户实际情况及个人意愿，共投入财政资金38万余元购买牲畜种苗、农药化肥等农资帮助其发展生产，产生效益开展循环种植养殖，每户平均增收约1.2万元，有效促进了贫困户脱贫增收。此外，发展木耳种植项目，采用“农户+村+公司”发展模式，与广东侨微生物科技有限公司签订产销合同，该公司负责培训和提供技术指导，并按合同价格回购木耳，第一期已为参与贫困户增加约1400元收益。

在发展种养帮扶的同时，罗明翔还着力打造“一村一品、一镇一业”项目农业主导产业。玉水村根据本地实际，在梅县“金柚之乡”的基础上，依托广东省李金柚农业科技有限公司打造30亩的精品柚园旅游采摘示范园，再借助“玉水厨乡”的特色，研发“金柚全宴”作为城东镇玉水村“一村一品、一镇一业”项目农业主导产业。该项目已于2019年4月完成申请工作，贫困户已成立合作社入股产业。

扶贫工作队还加大消费扶贫力度，帮助贫困户及时销售农产品。玉水村扶贫产品流通服务网点和电商网点均已覆盖。先后有26户农户与梅州市乐得鲜农业开发有限公司签订农副产品收购合约；玉水村与村之翼科技有限公司签订农业产业扶持、销售合约，为农产品加工、流通企业和贫困户建立了稳定的产销联系。2019年帮扶单位新塘镇人民政府工会积极响应消费扶贫，倡议订购了玉水村广东小蛮牛生态农业开发有限公司金柚117708元。罗明翔还积极探索“工会＋公司＋农户”模式，通过工会与公司签订定向采购合约，公司与农户签订定向收购合约的方式解决贫困户销售难、销售不规范、企业报账难的问题，为农副产品销售扫平障碍，拓宽贫困户销售途径，稳定农副产品产销链，对贫困户消费扶贫进行升级。

第四部分
村居基础设施

（1）补齐基础设施短板。

从城东镇政府到玉水村要走八九千米的乡道，起初的一段都是两车道的水泥路，当车跨过山坡开进玉水村后，一段崭新的柏油马路出现在面前，连多年的出租车司机都为小山村里完善的交通设施感到惊讶。在驻村扶贫工作中，第一书记罗明翔着重加强基础设施建设，补齐基础设施短板。

玉水村四面环山，打通与外界联系的交通尤为重要。“要想富，先修路。”罗明翔首先想到，要打造不受天气影响的玉水村与外界联系的硬化公路。

玉水村向东连接城东镇政府的道路是村里的主干道，由于是水泥路面，阴天下雨时车辆容易打滑。对此，罗明翔着手对村主干道路面进行改造，使用新塘镇自筹资金约217万元对3千米的主干道铺设柏油路面。同时，村道路亮化工程也在进行，罗明翔使用产业引导资金49.8万元在村内主道建设185盏路灯，有效提升村民交通出行条件。主干道沿途的四个居住片区，罗明翔还建设了四个公交站，让等车的村民有地方遮风挡雨、乘凉休息。

通过利用乡村振兴资金对主干道两边进行整饰，大力改善了人居环境。罗明翔介绍道，环境好了，村民素质也跟着提升，现在柏油路上根本没有村民扔垃圾，有路灯的主干道更是成了大家晚上散步的好去处。

除了向东的主干道，玉水村还有一条向西的道路。据玉水村委委员郭勇祥介绍，这条路连接三和村，与外面白渡镇、丙村镇等三个镇相连，但几十年来一直是泥巴路，平时宽度也只能通行两辆三轮车，一下雨更是无法通行。罗明翔带领扶贫工作队对这条连接外界的道路实施硬底化工程，通过单位自筹56万元，建设了玉水村至三和村硬底化道路，道路全长450米、宽6米，解决了村民“行路难”的问题。

扶贫工作队到来之前，村委会在一栋狭小的民房内，而旁边的玉水公学场地由于没有学生而空置。利用空置学校，罗明翔完成了村委办公和村民休闲场所的改造升级。

在完善村委办公设施设备上，帮扶单位自筹173277元投入村委办公大楼

➲ 玉水村内的柏油路干净整洁

（玉水公学）和门前门坪及宣传栏建设、购置基本办公设备，有效改善了村委办公条件。

在建设村级休闲活动场所上，罗明翔使用产业引导资金44万元建设玉水村文体休闲活动中心，搭建舞台、灯光，改造标准化公厕和建筑物外墙翻新等，提供村民休闲活动场所，不断丰富群众的业余文化生活。

（2）新冠疫情面前勇担责任。

2020年春节前后，新冠肺炎疫情暴发，影响全国。疫情就是命令，防控就是责任！作为驻村第一书记，罗明翔大年三十下午才回到位于增城的家，大年初一就连夜驱车赶回玉水村，布置开展疫情防控工作。

初二下午，罗明翔召开全村支部党员动员大会，召集在村党员56人，分为6个防控小组，按两班轮流驻守村口通道，非本村车辆一律劝返，对出入本村人员进行体温测量，堵住输入性病毒传染通道。其间，劝返车辆152台，体温测量1326人次，本村未发现一例新型冠状病毒性肺炎人员。

罗明翔还与其他党员一起，带头分片区打扫卫生，清除卫生死角，对村内公

硬底化道路解决了村民出行难的问题

共场所一天两次进行喷洒消毒，对垃圾先消毒后转运处理，联系镇卫生院一天一次处理医疗废弃物，防止二次感染。

疫情前期，罗明翔带领党员分片区包户入户宣传讲解防控新冠病毒性肺炎知识和注意问题，确保不漏一户，每户都知晓防控知识，做到不串门、少出门、出门会防范。他还组织成立党员联防队，每天24小时全村巡逻，及时劝阻村民聚餐、聚赌，对不听劝告者联系派出所给予坚决打击，春节期间未出现一次聚餐、聚会和聚赌现象。

回想起2020年年初防控新冠疫情，罗明翔这些驻村第一书记的责任担当，至今仍令增城区驻梅县区对口帮扶工作组组长赖玉澄感动：“大年初一一大早，我就接到很多驻村第一书记的电话，主动请缨要求回村里防控疫情。那时口罩也供应不足，他们就自己想办法克服困难，坚守在村口和防疫的一线，冒着生命危险将疫情阻挡在村外。”

在疫情防控的初期，从高风险地区进入梅州需要隔离14天，但如果隔离就会耽误村里的工作。于是，从大年初一回到玉水村起，连续两个多月时间，罗明翔一直在玉水村工作，没回过家。终于，在罗明翔的带领下，玉水村打赢了新冠疫情的阻击战。

玉水村在这场抗击新冠肺炎的战役中，第一书记罗明翔带领村党支部发挥了党建引领和党员先锋模范作用，使得全体村民都积极参与防疫工作，才使得村里防疫工作有序平稳，村民健康安全。

第五部分
“广东厨师之乡”

（1）广东首个厨师之乡。

玉水村虽然是梅县区的一个贫困村，但它也是有名的厨师之乡。据了解，玉水村半数以上的家庭有人外出做厨，年薪20万元以上的厨师超百人，遍布全国27个省份。2018年，玉水村获得全省首块“广东厨师之乡”牌匾。

玉水厨乡，始于20世纪80年代，发源地是村头的两间小店。20世纪80年代，玉水村的采煤行业正发展得红红火火，有大量的矿工需要解决吃饭问题，乡厨郭达清和郭佑胜，把握商机，最早在村里开设了两家饭店，一家是“桥头小店”，一家是“荣锦美食”。随着村里的煤矿关停，下岗的矿工和年轻人纷纷转型，放下挖煤铲，拿起了大勺，走向收入不低的厨师行业。

为更好地寻求出路，一是下岗矿工和年轻人纷纷到大城市寻找早年外出做厨师的玉水师傅拜师学艺，一时涌现出大批烹饪学徒和有名的厨师；二是早年的乡厨们重操旧业，一系列配套服务应运而生，一个“餐饮外包服务团”雏形就这样形成了。时至今日，玉水村便有了“厨师村”的美誉。

玉水村作为“厨师村”，具有三大特点，即厨师数量多、分布广、名声响。玉水村有一半以上的家庭有村民外出做厨，从事餐饮行业多达数百人，年薪20万元以上的厨师达百人以上；玉水厨师分布广泛，其中广东、江苏、山东、浙江、上海等全国各省的大中城市均有玉水厨师；玉水名厨名声响，玉水厨师当中最有代表性的是郭开扬、郭科、朱世雄等名厨，师出玉水村的名厨屡获国内各项烹饪大奖和荣誉称号。

从煤炭村到厨师村，从乡厨文化到名厨辈出，最终造就“厨出玉水”的美誉，老大哥郭开扬是一个关键，因为80%外出学厨的村民都是通过他介绍走出去的。当年，他只身“闯世界”，凭着客家人独有的吃苦耐劳、勤奋拼搏精神，吸取中西餐文化精华，磨炼自己的厨艺，研究发明的第一台果木烟熏烤炉获得专利，并获得“果木牛扒之父”和“中国中生代顶尖五十强厨师”称号。凭着“扬叔”的口碑，他把村里一批又一批的年轻人送上了外出学厨之路。一时间，玉水村涌现出大批烹饪学徒，并且在全国各地的烹饪领域崭露头角，走出的名厨更是不在少数。

“传承创新，兼收并蓄”，经过近30年的发展，玉水厨师已经遍布全国各地，他们走南闯北，不仅继承客家菜的烹饪传统，还吸取异乡他邦烹饪技术之所长，样样烹饪皆入味儿。享誉世界的“中国创意菜领军人物郭科”“中国金牌总厨高级顾问杨政保”等青年才俊，为客家菜融入更多创新的现代元素。很多玉水厨师致富后不忘家乡，更能反哺家乡，一方面也像老大哥郭开扬那样，尽力帮助村里的年轻一代走出去学厨做厨；另一方面也有一些厨师选择回乡创业，直接带动乡亲和家乡致富，哺育新的厨乡文明。其中，“中华金厨奖”得主、“中国烹饪大师”，现为梅州市餐饮名店“大厨小馆”总经理的朱世雄是一个典型。

梅州是“世界客都”，悠久的历史、优良的地理环境、富饶的物产、深厚的文化底蕴以及历代客家先民的辛勤耕耘，孕育出独具特色的饮食文化、厨乡特色、梅州客家菜。

玉水厨乡起步于“乡厨”，然其能乘改革之东风，勇于走出围笼，通过传承创新和传、帮、带，形成全村“尚厨”之文化，“名厨辈出”之效应，最终造就“厨出玉水”之美誉。

玉水厨乡的发展史是一部中国农村随改革开放变迁的历史；一部玉水厨乡的发展史，更是客家人吃苦耐劳、艰苦奋斗、勇于开拓、溯本思源、精诚团结、不断进取的客家精神的具体体现。

（2）围绕厨师之乡，实施乡村振兴。

“村子出了这么多名厨，这个品牌不能断。”罗明翔考虑到，厨师之乡底蕴和招牌是玉水村的特色，今后村子想要持续发展下去，得要在这个特色方面多做文章。

早在2018年12月，广东烹饪协会会长余立富为玉水村颁发全省首块“广东厨师之乡”牌匾时，就同时成立了梅县区客家菜师傅培训基地。培训基地计划通过聘请一批名师、名厨，建设集交流平台、展示窗口、人才培养为一体的传承创新基地，培育高素质客家菜专业技术人才，逐步建立“名村出名厨，名厨带名徒，名徒成名厨”的良性人才培养模式。培训基地多年来停留在计划上，如今在精准扶贫的浪潮中成功变为现实。

在玉水村与小蛮牛公司的协议中，专门有厨师之乡的内容。在小蛮牛公司规划的现代化农业综合体内，将建设一个厨师培训基地，2021年10月份开学，第一期接收100名学生，梅州市内的贫困户子女都可以免费到基地内培训。根据人才培养模式，今后将会有源源不断的客家菜名厨从“广东厨师之乡”——玉水村走出。

为了深化厨乡品牌效应，罗明翔带领扶贫工作队在玉水村打造了一个综合性文化展厅，展厅内不仅有村子厨乡文化的系统介绍，还会定期开展名厨烹饪表演，吸引了不少游客前来观赏。

（3）厨乡蓝图。

在驻村第一书记罗明翔的带领下，驻村工作队和当地政府根据扶贫政策开展了扶贫工作，投入了大量扶贫资金，帮助贫困人口摆脱贫困，促进村集体经济增收和可持续发展，明显改变了玉水村贫困面貌。

2019年度有劳动能力的贫困户人均可支配收入为10995元，高于2019年的脱贫标准8266元，全村贫困户实现100%脱贫。同时，2019年全村村民人均可支配收入达16493元，超过全省农村居民人均可支配收入的60%（11022元），达到相对贫困村退出标准，玉水村脱贫出列。

通过光伏发电项目和购置商铺物业收取租金，引进龙头企业开展产业帮扶等，村集体经济收入从2015年的0.16万元提高到2019年的5.37万元，2020年现代农业大棚建成投产后村集体收入达到12.59万元，壮大了村集体经济，实现集体经济长效可持续发展。这一组组数据，正是党履行着对人民的郑重承诺。

脱贫并非最终目的，接下来第一书记罗明翔的工作除了巩固脱贫成果外，还要实施乡村振兴。展望未来，罗明翔表示，玉水村将以生态美学视角打造美丽乡村。村外绿水青山，村内绿树成荫，映衬古色古香的客家风情民居，成就一幅美丽的田园画卷。晨起漫步乡间绿道，傍晚眺望炊烟，让厌倦了城市快节奏生活

罗明翔在村现代农业大棚检查了解种植情况

的市民感受自然山水、艺术田园、农耕体验、诗意栖居，沉浸在青竹绿水的怀抱里。

未来，玉水村将“引资注智”，农业和旅游业融合，打造“厨乡生态园”，围绕自身特色，打乡村旅游牌，走“生态路”，念“山水经”，打“休闲牌”，变田园为景区，变农家为民宿，把农产品变成旅游商品，以旅助农、以农兴旅，引领致富。

玉水村既要塑形，更要铸魂。罗明翔表示，玉水村要坚持党建引领，深化村民自治实践，以“厨乡”为契机，以“支部＋基地＋协会”为载体，擦亮厨乡品牌，推动乡村振兴，做到同心、同富、同美，努力成为讲述梅州好故事、传播梅州好声音、树立梅州好形象、传递梅州正能量最鲜活的实践者。

（文/李大林、张晓宜）

宋中华

我爱这土地

“为什么我的眼里常含泪水？
因为我对这土地爱得深沉……”

不能松劲的“最后一棒”

从广州市嘉禾望岗到清远市阳山县江佐村，200公里，3小时车程。这是黄埔区住建局派驻清远阳山江佐村第一书记宋中华的“上班路”。

自从2019年到村上任以来，他就开启了这条奔波之路。有时因为村里事务繁忙，他两周才能回家一趟，而有时因为各种会议和培训，一周内要在广州和清远之间折返好几次。

2020年6月中旬，一个普通的周一早晨，我们第一次见到宋中华，就是乘坐他的车，从广州市区出发，一同前往江佐村。

宋中华生于1974年，早年从部队转业进入黄埔区住建局工作，在参与扶贫工作前担任黄埔区住建局协调部部长一职。他是山东菏泽人，有着北方汉子高大壮实的体魄，方正的脸庞总是带有亲切的笑意。由于曾经的军旅经历，身板习惯性地挺得笔直。最具标志性的是他的声音，洪亮富有激情，一开口便有着把一切场所变成演讲台的本领，虽然已经在广州生活了28年，但依然不改乡音。

“在村里待了一年，不仅皮肤被晒黑了，头发也稀疏了不少。”宋中华指着自己的发际线打趣道。随着汽车启动，他的话匣子也打开了。

随着宋中华的回忆，时间倒退回2019年4月，当时黄埔区住建局正开展新一任驻村第一书记选拔工作。宋中华没有主动报名。

彼时，宋中华的妻子刚刚检查出患有轻度中风，儿子准备升高三，将在次年迎接高考的挑战。显然，家庭因素是他最大的顾虑。此外，宋中华坦言，自己对广东的农村环境并不熟悉，不确定自己是否能够胜任这项工作。

但随后几天，领导却直接找到了他，开门见山地问他是否愿意参与扶贫工作。在相关领导看来，宋中华不仅年龄和工作经验合适，工作积极认真，并且长期在住建局协调部任职，非常擅长应对基层管理的复杂环境，是担任扶贫第一书记的不二人选。

当领导的期盼和扶贫工作的担子落到身上时，宋中华没有拒绝，毫不犹豫地接下了这个光荣的任务。

当时，黄埔区对阳山的帮扶工作已经开展了3年之久，各项脱贫攻坚工作都悉数完成，光伏扶贫等项目成绩斐然。很多人理所当然地觉得，按照之前打下的良好基础，通过2020年脱贫攻坚决胜战的验收是板上钉钉的事情，因此新一轮派去的扶贫干部压力较小，不需要有所作为就可以完成一次“镀金”。

但是宋中华却不这么认为。

“就像是接过了接力赛的最后一棒，不管前面成绩如何，最后一棒一定要义无反顾地往前冲，千万不能松劲。”在接下任务的那一刻，宋中华暗自下了决心，要在江佐村做出点名堂来。

九分山、半分水、半分地

车程过半，途经清远市清新区后，高速公路两旁的风景有了明显的变化。原本平坦宽阔的地貌开始现出锋利的棱角，汽车仿佛驶入了一个更高维度的世界，不再是在平原地区一路直行，而是在群山之间不停地翻越和穿梭。一路前行，阳山县正卧在粤北的群山深处。

“阳山，天下之穷处也。”早在公元800年，唐代著名诗人韩愈贬任阳山县令时就发出如此感慨。在阳山县，素有“九分山、半分水、半分地”的说法，喀斯特地貌造成的崎岖丘陵赐予这里美丽的风光，但同时，土地匮乏、交通不便也造成了此地长久的闭塞和落后。

2016年，广州市黄埔区、广州开发区确定对口帮扶阳山县35个相对贫困村，在册贫困户3101户，贫困人口7388名。一场“攻坚战”由此拉开序幕。

根据阳山县的特色，黄埔区展开了一系列扶贫计划，推动形成了以“光伏为主，特色种养、生态农业、观光旅游为辅”的立体产业扶贫格局，其中最为突出、收效最为明显的就是光伏产业扶贫项目。光伏产业是国家大力支持的新能源产业，而阳山的太阳能资源非常丰富，全年的日照时长在1277.3小时至1741.3小时之间，非常适合开发太阳能。

黄埔区实施以“农光互补、渔光互补、林光互补、异地光伏”模式，建设光伏扶贫电站共15个，总装机容量约30.5兆瓦，预计全年发电收入将超3000万元，为每个贫困人口年增收达3000至3500元、每个村集体经济增收10万元。全部电站于2017年6月30日前实现并网发电，截至2020年5月，发电量近8160.17万度，创收7996.97万元，总共为贫困户带来人均约10824.27元红利，项目可持续收益20～25年。

摸不着、抓不住的阳光成了阳山县最宝贵的财富，化成实实在在的收入，支撑起阳山数个贫困家庭，也照亮了阳山的扶贫之路。

此外，黄埔区帮扶阳山县各村镇因地制宜发展冬菇、无花果、旱地西洋菜、阳山鸡等特色农产品种养，“七彩水稻公园”形成品牌效应。就业帮扶方面，重视提升贫困户就业能力和专业技能，做到“扶智扶志相结合”，动员和合集团捐赠500万元专项资金用于挖掘机机手培训、奔富合作社组建。积极配合开展社会主义新农村示范村建设，其中2019年完成建设桥梁1座、村道硬底化12.65千米、村道拓宽8.728千米、文体休闲活动场所42个、标准化卫生站2个、路灯安装286盏。重点推进了阳山黄埔学校、阳山县妇幼保健院项目建设，总计投入8950万元援建的阳山黄埔学校已于2019年9月顺利开学开课，支持3000万元建设的阳山县妇幼保健计划生育服务中心已竣工，预计2020年12月正式投入使用。

2019年5月，黄埔区完成了帮扶干部轮换，目前共派出38名干部派驻阳山开展帮扶工作，其中驻县工作组3人，驻贫困村第一书记35人。

围绕省扶贫办“两不愁、三保障、一相当”的工作任务，2016年以来，黄埔区财政投入阳山县精准扶贫资金4.46亿元，根据《广东省相对贫困人口相对贫困村退出机制实施方案》，2020年6月帮扶阳山县相对贫困村、相对贫困户全部退出，帮扶工作走在全市前列。至此黄埔区对口帮扶所有县、市全部顺利脱贫摘帽。

漫步青莲

打开宋中华的微信朋友圈，就如同打开了江佐村扶贫工作日志。但不止工作记录，平时漫步青莲镇和江佐村时随手拍下的美景，宋中华也乐于在朋友圈分享。

“朋友们都称我是青莲镇的旅游推广大使。”宋中华笑着说，做好扶贫工作一定要带着感情。在江佐村度过近一年的时光，他已经深深融入了这片土地。

青莲镇位于阳山县东部，辖区总面积216.9平方千米，现辖12个行政村，222个村民小组，总人口39276人。连江、秤架河在青莲汇流，河道长达30多千米，当地人称之为“小连江”。

早在宋代，青莲镇就有文献记载。据王存《元丰九域志》记载，北宋广东有镇共38个，清泷镇为其中一个。根据宋代《元丰九域志》《宋会要》与明初《永乐大典》记载，唐宋时期的“清泷镇”即今青莲镇，自古便是阳山县的商业中心、商品集散地，是连阳地区水路出入咽喉。

至今，青莲镇依然保留了广州会馆、尚书祠等古迹。如今，广州会馆已被打造为青莲镇民俗展览馆，是外来游客和本地居民了解青莲历史的窗口。漫步于青莲镇，还能找到距今已有2000多年历史的沙市街和千年前的通津古码头，只是见证当年繁华景象的青石板早已被时光磨平棱角。

青莲镇的这些“威水史”，在宋中华的娓娓道来中格外生动。这一年来，他几乎每天都漫步于青莲镇的古道上，无论是广州会馆的讲解工作人员，抑或是老街上卖酸萝卜的老店店主，都成了他的好友。

宋中华最享受每天早上青莲镇河堤漫步的时光。天气晴朗时，旭日初升，在小连江江面泛起一片微光，这是他百看不厌的美景。在一次晨起的散步中，宋中华注意到河堤对岸有一栋金灿灿的建筑物浮于江面之上，仿佛是用纯金雕饰而成，绚丽夺目。待到太阳升高，才看出那就是一栋普通的白房子，只是白墙面反射了太阳的光芒。

在宋中华的讲述中，充斥着许多类似于这样小而美的细节。在完整美好的记忆背后，是他在这片土地上日益滋生的乡情。

“只不过，越了解青莲镇的历史，我就越感到悲哀。”宋中华话锋一转。百年之前，青莲镇就因为水运昌盛而成为远近闻名的商业中心，冠有“小佛山”的

青莲老街

青莲镇的码头

青莲镇的人们自古依水而生

广州会馆

美称。但却在近数十年内由盛转衰，没有抓住近现代发展的机遇，如今变为广州的帮扶对象。

以宋中华负责帮扶的贫困村江佐村为例。江佐村位于青莲镇西面，沿着小连江呈狭长形分散在河道两边，与镇中心只有一桥之隔，东与青莲村隔江相望，南与南塘村隔河相对。江佐村辖区面积约8平方千米，耕地面积约1392亩，下辖16个村民小组。全村总户数为590户，总人口为2883人，全村共有贫困户61户146人，一般贫困户28户100人，低保贫困户27户40人，五保户6户6人，残疾户19户20人，其中无劳动能力户31户43人。

明晰青莲镇的情况后，宋中华感觉自己身上还多了一份历史的使命感。他期盼着，青莲镇可以在他带队的帮扶工作下，彻底摆脱贫困，重现往日的繁荣。

床头的小白板

对于所有驻村扶贫工作者来说，驻村工作后面临的第一个挑战，就是如何快速熟悉村里的情况，尤其是贫困户的家庭情况。

熟悉宋中华的人都知道，这位“第一书记”有一件扶贫工作的法宝。驻村工作伊始，宋中华从网上购买了一块小白板挂在房间，将每天入户走访中发现的问题记在一张张便条贴上，依次贴在小白板上。

宋中华把这种工作方式总结为9个字："睡前思，晨起看，白天干。"每天睡前，宋中华都会反思今天的工作情况，将问题及时总结记录在小白板上；早上起床后，先看一遍亟须解决的问题，再安排一天的工作。直到问题得到了妥善解决，这张便条贴才会从小白板上撕掉。

自从来到江佐村，宋中华的脑袋里装满了扶贫工作中出现的种种问题，睡眠时间也逐渐缩短。在村里的日子，他已经习惯在早上5点多醒来，在一天的工作开始前，先打开手机里"学习强国"应用软件，用新的学习内容开启充实的新一天。紧接着，他便按照自己的习惯，继续思考着小白板上记录的等待着他解决的问题。

在6月中旬的那次探访中，我们在宋中华的宿舍房间里见到了他之前屡次提起过的"小白板"。上面紧密地贴着成列的黄色便条贴，工整的笔迹与一旁简陋木床上叠得方方正正的"豆腐块"被褥十分相称，像是在无声地宣告着：这个房间的主人依然保持着从部队里带出来的利索的好习惯。

宋中华的小白板上记录的问题事无巨细，有些是当日召开的会议内容，有些则是新项目的动工日期和注意事项，在白板的一角，甚至还记有一位村民的生日。

这是在去年的一次入户走访中发生的事情。当日，宋中华来到村里的老党员谢华家中走访。谢华和妻子都是江佐村的老党员，两人已是近90岁高龄，身体也不复曾经的硬朗，但是仍保持着昂扬的精神面貌。在那次走访中，宋中华得知谢华老人即将迎来88岁生日，在便条贴上记下了老人的阴历生日。老人生日当天，他特意到县里为老人定制生日蛋糕，并送上200元慰问金，和村干部一起为老人庆祝生日。

从此，宋中华也成了谢华家中的常客。老人年事已高，总是卧床休息，但只要见到宋中华来到家中，谢华必定来到客厅端坐着接待。而宋中华也从一年前听不懂老人说的阳山土话，到现在已经可以不用其他人翻译，和老人聊上一会儿家常。

在日复一日的入户走访中，宋中华迅速与村民熟络起来，对村里每个建档立卡贫困户的家庭情况了如指掌，这其中还发生了不少暖心的故事。

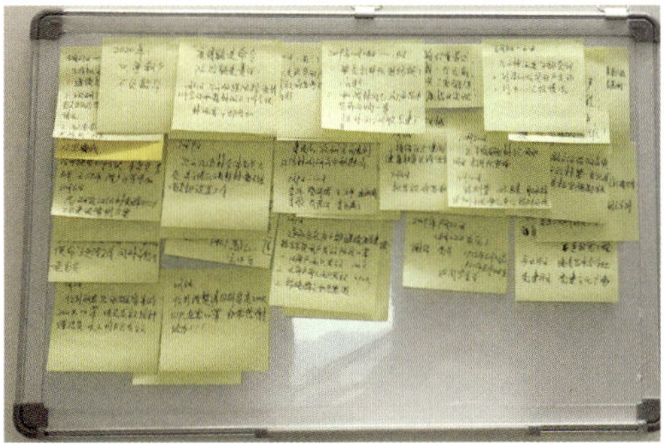

宋中华的小白板

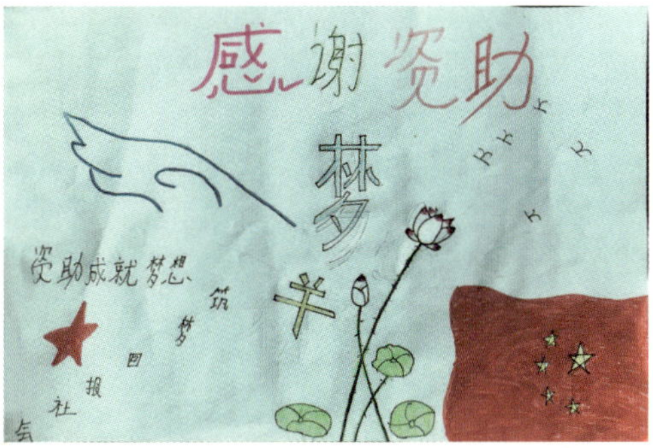

小女孩的感谢信

2019年9月的一天，宋中华返回村里的办公室，工作人员递给他一幅画，说是今天早上一个小女孩在上课前特意送来的，以表示感谢。宋中华端详了一会儿，判断出这是江佐村建档立卡贫困户张彬（化名）家小女儿画的。

这是一个不曾被幸运眷顾的家庭。张彬与妻子共生育了三个女儿，前两个女儿因患重疾相继不幸病逝，其老母亲是老党员，身患残疾并患老年痴呆精神有问题，于2019年5月21日去世。张彬夫妻长期没有正式工作，时常入不敷出，所以在2016年列为建档立卡贫困户。

针对张彬，扶贫工作队因户施策、因人施法、精准扶贫，一是利用区引导资金入股光伏发电项目，每年人均分红3500多元；二是每年免费发放鸡苗一到两次，共约100多只鸡，年收入12000多元；此外，宋中华还通过联系镇政府有关部门，为张彬安排就业问题，现在镇政府市政城管中队工作，月薪2000多元。

根据扶贫工作队的安排，贫困户子女可以领取助学金，小学、幼儿园每人每年1000元，初、高中每人每年2000元，大学每人每年3000元补助等。张彬的小女儿今年上小学6年级，刚刚拿到今年的帮扶助学金，所以，才出现赠画表心意暖心的一幕。

基层党建工作

自结对帮扶以来，黄埔区住建局紧紧围绕“抓党建促扶贫”总体思路，坚持党建引领，把基层党组织建设与精准扶贫相结合，凝聚脱贫攻坚强大力量。

抓好基层党建工作是驻村第一书记的中心任务。对此，宋中华深有心得。他认为，严密的组织设置、健全的组织体系，也是打赢脱贫攻坚战的重要保障。扶贫第一书记有责任帮助加强村级班子、党员队伍和后备干部队伍建设，选好配强村“两委”班子，采取过硬措施配强农村带头人队伍，实施农村优秀人才回引计划，加大从退役军人、返乡大学生、致富带头人中选拔培养优秀后备人才，切实提升村级组织整体活力。

江佐村共有共产党员60人，设1个党总支部、3个党支部，村“两委”干部6人。

“我对他们的要求非常严格。”宋中华直言不讳，从村“两委”干部的工作作风到生活习惯，都在他的日常整改范围。比如，他坚决要求江佐村“两委”干部全员衣着整洁，时刻佩戴好党徽。从此，每次集体参加青莲镇或阳山县的会议，江佐村的班子成员都是佩戴党徽最整齐的一支队伍。

此外，宋中华还鼓励他们“跑出去”。“我不喜欢每天上班看见你们端端正正地坐在办公室里。”他如是说，一个优秀的村干部应该忙碌在村中的各个角落，为村民解决实实在在的问题，而不是干坐在办公室里喝茶。为了拓宽村级班子的工作思路，宋中华不仅多次在村委组织学习会，还带队到英德市连樟村等地考察。他计划着，将来一定要将他们带到黄埔区、广州开发区参观学习，参观科学城、知识城等地。

驻村扶贫工作开展以来，宋中华利用扶贫专项资金，先后对村总支委党员活动室和下设三个党支部党员活动室（阅览室）进行规范改造和装饰。同时积极筹措资金，着力打造集党务公开、党员教育、乡村振兴、法制普及、体育健身等功能于一体的党建新阵地——江佐村党建文化广场。

江佐村位于青莲镇镇圩西部，是进入青莲镇必经之处，基于江佐村处于青莲镇门户位置的特殊地理区位，江佐村文化广场被定位为青莲镇标杆党建文化广场。

广场建成后，将与隔江相望的青莲龙舟文化广场形成功能互补、特色鲜明的党群建设景观带，充分发挥党群引领作用，助推青莲镇乡村发展。

广场总占地面积（包括建筑面积）2746平方米。广场西面是江佐村党群服务中心、卫生站等建筑，东部是篮球场、乒乓球台等文体设施，北面经过小游园直通一处小庙，南面紧挨347省道。

广场“两委”办公区主要由“两委”办公楼、政务公开宣传栏、停车场等组成。党群主题集散区主要包括了党建主题形象墙、党建宣传文化墙、地方文化乡风文明展示栏等；文体休闲区主要布局了宣传休憩长廊、乒乓球台和健身器材等。

“广场建成后，宣传栏里将会展示党的辉煌历程、党建工作要点、党的优良传统等内容，让过往游客、社区居民随时感受党建文化。”宋中华说。

打造一支“带不走的扶贫队”

宋中华认为，在扶贫工作中应该激发村民的内生动力，帮助他们主动脱贫。“一人就业，全家脱贫。”他根据每户家庭的不同情况，将青壮年劳动力介绍到广州工作，因特殊原因不能离家的人员介绍到青莲镇工作，鼓励村民用双手为自己创收。

宋中华分析市场需求和当地特色，在江佐村打造了埔青苗木花卉市场，兴办腐竹厂。此外，他利用区引导资金入股光伏发电项目增加每年人均分红，每年免费发放鸡苗一到两次。他介绍，通过产业项目助扶贫，江佐村建档立卡贫困户60户145人，于2016年开始，从年人均收入3500元，提高到现在年人均可支配收入16700多元。在江佐村村民收入持续增长、相对贫困人口相继摘帽之时，宋中华一直在思考，如何为江佐村打造更具持续性的长效扶贫机制。

打赢脱贫攻坚战的最终目标是实现稳定脱贫，产业扶贫是稳定脱贫的根本之策。因受地理位置的影响，江佐村人多地少，生产方式和生活方式较为落后，拘泥于传统农业种植方式，村民只是种植一些抗风险能力差的低端农业项目，缺乏高端项目，脱贫效果的可靠性、稳定性差。

2019年9月，在一次与住建局同事的交谈中，宋中华偶然听同事谈起在北京考察时，发现当地建筑工地采用的松钢网安全性和质量都高于普通防护网，而广东省内还没有这类生产企业。

宋中华抓住了这个商机。在他的牵头下，从河北引进了安平县松钢网业有限公司，计划投资1800多万元在青莲镇建立阳山松钢网业制品有限公司生产基地，从河北省安平县引进一条全新的生产线，优先培训使用当地建档立卡贫困户人员

80人左右，年产值约5000万元以上，并持续增长。这也是广东省内首家金属防护网生产企业。

如今宋中华的日常工作又多了一项，那就是每天巡视生产基地的建设情况。“等工厂建好了，就是一支带不走的扶贫队。不仅可以解决当地80人左右贫困户的就业问题，还能给当地政府带来可观的税收。” 提起松钢网生产基地的建设，宋中华充满期待。该项目的落地，不仅可以为建档立卡贫困户人员增加就业方式，而且能够拉动当地经济发展，建立扶贫的长效机制，增强贫困户的“造血”能力。

松钢网业制品有限公司生产基地效果图

一次探访

时间回到2019年8月初，经过3个月的时间，宋中华已经逐渐适应了驻村生活，这时，他迎来了一次来自广州黄埔的探访。

几位黄埔区住建局协调部的5位年轻职工结伴而行，利用部门的团建活动，一起来到青莲镇江佐村。

“这些靓仔靓女们一起来江佐村看我。” 回忆起那次经历，宋中华脸上总是有止不住的笑意。他虽然和这些“90后”的年轻人有一定的年龄差，但总能毫无隔阂地融入其中。

➲ 禾石坑村村口

“这个团建实在期盼已久，众人心中都有一股难言的激动，在宋部朋友圈看了这么久的照片，想着即将亲自去到实地，和宋部团聚，车厢里洋溢着一股喜气洋洋的气氛。车程走了两个多小时的时候，宋部打了个电话过来说已经在阳山宾馆等着我们了，大家又是一阵欢呼。”在职工的回忆中，这次探访同样染上了欢乐的气氛。

一路惬意来到了禾石坑村，入目的是青莲镇结合了千年水乡古镇的历史文化底蕴，充分征求村民意愿后，统一改造的整齐外立面。禾石坑，发展的是莲子基地，荷塘里间杂着青绿转金黄的禾田，旁边还有已被收割的玉米地。村里共32户人家，村居前面有口典型的风水塘，村舍整洁，村民来往熙攘而和谐。村子里已进行了公厕建设、道路硬底化、雨污分离、污水处理、村庄亮化、文化室建设、文体活动场所建设等项目建设。

禾石坑村书记清哥已经出来迎接我们，在清哥的带队下，我们参观了村子里的莲子种植基地，一大片一大片的荷叶在池中摇曳，中间夹带着几朵出淤泥而不染的粉莲、灿烂绽放着的白莲，映着不远处的青山远黛，自有一番悠然见南山的田园意境。村口处有几户人家正在剥莲子，动作快速而娴熟。清哥也摘了几个莲

禾石坑村的莲子种植基地

蓬让我们尝尝鲜，莲子入口鲜嫩清甜，实在是令人欣喜。

参观完莲子种植基地，我们一行8人也开始了穿村参观，禾石坑村基础设施建设已经逐年完善，看起来舒服、清新。房前屋后种花种树，村道巷道安装路灯，建有160平方米办公文化娱乐功能室，并配套建设了标准篮球场、乒乓球台等休闲健身场所、设施，方便了村民休闲健身。我们来到了静姐为我们挑选的一棵黄皮树下打算摘采，但无奈这棵树过高，没有梯子无法攀爬。清哥又给我们联系了当地一位老乡的黄皮树，树枝粗大可攀爬，且不高，小陈奋勇当先灵活地上了树，清哥不愧为退伍军人，也不甘人后，身形灵活地跟着上了树，俩人一起采摘了一大袋黄皮，收获满满。其间我们还参观了为实现精准脱贫目标而给有养殖能力的贫困农户发放的鸡苗，现已长成了活蹦乱跳的一群小鸡。返回时有正在做饭的老奶奶亲切招呼我们："吃面糊不？"我们忙谢谢老奶奶的好意，心头一片温暖，不由感叹此处民风真是淳朴温和。

除了江佐村，一行人还深度游览了青莲镇。

"青莲古镇是一个历史悠久、文化氛围浓郁的岭南水乡古镇。它作为阳山县域连江沿岸古镇之一，古风犹存，珠江电影制片厂拍摄的电影《乡音》曾于此取古建筑为背景拍摄镜头，给观众留下了极为深刻的印象。我们一路走走停停，看看古镇上的建筑，溜达溜达河流旁附近的村子，顺着码头沿江而下，好好欣赏了一番青莲独特的人文风貌、水乡风光。”

“作为历史悠久的青莲街小食之一绝，酸甜可口的酸萝卜专卖坊也成了宋部的常去之地，宋部还将之作为手信带回中心给我们品尝咧。路过这间专卖坊，参观过青莲镇乡村博物馆，漫步在镇上，亘古的物什、光阴的故事，一景一物，让具有历史年代感的街道拥有强大的生命力，让人流连忘返。”

两天的行程转瞬即逝。在宋中华的带领下，几位没有农村生活经历的年轻人可谓是大开眼界，也将这段美好经历永久保存在心里。

“一次探访”的合照

为村民解决“口罩荒”

打开2020年新篇章的方式太过特殊，一场前所未有的新冠肺炎疫情席卷全国乃至全球。病毒无情人有情，在这场抗击新冠病毒的战场上，宋中华在大年初六回到了岗位，回到了他牵挂的村民身边。

“您每天打扫卫生很辛苦，一定要做好防范，勤洗手！”“这个特殊时期，大家不要聚集聊天，要勤洗手、少串门、出门戴口罩，千万不要有侥幸心理，这是宣传资料，大家回去仔细看看！”

大年初六的早上9时许，从广州白云区驾车近200公里后，宋中华终于到达了江佐村，回到了他牵挂的村民们身边。

江佐村村委工作人员熊伟静回忆道，当时村干部正集中在村委开会，商量对策，她一转头正巧看见了从广州赶来的宋中华，一时间非常错愕。

“完全没想到他会出现。”熊伟静说道。当时正是疫情最紧张的时候，大部分人都闭门不出。就是那一次，她再一次确信了，宋中华是把江佐村放在心尖上的。

回到村的第一时间，宋中华就和村委及村小组的负责人碰了个头，对村里初步摸查的情况，进行了盘点和分析。

江佐村有7平方千米，常住人口2883人，村民大都住得比较分散。因为村里可用耕地面积少，大部分年轻村民都选择了外出打工。但春节期间，外出打工的村民们都回来了。

和村里的干部匆忙开完会后，了解到很多村民还“不知疫情”的宋中华，便又匆匆和大家一起出门开始做防疫宣传。

“现在疫情形势严峻，但村民们的防控意识都不太强，有的甚至都不了解具体情况。”宋中华说，因此，村里的摸查和宣传防疫的工作，丝毫马虎不得。

回村后一连三天，宋中华和村干部陈海元、熊伟静等像往常做入村走访的工作一样，戴上党徽、拿好材料、戴上口罩后，一起挨家挨户到户外、田间地头向村民们派发宣传防控知识的宣传单，对不识字、不了解情况的村民一一进行耐心的讲解。为了尽快将防疫内容宣传到位，他们常常中午回到村委会，集体吃一顿方便面，就又继续出门做宣传了。

一连几天走访下来，除了偶有村居聚集聊天让宋中华担忧外，村里村外的卫生所、药店都买不到一个口罩，也让他忧心忡忡。“我从家里带出来的10多个口罩，已经差不多分完了。”宋中华说，回来走访发现村民外出也几乎没人戴口罩的情况后，他立马就去周边寻找，但是一无所获。

他立即在朋友圈发布消息求助，很快，有朋友答应给他邮寄200个口罩。

“村里那么多人，就算大部分人都不怎么外出，环卫工人、交通车司机、村干部等每天要外出工作的人，还是需要防护的。”宋中华说，首批口罩寄到后，他会先满足7个自然村的9位环卫工人等需求迫切的人群。

但是村里所需的口罩数还远远不够，怎么办？他随即联系了单位领导，请求单位为村里支援一批防护口罩。“听我说完情况后，局长已第一时间答应帮我们村协调解决一批。”宋中华开心地说，“其实我也理解现在口罩是紧缺物资，但单位一直支持我们的扶贫工作，我知道一定能行！”

江佐经验

截至2020年上半年，江佐村的帮扶工作已取得突出成效。

一是抓党建促扶贫，筹集资金约100万元建造2700多平方米的江佐村党建文化广场，打造集党务公开、党员教育、乡村振兴、法制普及、体育健身等功能于一体的党建新阵地。二是民生项目促扶贫，积极联系帮扶单位筹集资金40万元打深井水、建水塔解决江佐村行政村上、下坑共5个自然村145户658人的“饮水难”问题。筹集资金15万元，将江佐村约400米长、3.5米宽的道路面拓宽至5.5米，解决群众“出行难”问题。三是产业项目促扶贫，通过招商引资引进企业在青莲镇投资1800多万元建设的阳山松钢网业制品有限公司生产基地扶贫项目落地，为建档立卡贫困户人员增加就业方式，拉动当地经济发展，建立扶贫的长效机制。此外，还筹集资金70多万元帮助江佐村共安装太阳能路灯231盏，为贫困户在校学生发放助学金约16.9万元；为贫困户发放危房改造补助款约5.8万元；成立村保洁队伍及采购环卫工具投入资金8万元。截至目前，江佐村共投入扶贫资金约684.55万元，完成扶贫项目26个，

宋中华与江佐村新建的水塔

全村建档立卡贫困户人均收入由3150元提高到18700元，村级集体经济收入由5.3万元提升到36.15万元。按照省扶贫办退出的工作要求，全村相对贫困人口全部摘帽，村也顺利出列。

对于下一步工作的开展，宋中华也早已有了思路。他提出，聚焦巩固提升江佐村贫困户脱贫、贫困村退出工作成果，以更加明确的目标、更加过硬的举措、更加有效的行动，巩固提升江佐村脱贫工作成效。

（1）继续加强以党建促扶贫工作。一是要建立健全江佐村基层组织体系。严密的组织设置、健全的组织体系，也是打赢脱贫攻坚战的重要保障。二是帮助加强村级班子、党员队伍和后备干部队伍建设，选好配强村“两委”班子，采取过硬措施配强农村带头人队伍，实施农村优秀人才回引计划，加大从退役军人、返乡大学生、致富带头人中选拔培养优秀后备人才，切实提升村级组织整体活力。

（2）继续抓好产业项目促扶贫。打赢脱贫攻坚战的最终目标是实现稳定脱贫，产业扶贫是稳定脱贫的根本之策。在精准扶贫工作中要大力发展特色扶贫产业，增强贫困户的“造血”能力，巩固提高脱贫成效。一是结合青莲镇旅游服务中心农旅项目，以打造本地特色品牌带动周边黄豆种植产业、腐竹加工产业等农业产业以及乡村旅游发展。二是继续探索发展养殖业产业，巩固脱贫成效，采取

江佐村的光伏基地

“企业+贫困户”模式，引进实体企业与贫困户建立利益联结机制，通过订单种养、产品回购等方式，帮带贫困户增收，带领他们扩大养殖规模，最终形成增收产业，从而走向稳定致富道路。

（3）继续开展民生项目促扶贫。一是继续做好助学帮扶工作。二是进一步完善基础公共设施。三是继续做好特困群体帮扶。

（4）做好脱贫攻坚与乡村振兴有效衔接。脱贫攻坚和乡村振兴都是为实现“两个一百年”奋斗目标而做出的重要战略部署，具有基本目标的统一性和战略举措的互补性。脱贫攻坚重点解决贫困群体的温饱问题，但脱贫后的持续发展，需要外部机会和内生动力的双重支撑。乡村振兴通过外部支持和激活内生动力，能够为贫困群体提供更稳定的发展基础和发展机会，进一步有效巩固脱贫攻坚的政策成果。

（5）进一步加大政策宣传，坚持扶志与扶智相结合，提高扶贫工作质效。通过广泛宣传脱贫攻坚政策，使贫困群众充分了解脱贫攻坚工作的各种资助、保障、产业发展政策，增强脱贫的信心；同时也激发贫困群众脱贫内生动力和在脱贫攻坚工作中的主体作用、自身责任，克服消除“等、靠、要”思想，变“要我脱贫”为“我要脱贫”。实现“扶贫先扶志”“扶贫先扶智”的作用，通过自身发展动力和能力的提高，思变、图新、寻求突破的新风尚全面形成。

我爱这土地

结束在江佐村3天的采访行程后，记者再次搭上了宋中华的车，开启了返程。

“我为你朗诵一首我最爱的诗歌吧。”途中闲聊时，宋中华讲到自己上党课的经历。他总是以背诵中国共产党党章为开头，中间穿插着自己总结的扶贫工作的经验，最后以朗诵艾青的《我爱这土地》作为结尾。不同于人们印象中照本宣科的党课，宋中华讲授的党课总是生动有趣，极富感染力，无论是在住建局还是江佐村，都受到热烈欢迎。就连住建局前来江佐村考察的工作人员，也总是反复提起：“宋书记，再给我们讲讲党课吧。”

假如我是一只鸟，
我也应该用嘶哑的喉咙歌唱：
这被暴风雨所打击着的土地，
这永远汹涌着我们的悲愤的河流，
这无止息地吹刮着的激怒的风，
和那来自林间的无比温柔的黎明……

诗歌的每一个字都像是深深镌刻在了他的脑海中，不假思索便可脱口而出。宋中华不像是在朗诵，而像是在借用这首诗讲述自己扎根江佐村的点点滴滴，每个字都饱含深情。短短不到两年的时间，江佐村已经成了他生命中与故乡同等重要的存在，而他也在这片热土留下了自己的印记。

——然后我死了，
连羽毛也腐烂在土地里面。
为什么我的眼里常含泪水？
因为我对这土地爱得深沉……

（文、图/缪璟）

唐红

登上国际舞台的“大玉经验”

张华源，76岁，站在自家即将竣工的现代化小楼前乐得合不拢嘴。即使受到疫情的影响，这座投资70多万元的私家现代化楼房也将在几个月后完工。

罗琼珍，55岁，每天傍晚当听到窗外传来音乐声，她就立马步行到村子里文化广场，与姐妹们跳起了广场舞。

卢文标，34岁，在自己开发的荒山上的小屋子里，看着在山坡上一群又一群不同品种的走地鸡也充满了希望。本来在广州有着一份稳定且收入不错的工作，2018年他毅然辞职回到家乡办起了养殖场。尽管事业的发展存在着很多困难，但是卢文标对家乡对未来充满了信心。

……

发生在这“一老一中一少”身上的故事，不是发生于热闹小镇，也不是在繁华村落，而是发生在一个只有一条路出入的偏僻山村，一个位于梅州市五华县潭下镇的省级贫困村——大玉村。

能让这个贫困村发生如此巨大变化，是得益于中国大地上一场轰轰烈烈的战役，是得益于扶贫对口单位——广州市残疾人联合会从2016年以来的大力扶持，也得益于一位“女书记”的兢兢业业，即本文的主角——驻村“第一书记”唐红。

第一部分
从广州安养院到梅州大玉村

1996年，一所专为中度和重度智障以及机能障碍残疾人提供护理、康复、特殊教育、职业训练、医疗保健的综合性终身托养服务机构——广州市祈旭康复中心成立。随着中国和广州市残疾人事业的发展，2000年3月，广州市祈旭康复中心由广州市残疾人联合会接管，并改名为广州市残疾人安养院，由民办机构转变为国有事业单位。

在广州市祈旭康复中心成立的两年后即1998年，22岁的唐红从湖南来到广州，来到康复中心。在这里，唐红一干就是20多年。这20多年，唐红见证了安养院的发展，也亲身经历了广州乃至中国残疾人事业的发展。

康复中心位于帽峰山脚下。成立之初，由于远离市区，康复中心的工作、生活环境和条件均比较艰苦：办公资料均是用手工来抄写；夜间经常有蛇出没；供员工娱乐的只有一台17英寸电视机，放在公共地方供大家观看；要出大山先要走20分钟路到陈洞市场附近才有摩托车坐。

20年后，这里职工生活和工作环境有了很大改善，有了交通车上下班；员工宿舍都安了热水器、电话和网线设备；安养院周围建了围墙、小公园，供残疾人和职工休闲使用。更主要的是残疾人的康复治疗工作也有了翻天覆地的变化，健全和完善了安养院质量ISO管理体系，制定了管理手册，汇编了各项规章管理制度，进一步规范了安养院管理工作，大大提升了残疾工作服务水平。在残疾人事业日益受到社会各界的重视和关心下，安养院职工的幸福感指数步步高升。

在2019年中华人民共和国成立70周年的征文活动中，唐红的文章中有这样一段话：“2007年前我是一名合同工，对于我们这些来自五湖四海的工作人员来讲，可能都没有想过有一天会成为一名广州市市民。当初我们每个月工资都较低，家庭生活很拮据。我记得在1998年时我的工资是600元/月，2000年时才800多元/月，安养院转为国有事业单位后，陆续有职工转为在编人员，社保、五金都有了保障。之后每年工资都有不同程度的增长。大家欢天喜地，感受着这大好政策，对美好生活充满了热情和希望。怎能忘记党和政府的关怀！2007年我报名参加单位的公开招聘，考试通过成为一名在编人员，随着改革开放，国家的综合实力逐渐增强，我们的工资福利也随着相应增加，生活水平有了提高，生活质量也越来越好。”

从儿童护理部到青年护理部再到老年护理部，唐红几乎经历了安老院的每一个工作岗位。长期的残疾人护理工作铸就了唐红一颗无比包容的爱心，亲身经历和感受到祖国残疾人事业的发展以及在工作中自己的不断提升，让唐红拥有一颗感恩之心，所以在每一次重大抉择中都没有退缩，也没有含糊过。

2019年，已经身为儿童护理部副部长的唐红，在人生中又遇到了一次重大的抉择。这年的3月份，单位的领导发出通知，按照自愿的原则要选派一名干部到贫困村扶贫，工作期限是两年。

“扶贫干部”，不怕：20年来，唐红都是在与困难群体朝夕相处着！

“山区偏僻”，不怕：20年来，唐红工作的单位就是远离闹市区！

“驻村两年”，这个对于唐红来说，确实是一个不大不小的问题。

从2019年的暑假起，唐红在广州协和中学就读的儿子就要进入高考年：儿子是唯一的，高考年也是儿子一生中唯一的一次。到底如何选择呢？

丈夫说，这自然是一件大事情，但是最终如何决定，会尊重妻子的选择。

儿子说，妈妈留在广州工作，我自然欢迎，妈妈去扶贫，我肯定不会反对，也不能反对。

唐红对自己说，自己从一个普通的打工者变成了一个事业单位的管理者，离不开国家和人民的培养，人不能总想着自己。这件事情总是要有人去做。自己付出一些，是替单位领导分忧，也是替国家分忧。

于是，经过自愿报名、民主推荐、单位考察等程序，2019年4月份正式下文。2019年5月10日，唐红，作为扶贫“第一书记”，来到了梅州市五华县潭下镇大玉村。

第二部分
500年前，大玉村开始生根、壮大……

500年前，黄氏祖先为躲避征兵、灾难，在南宋1278年从江西宜春迁移至广东长乐县（今五华县）横陂，明朝1522年从横陂迁移至潭下镇北部山区距离现在潭下镇约13公里的地方定居，不断繁衍而形成村落，并以黄伯公命名而取名为黄洞村，这应该是大玉村之起始。

1556年，洪氏先祖从梅县石坑镇最早迁移至本地，形成了两个村庄：一个村庄是为纪念洪氏一世祖而取名为洪老村；另一个村庄因村落所处山岭走向酷似玉石，村落又处于“玉石”的基部而取名为玉基村。接着罗氏祖先尚德公率领族人迁移至此地，与从河源紫金搬来的马氏先祖肇基一世尚享公的族人相处，在此处定居下来，不断繁衍而形成村落，地处河流的下游而取名为下罗村。

到清代后，其他村落逐步在这里进一步扩张。卢氏祖先明朝从福建迁移至广东梅县饶塘，清朝从梅县迁移至本地，因山形地势像一个洞，为较窄而长、中间大两头窄的形状而取名为严洞村。田氏祖先也搬迁到附近，因村落的田地原来不属于该地村民，后通过土地改革中的割田形式获得田地而取名为割田村。

民国时期，张氏从广东长乐县（今五华县）大田迁移至本地，因为村里居住的群众跟其他自然村的村民搬迁经历差不多，生活性情等方面大同小异而取名为大同村。

直到1973年，因为附近修建益塘水库，很多人搬迁到这里居住而又形成一个村落。因村落有一个茶亭，供过往路人歇脚，亭名为庆安亭，搬迁至此地定居而取名为庆安亭村。

从明朝形成的黄洞村、洪老村、玉基村、下罗村，到清朝形成的严洞村、割田村；从民国形成的大同村，到中华人民共和国成立后形成的庆安亭村，这前后500年漫长的岁月里先后产生8个自然村，这8个自然村，组成了现在的大玉村，呈现出“山、散、边、穷”四个特点。

“山”：全村15781亩的面积中，有农田1726亩；而山地面积14055亩，占全部面积的近9成。

“散”：全村有户籍779户，总人口4540人，分散在20多平方千米的山区里。

“边”：全村只有一条路出入，距离五华县1个小时车程，距离梅州市2个小时车程，距离广州市近5个小时车程。

“穷”：2015年全村人均纯收入7200元。

2016年，大玉村被评定为省定贫困村。目前帮扶相对贫困户83户321人，其中一般贫困户36户，低保贫困户39户（其中无劳动能力户19户、残疾户38户），五保户8户。

进入新时期，历史的机遇让这个具有500多年历史、呈现“山、散、边、穷”特点的大玉村在2016年与远在300多公里外的广州市结缘，与广州市残疾人联合会结缘，并在2019年5月与扶贫干部——“第一书记”唐红结缘。

第三部分
由张国雄、陈文娟家庭引出来的故事

谈到大玉村的扶贫故事，我们不妨先从一户人家说起。

张国雄、陈文娟家庭，黄洞村人，是一户典型的因病致贫的家庭。

2009年，妻子陈文娟不幸查出脑垂瘤，不得不动手术花去了10多万元，家中有三个小孩，目前在读初中、小学。陈文娟动手术，术后不能干重体力劳动，只能做一些简单轻松的家务活。家庭经济来源主要靠张国雄一个人的收入。家庭缺少能干的劳动力，家里的生活日渐走了下坡道，生活异常贫困。2016年，被认定为贫困户。

张国雄家在距离村委会不远的一个山坡上。从村委会沿着蜿蜒在绿油油稻田深处的水泥路上，走几分钟就看到一个小山坡，走上坡后绕过树林，一新一旧两栋平房豁然开朗呈现在眼前。旧房子是他们住了20多年的老屋子，而新房子是按照扶贫的标准新建的房子。

2016年，张国雄申请了危房改造。在政府的支持和帮助下，同年进行了危房改造，即在他原来的旧房子旁边重新建造了一栋新房子。当住进新房时，他喜极而泣，觉得一定要用双手撑起一片天。房子有了，但是今后的生活还是要靠自己去努力。于是在村干部以及帮扶干部的鼓励下他选择外出广州务工，刚开始打过散工，搬过水泥，也做过杂工。最后经过各方面的努力找到了一份满意的工作——水电安装工作，每个月的工资不但能够保证自己的开销，还能够保证家庭平时生活的开支，他手头也慢慢宽裕起来。经过这几年外出务工，他给房子进行了装修，家里添置了家电设备。家庭生活条件日益改善。

看见有客人来，陈文娟从新屋子里走了出来。现在旧屋子已经完全不用于居住，仅仅用作库房。新屋子的客厅摆放着大大的茶几，茶几上有比较时尚的茶具，四周是四张木质沙发。看到这些，我们怎么也想不到这是曾经的一个贫困户家庭的基本摆设。

陈文娟的大女儿16岁，在上初中，12岁的二女儿和7岁的小儿子就在山坡脚下的南山希望小学上学。从言谈举止中，看得出陈文娟腼腆的笑脸中透露出满满的幸福。她刚刚送小儿子上学回来不久。在我们谈话的中间，一个电话打进来，说是山外的一个客人要一只鸭子。

原来陈文娟除了在家里照顾三个孩子外，还种植了一亩稻田，养了100多只鸡、200多只鸭子。鸡就散养在家周围的山上，基本不用怎么照看；鸭子一般也就是在坡底下的水道中养着，如果到点了，鸭子们会主动回到陈文娟家的院子里吃食。

经过几个月的散养，鸭子也到了售卖的时候。一只鸭子约1公斤到2公斤，基本可以卖到70元到120元之间。这样算下来，这群鸭子也是一笔不小的收入。

说起鸭子，原来是有一段故事的。因为这些鸭子的鸭苗是村里的扶贫小组专门给贫困户免费发放的，当然也包括陈文娟家。那么这些鸭苗又是从哪里来的呢？

从唐红（左）与陈文娟的聊天中，看得出唐红深得村民们的信任

帮扶该村的广州市残疾人联合会驻村工作队想了不少办法。驻村帮扶工作队第一书记唐红到任后，一直在寻找合适的“造血”项目，而且这个项目能够让所有有劳动能力的贫困户都参与进来。经过调研考察，驻村帮扶工作队和潭下镇党委政府一拍即合，决定发动2017年镇里引进的梅州市桃花缘文化实业发展有限公司，利用大玉村适养区的自然优势，建设蛋鸭养殖基地。村里投入扶贫资金建设扶贫产业示范基地，并依靠公司已建立的蛋鸭养殖、深加工和电商销售网络，走全产业链发展的道路。

因为该公司已经形成了一套完备的运作模式，所以在大玉村的项目进展也很顺利。2019年青沟塘蛋鸭养殖基地建成，这是梅州市桃花缘文化实业发展有限公司在潭下镇的6个蛋鸭养殖基地之一。其实仅在大玉村，该公司目前就建设发展了3个蛋鸭养殖基地，年产蛋量达2500多万枚。

唐红说，发展蛋鸭养殖还有一个重要的考量，就是养鸭子技术要求低，百姓接受度和参与度高。事实证明也是如此。在梅州市桃花缘文化实业发展有限公司的带动下，以“公司+农户”养殖模式带动32户农户加入了养鸭行列，其中大多数为贫困户。而且贫困户养鸭子的鸭苗都是免费配送的。陈文娟家养的鸭子就是这么来的。

“企业带动效应好，我们也不能‘闲着’，去年以来，驻村帮扶工作队把2000多只肉鸭苗，发放给村里的贫困户养殖，同时还制定了奖补措施，贫困户每养一只鸭可以获得奖补15元，并以订单的形式帮助他们销售。”唐红说，2019

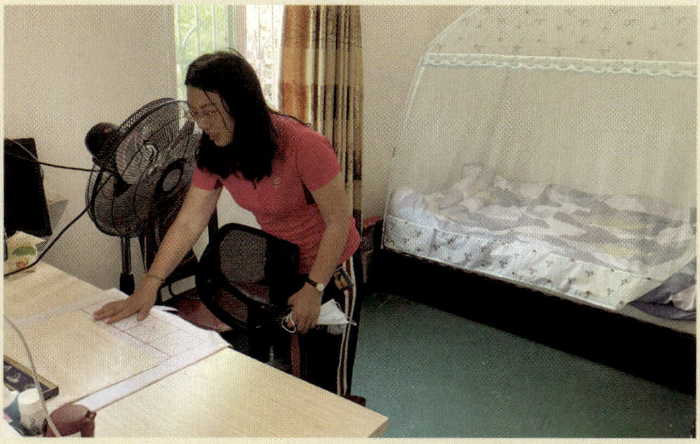

➲ 驻村期间，唐红就住在这几平方米的斗室里

年，家里因病致贫的陈文娟依靠肉鸭养殖收益3000多元，还得到了2000多元的奖补。尝到致富甜头的她，今年把养鸭规模扩大到了200多只。

唐红（左）到鸭场回访贫困户蒋仕碧

按照规划，蛋鸭的规模继续扩大。2020年至2023年投资为3年，每年收益41164.64元，3年合计123493.92元。由梅州市桃花缘文化实业发展有限公司经营，带动64户有劳动力的贫困户享受分红收益。

“一只鸭子”给大玉村带来的不仅仅是这些。蛋鸭养殖已经让至少83人在当地实现直接就业，贫困户张振中、蒋仕碧夫妇就是其中之一。

张振中、蒋仕碧夫妇的两个子女都在上学，家庭经济来源以前主要靠两夫妇打散工和务农，收入低，导致贫困。近年来，在村委、帮扶工作队的鼓励和指导下，张振中外出务工，妻子蒋仕碧在家种植水稻、红薯等。

当然这个家庭还有一笔固定的收入，那就是蒋仕碧在家附近的养鸭基地上班，每月的工资是2500元。

上午10点多，来到蒋仕碧上班的“广东旱鸭子实业有限公司”，我们仿佛走进了一个“鸭子世界”，漫山遍野到处都是鸭子的叫声。说是“旱鸭子”，实际上有很多个鸭子品种，也有水鸭子，也经营销售鸭苗，当然鸭蛋是主打产品。见到蒋仕碧时，她刚刚忙完捡鸭蛋的工作。每天早上6点多就必须来捡，偌大的一个养殖场，三个人需要两个小时才能捡完，每天能捡400斤到500斤的鸭蛋。

在养殖场，蒋仕碧的另外一个工作就是喂鸭苗。根据鸭子的出生时间，成年鸭子距离看护室较远，而鸭苗就在工作人员的身边。根据鸭厂规定的喂养方法，按时按点按量给鸭苗投放食物。“工作确实不累。”蒋仕碧乐呵呵地说。

即将中午，我们告别养殖场。我们的车还没有驶出养殖场，一辆摩托车飞驰而过，开摩托的正是蒋仕碧，她中午要回去给孩子们做午饭。她和我们挥了挥手后，驾着摩托车一阵风似的超过了我们的车。

望着蒋仕碧飞驰而去的背影，我们潜意识里突然产生一个念头：她是向幸福的家“飞”去，也是向着幸福的生活“飞”去。

第四部分
蛋鸭、养猪与光伏：三驾“马车”齐头并进

支撑起大玉村脱贫致富奔小康有三大产业，除了前面提到的“蛋鸭”，还有就是养猪和光伏发电。

作为畜禽养殖适养区，大玉村自然资源得天独厚，但是村里的年轻人大多外出务工，一方面优势资源抛荒；另一方面，群众致富无路、就业无门。“在帮扶单位和多方支持下，村里因地制宜发展蛋鸭养殖、生猪养殖、光伏发电等产业项目。通过这些项目的带动，村里已经成功摘掉了‘穷帽子’。”唐红说。

2017年，驻村帮扶工作队和当地镇村干部把在外创业的乡贤陈育朋“请”了回来，在大玉村创办五华富兴猪场，引导其投资2000万元打造现代化养猪场。其中，村里投入扶贫资金160多万元，带动村级的产业发展和贫困户的脱贫事业。截至2019年年底，养猪场占地面积达2400平方米，建成养猪间、育种间、沼气池、池塘、道路等设施，年产肉猪量达到2000头，带动83户贫困户享受分红收益，5名贫困户到猪场务工，提高贫困户务工收入，达到稳定脱贫。

在村委会的楼顶上、在村委会隔壁的村干部何秀峰家、在村委会右手边的南山小学楼顶上……我们看到的是一片片光伏发电板整齐地排列在村庄里每一栋可以安装的楼顶上，这就是大玉村的第三个支柱产业——光伏发电。

第一期帮扶建设71千瓦光伏发电项目，2018年帮扶建设70.5千瓦光伏，2018年收益7.31万元。2019年帮扶建设第三期约51.98千瓦光伏，2019年每人每年200元标准发放分红，光伏发电产业项目有效地带动了贫困户发展，产业增收产生了很好的帮助贫困脱贫的效果。自2017年起，帮扶单位和相关部门共统筹资金120多万元，在村里分三期建设光伏扶贫项目，现如今每年能为村集体创造17万元收益。

第三期光伏发电项目在2019年10月8日已经进场施工，建设规模52.8千瓦，投入资金约30万元。地点在镇卫生院医技楼楼顶。该项目每年可为贫困户和贫困

村带来发电收益分红合计约4万元。

有了产业，还远远不够。紧紧抓住落实“三保障、两不愁”政策，夯实“三保障、两不愁”之根基是一项长期的工作。

开展教育脱贫攻坚行动，协助落实教育帮扶。2019年广州市残疾人联合会全力协助大玉村符合政策的贫困学生落实教育扶贫政策，协助落实2018—2019年学年在校生教育补贴，应落实76人，已落实76人。帮扶贫困户子女考上大学的学生，给予奖励性补贴，每人帮扶1000元。

协助落实健康扶贫工程实施。建立大玉村因病基本生活陷入困境农村家庭台账，及时掌握村内突发重大疾病患者家庭情况，对因病致贫家庭加大临时救助和慈善救助帮扶力度。落实最低生活保障共38户145人。协助落实五保户8户8人，患重大疾病的贫困户100%获得医疗救助。

协助落实贫困户住房安全保障。2019年进一步协助贫困户3户进行危房改造的后期工作：如建立台账以及危房改造相关补助政策，进一步帮助落实住房安全保障。目前大玉村贫困户危房已经完成任务。

协助落实购买医疗保险83户321人，占比例100%。协助16岁以上非在校生的贫困户购买养老保险215人，购买比例100%。

符合特困人员救助供养条件的纳入特困人员救助供养；不符合救助供养条件的，鼓励通过购买服务、集中托养等方式，为贫困重度残疾人提供集中照料或日间照料、邻里照护服务。2019年8月协助五保户陈焕青进入敬养院集中托养。

随着这些政策的落实，贫困户的收入也开始逐步好了起来。

通过种植、养殖项目，帮扶贫困户83户（其中，一般贫困户66户、扶贫低保户8户和18户无劳动能力低保户）按其意愿发展家庭种植、养殖（养鸡、养鸭，种植花生、红薯及水稻等），增加其家庭收入。根据当地政府以奖代补政策，开展奖补前期准备工作。激发贫困户内在动力，达到预期脱贫成效，对于预期脱贫存在困难的特殊贫困户“因户制宜”，帮其解决困难，预防返贫，做好贫困户奖补申报发放补贴工作。给贫困户发放以奖代补资金90455元。

通过入股合作社，带动有劳动力贫困户68户305人入股五华县富兴种养专业合作社，利用产业资金入股30.5 万元，入股后每年获得分红1.525万元，并解决部分劳动力安置和长期养猪产业发展。2019年入股养猪产业发展，形成规模，每年固定分红10.4万元。两项合计每年分红收益11.925万元。

通过教育帮扶，2019年贫困户大学新生教育补助2人，每人1000元助学金。而且还组织开展技能培训1次，就业培训1次，对未能到学习班学习的贫困户发放培训学习资料，使培训学习覆盖全体有劳动力人口。另外，通过发布招聘信息引导贫困人口到五华县、珠三角等地就业。2019年，共有70名贫困户实现务工就业。

如今，在蛋鸭养殖、生猪养殖、光伏项目三驾产业“马车”的拉动下，大玉村村集体收入每年能达到38万元，成为贫困户分红、村集体经济发展的最主要、最稳定资金来源。

经过帮扶，大玉村各方面的情况得到了较大改善。2019年贫困户年人均可支配收入达12680元，有劳动能力相对贫困户年人均收入14510.9元，高于省定脱贫标准（8266元），2020年3月大玉村83户贫困户321人已经全部脱贫，并完成申请退出工作。村基础设施建设和公共服务设施建设已全部达标。

第五部分
不仅是脱贫，还有满满的幸福

“八山一水一分田”，是历史上对客家人生存条件的真实写照。即使是现在，客家人对耕田的保护意识还是很强的：在客家人聚集的村落里，房子一般都建筑在山坡上，平坦的地方都留下来作为耕田。即使到现在很多人家宁愿住在山坡上也不浪费一分耕田。大玉村的罗木元的家就是这样的，需要爬一个比较陡的山坡才能到达家门口。

这个山坡，对于正常人来说，不是什么问题，可是对于高位瘫痪的罗木元来说，这道坡成为20多年来阻隔他与外界交流的一个巨大“门槛”。

年轻时罗木元是一名建筑工人，一家虽不富裕但胜在和谐、美满。然而天有不测之风云，1998年，在建筑施工过程中，罗木元不慎从8米高处坠落导致高位截瘫，失去了基本的生活自理能力，那一年他才41岁。

家中顶梁柱倒下了，妻子田秀霞成为家里的主角，特别是在2019年以来，在政府、帮扶单位的帮扶下，儿子、儿媳通过就业培训实现就业，田秀霞本人通过

贫困户罗木元（右）瘫痪多年，唐红（左）发挥多年在养老院工作的经验给罗木元提供帮助

以奖代补发展了养殖产业，参加免费劳动技能培训使其养殖技能得到显著提高，并在当地政府的牵线下，积极与当地大力实施并卓有成效的电商扶贫相结合，大大扩宽了销售渠道，产品卖了好价钱，家中有了稳定的经济来源。

在罗木元家大厅的墙壁上，醒目地张贴着从2016年到2019年四年来家庭收入的变化情况：2016年家庭总收入是46188元，这个数字到2019年已经达到208499元；2016年的家庭可支配收入是42328元，这个数字到2019年是138300元；家庭年人均可支配收入在2016年是5291元，而到2019年这个数字达到17287元，远远超过了贫困线标准。

罗木元一家生活上有了保障，日子也越来越有盼头了，但是有一个问题始终摆在罗木元面前，即20年来，他除了躺在床上，就是被妻子抱到轮椅上推出大门，在门口自家的小院子里向远处眺望，眺望着外面的世界。但罗木元仅仅是限于眺望，因为20年来，他从未离开这个小院子，原因就是家门口一条又窄又陡的小路无法让他走出这个家门。

对于罗木元这样的状况，对于在残疾人事业上奋斗了20年的唐红来说是再熟悉不过了，当然也属于“轻车熟路”。驻村不久后，她首先筹集了几万元资金，把罗木元门前通向山下的路拓宽加固，并硬化。但是仅仅这还不够，因为长期卧床的罗木元身体很重，尽管家里原来有一个手扶轮椅，但是瘦弱的妻子田秀霞无法在这样的陡坡上驾控。

唐红再次想到了残疾人“无障碍”的生活理念，并把这个理念输送到帮扶对象特别是残疾人的家庭中。2019年，在广州市残联领导的关怀下，工作队将购置的一批残疾人辅助器材，送给有需要的帮扶对象使用。其中，罗木元、田秀霞获得了梦寐以求的移动床和自动驾驶轮椅。

在罗木元家里，我们看到罗木元在家人的帮助下坐在自动驾驶轮椅上。罗木元说，这个自动驾驶轮椅很好学，经过几天的摸索与学习，他就学会了转向、刹车、前进、后退，这样妻子在后面稍微看护一下，他就可以驾驶着自己的“轿车”走出家门、走出院子，与山坡下的邻居们唠唠嗑拉拉家常。

重病和残疾人员家庭，历来是脱贫攻坚工作中的“难中之难”。在大玉村，像罗木元这样的情况不止一家，持续改善这些家庭生计并提高这些家庭的生活质量，也成为“第一书记”唐红的重要任务。

张洲，45岁，个头不高，身材比较消瘦。我们见到他的时候，他脸上不时涌现出一丝忧虑，原来，他患有精神疾病的妻子，这几天的状况又开始出现反复。

张洲有三个儿子，现在分别就读小学六年级、四年级、三年级。拥有三个儿子的他，在客家人来说，自然是值得高兴的事情，可是妻子生完小儿子后，就开始患抑郁症，由于家庭比较贫困，没有及时去治疗，妻子的病逐渐加重直至发展成精神疾病。而家庭经济来源主要靠自己打散工和务农，收入低，人口多，负担重，生活非常艰难，是2016年评定的83家贫困户之一。

张洲本人在10年前就有一定的修理摩托车基础，但是由于技术不到位，开了几年门店后生意一直不行，就放弃了这个技术。后来扶贫队鼓励并支持张洲参加广州市残联和当地政府举办的各种扶贫劳动技能培训，结合当地和自身实际条件，又重新开起了摩托车维修小店。技术在不断地提高，又用心服务好每一位顾客，维修技术日渐成熟，小店生意越来越好，目前月均收入能达到4000元。他还种植水稻、红薯等，一家五口有了稳定的收入来源，经济收入远远超过了脱贫线，妻子也在广州市残联和各项政策的帮扶下积极就医，身体状况有了明显改观，一家子生活水平有了显著提高。

本来是我们一行五六个人来到张洲家。看到唐红后，40多岁的张洲却不停地和唐红诉说。实际上，对于这样特殊的家庭，唐红她每月都要上门好几次，从女性的角度与张洲聊天，叮嘱张洲，要监督妻子按时吃药，定期就诊，控制病情。“我是学医出身的，探访时，会给残疾人的家属灌输一些护理残疾家人的知识，同时引导他们乐观对待生活，冲破绝望的心理困境。脱贫只是贫困残疾家庭翻身的起点，与残疾贫困家庭成员谈心，为他们解困，是我的基本做法。”唐红如是说。

来到张洲家里，白色的建筑以中间的厅堂为界限，是左右对称的一栋二层小楼，但是右边是旧房子，是张洲弟弟的房子。左边是新房子，是张洲自己的，这是2016年后在政府的资助下新建的房子。

进入大厅，在左边张洲家的这一边，摆放着一个乒乓球台，张洲说，老大今年考试成绩好，叔叔（也即他的弟弟）作为奖励送给孩子们的。他和妻子住在楼下，三个孩子每人一个房间住在楼上。

张洲家的房子背靠一个小山丘，屋子前面就是一眼望不到边的整整齐齐的绿油油的稻田，远处一条村里的水泥路小道蜿蜒其中。

可以设想一下：每天回到家里，大厅里是孩子们“乒乒乓乓”的打球声音和三个孩子的欢笑声，屋外是满眼望去的绿色。

此情此景，能不让人感到幸福吗！

开启幸福大门的不仅仅是罗木元，也不仅仅是张洲，还有李仿泉。

63岁的李仿泉正在山脚下的一块菜地里除草。唐红走到菜地旁，很自然地从李仿泉手中接过锄头，一边干活一边和李仿泉聊了起来。见到唐书记来了，李仿泉也有些急不可待甚至有点喋喋不休地向我们介绍起他的脱贫之路。

李仿泉现在和老伴养了150多只鸡，每一只能卖100元到150元。他还有5只山羊，今年又多了5只小羊。现在他不仅每天都有新鲜羊奶喝，至少还有5000元左右的进账。

老人毫不掩饰地诉说着自己的收入，脸上洋溢着幸福的笑容。

确实，劳动的人是幸福的，奋斗的人是幸福的！

向着幸福的生活奋斗，其乐无穷。

2019年12月18—19日，由中国残疾人联合会和联合国亚洲及太平洋经济社会委员会共同举办的“落实《北京宣言和行动计划》，促进残疾人包容发展”论坛在广州举行。来自联合国亚洲及太平洋经济社会委员会、人口基金会以及亚太地区16个国家和地区残疾人事务主管部门、残疾人组织和学术机构的120余名代表出席了论坛。此次论坛就残疾人减贫、就业和社会保护等方面进行了深入的探讨。梅州市五华县潭下镇大玉村作为唯一受邀乡镇参加交流会议。潭下镇党委书记李杜强和唐红受中国残联邀请，作为基层代表参加了该论坛。他们以大玉村为例，与亚太地区各国代表分享了农村助残扶贫的探索经验。

第六部分 党的旗帜在大玉村高高飘扬

大玉村由四种颜色构成：天空是蓝色的，稻田与山野是绿色的，房屋是白色的，还有一种颜色是红色。这些红色就是点点呈现在村庄里主干道两旁、主要活动场景、各个角落的党建标识。

一进入大玉村大村口，一幅“精准识别到村到户、精准帮扶民兴民富”的标语牌就进入视野之中，再往前走几分钟，看到一个青砖建造的路边交通候车厅，侧面写着“绿水青山就是金山银山”，正面写着“人民对美好生活的向往就是我们的奋斗目标”。

候车厅、道路旁、广场上……这些令人奋发向上、催人奋进的标语随处可见；党建宣传栏宣传牌、精准扶贫工作宣传栏、精准扶贫政策和即时扶贫动态宣传栏让所有村民一目了然。

以党建促脱贫，各项工作狠抓到位，是大玉村扶贫工作的一个最显著特征。为了推进抓党建促脱贫工作，全面强化大玉村基层党组领导核心地位，扶贫队配合乡镇党委抓好村“两委”班子建设，协助、指导村党支部委员认真落实“三会一课”制度，规范会议记录；协助村委开展“不忘初心，牢记使命”主题思想教育活动，不断提升党组织的组织力、战斗力，帮助村干部提高依法办事能力，加强以党员队伍为骨干的精准扶贫“主力军”建设；协助进一步完善大玉村基层党组织硬件、软件建设；加大精准扶贫、党建、新农村建设以及乡村振兴等工作的宣传工作；夯实党建根基，创新基层党建，为打造“共建共治共享”的社会主义新农村乡村治理格局提供坚强的政治保障和组织保证。

在扶贫干部的主持下，小学前的文化广场成为村民们的活动中心

党建促脱贫、发挥领带和党员骨干的带头作用不是一句空话，作为驻村“第一书记”的唐红就是一个典型的代表。

在大玉村村委会的楼下，时常停着一辆非梅州本地车辆，这辆车是唐红自己的。自从来到大玉村，唐红就把自家的车开到了村里，走村串户、了解民情、掌握第一手资料，有了车一切就方便很多，效率也成倍地提高。

从2019年5月10日进驻大玉村，唐红首先用了一个月的时间熟悉村情，特别是了解83户贫困户的实际情况和脱贫程度，很快进入了实际工作状态：制订贫困户扶贫计划、落实三期光伏发电项目、完善村里文化广场设施与设备、兴修村里特别是贫困户家庭周边的道路和水利水渠工程等，马不停蹄，一个接一个。

这期间，她几乎很少回家。

2019年11月9日，周六。很久没有回家看儿子的唐红回到了位于广州芳村的家里，没想到这一次偶然的回家，竟然解决了家里的一次“大危机”。

晚上11点，丈夫突然说头痛，吃了止痛药后也没有减缓，反而痛得更加厉害。儿子高考复习，家里的公公和婆婆年事已高，也已经休息。唐红一人带着丈夫到家最近的芳村中医院检查，在医院门口，丈夫开始不停地呕吐，一量血压发

工作状态中的唐红

村民们和唐红很熟络

现高压240，拍片后发现脑部有问题，并下达了病危通知书。

幸运的是，当晚正好有一位从医院总部过来的专家在值班，最后确诊是脑出血，学名叫作“蛛网膜下腔出血”，医生说必须马上做手术，有两个方案可以选择，开颅做费用是10万元左右，如果是介入手术的费用是20万元左右。

这个时候已经是11月10日深夜2点多，唐红决定一个人拿主意。3点，已经开始昏迷的丈夫被推进了手术室，手术一直持续到早上8点。从手术室出来，丈夫立刻进入了ICU病房（重症加强护理病房）。不过，再一次幸运的是，丈夫的手术很成功。

医生说，送来医院及时、抢救及时，是手术成功的关键。听到这个，唐红说，如果这个周六她没有回来，后果是什么样子不敢想象。

丈夫做了如此大的手术，而且还在重症监护室，这个时候唐红又来到了十字路口，是中断扶贫工作照顾丈夫呢？还是继续自己的扶贫工作呢？

广州市残联和唐红所在单位知道实际情况后，和唐红商量说，或者再派另外一位同事接替唐红的扶贫工作。这本来是一个很好的台阶，一来可以照顾丈夫，二来也可以照顾参加高考的儿子，不过唐红又一想，她刚刚去了半年，工作刚刚展开，如果再临时换人，必将对大玉村扶贫工作带来一定困扰，于是她让丈夫的姐姐和自己的妹妹过来轮流照顾丈夫，而唐红则继续自己的扶贫工作。

丈夫的身体还在恢复过程中，迎来了2020年的春节。与全国人民一样，2020年的春节注定是一个不平凡的春节。

2020年1月31日，大年初七。扶贫工作群出现新的命令，要求驻村干部立即回到工作岗位，根据广东省工作通知，全省驻村第一书记要把思想和行动迅速统一到中央和省委的部署上来，把打赢疫情防控阻击战作为当前的重大政治任务。

“令行禁止、有呼必应”，面对正在养病关键时期的丈夫、正在面临高考的儿子，唐红还是选择了“离家出走”，在大年初七，准时回到了工作岗位，回到了潭下镇大玉村，同村干部一起开展疫情防控工作。

面对来势汹汹的新冠肺炎疫情，大玉村“两委”和驻村工作队高度重视，到村后立即与村“两委”干部召开疫情防控会议，共同努力做好疫情防控工作，确保人民群众的健康。疫情初期，在村委各方面物资紧缺的情况下，唐红积极通过各种渠道联系购买防疫物资，如口罩、体温计等物资，同时倡议村里各位乡贤和党员干部捐物捐款，为做好疫情防控提供了强有力的保障。为防患于未然，减少村与村、镇与镇之间相互走动，避免交叉感染，建议在大玉村各主干道路口设置卡点进行检查，并与镇村干部一起，亲临岗哨，不管白天黑夜到村疫情防控监测点蹲点值守，对过往车辆和人员进行严密排查筛检。对进出村的村民和过路客人进行疏导，劝告他们不要随意去疫情比较严重的区域走亲访友，要保护好自身安全。

除了值守，唐红还每天与村干部挨家挨户开展春节返乡人员、二次返乡人员、一人一户一车一档等疫情摸排监测，逐户逐人摸排统计，开展村不漏户、户不漏人的地毯式排查，详细记录每一户人员情况。同时在做好扶贫迎检整理资料的同时还积极开展疫情防控宣传工作，与村“两委”一起组成宣传队，入户走访、张贴宣传标语、发放宣传单等，听说有准备外出走亲访友的群众进行上门耐心地劝阻，向他们宣传疫情防控知识，教育引导广大群众科学防范，动员广大群众少出门、不聚集、不串门、外出戴口罩、勤洗手，增强自我防护意识，确保疫情防控知识家喻户晓。鼓励群众如发现身体异常有发热症状要及时跟村委报告。做到早发现、早报告、早隔离、早诊断、早治疗。

从2020年1月底到3月底，两个多月的时间里，唐红没有回过一次广州，没有回过一次家。

第七部分
“贫困村”里出现时尚的别墅

“扶贫”不仅仅是让贫困人口脱贫，更重要的是用绣花针的功夫让村庄变美。

仅仅是在2019年，根据新农村示范村工作要求，按照大玉村整村设计规划，累计清理河道约23公里，三清三拆43宗，这些行动极大地改善了全村的环境和面貌。大玉村通过了五华县新农村示范村“三清三拆三整治”工作验收。2019年进一步协助当地完善“大同—黄洞”河堤加固和道路拓宽、严洞村和玉基村道路拓宽、污水处理、建设下罗村老屋、“大同—黄洞”休息亭子、村口标志、文体广场周边文化墙、“大同—黄洞”河道绿化卫生等工作。这些工作的落实，使大玉村的精神面貌焕然一新。

村子变美了，很多新式楼房兴建起来

大玉村的83户贫困户全部脱贫了，大玉村的“贫困村”帽子摘了，大玉村人的腰包也渐渐地鼓了起来，大玉村的路变宽了，大玉村的环境变美了，大玉村正在悄悄地发生着变化……

在通往村委会的路边，有一间小平房，76岁的老人张华源一个人住在这里，陪伴他的还有一条大黄狗。老人说，这里仅仅是他的暂居之地，不久之后他就要搬到对面的别墅里去住了。

的确，马路斜对面的不远处，一栋西式洋楼已见雏形。老人兴致勃勃地带着我们参观他即将入住的别墅。一楼的自动门车库已经安装完毕，更让人吃惊的是，这栋别墅没有一块砖头，没有一点水泥，没有一根钢筋。框架全部是合成钢结构，墙壁全部是防火合成板木。2019年7月开始，由在东莞做生意的女儿投资、由做建筑生意的儿子营造，这栋投资70多万元的房子，如果不是疫情的出现，这个时候就该完工了。老人说，这几天儿子忙着在外地施工，等一有空就回来把这里的房子完工。

言谈中，张华源老人不时喜笑颜开，现在村里变化太大了，越来越美了，主要是路更宽、更畅通了，从村里无论到镇上还是到五华县城，都相当方便，这也是女儿儿子们投巨资在这里盖房子的根本原因。

在大玉村的变化不仅仅如此，还有一种让人对未来充满希望的变化，那就是年轻人的回归。

卢文标，土生土长的大玉村人，2010年从广东轻工职业技术学院毕业。毕业后，他在广州找到一份很不错的与他学习的自动化专业有关的工作，经过8年的努力，他在广州成了家，也有了孩子。朝九晚五、办公室出出进进，月入上万，本来可以在广州一直待下去，而且会越来越好，但是他在2018年做出了一个重大的决定：回到家乡，回到大玉村。

回到家乡做什么？家乡最不缺的就是山地，山地也可以变成最便宜的生产要素，于是他把家里的30多亩的山地利用起来搞养殖。

驱车来到严洞村旁的一座山脚下，爬坡上山。很明显，山路刚挖开不是太久，不到500米的山路，有的地方竟然需要把山削低一米多，才可以让大车通行进入鸡场主场地。在这里，我们看到5斤多的鸡、3斤多的鸡以及刚刚孵化不久的鸡分开养殖。鸡的品种也很多，卢文标说，乌鸡除了血是红的，其他都是黑的。

胡须鸡是比较受欢迎的鸡。他用手一指东边说，这群鸡可以出售了，而另外一边的鸡需要再养殖1个多月。

卢文标说，鸡的销路不成问题。由于卢文标在广州所从事的行业是生物医药的自动化，在这个行业摸爬滚打8年，让他对养殖业的一些内情多多少少有些了解：鸡饲料里滥用抗生素、养殖行业中的“滥竽充数”等现象比比皆是，所以想亲手养殖一些符合现在大众身体健康标准的食材。他养的鸡绝对是健康的鸡，销售的渠道基本是靠自己之前在广州打通的渠道。一般的成鸡净重是2.7斤左右，通过顺丰冷链销售到广州市160多元一只。仅仅在2019年，卢文标就养殖了6000多只鸡。

年轻人卢文标（右）回村创业，唐红来了解实际情况

2020年，受到疫情的影响，他的养鸡场的工作开始有所停顿。所以当年上半年的主要工作是养殖场的基础工程建设。通路、平路等工程的投入比较大，他还准备把路修到山腰，这样车能开上山，将来的发展空间更大。

山下养殖，山上种植。几年前，家里在这种植的高山山茶已经开始有收入了。2019年收获了4000多斤山茶果，榨油也有100多斤。按照每斤100元的价格卖出很受欢迎。去年他又种植了一批，期待着更大的收获。

其实，能让卢文标回到家乡发展的更主要原因是，随着国家政策的变化，对农村、农业越来越重视，村里最直接的体现就是村里的路在逐步加宽。在以前，即使是两辆小车会车，也需要在500米以外的地方就要开始考虑这个问题。路由原来的3米宽变成3.5米，有些地方已经出现5米宽的路。现在的变化不仅仅是两个轮子的车到四个轮子的车的变化，即使是6米长的大车进来，也很容易。这样所有的农产品运出、所有的建筑材料等用品运进都不是问题了。

卢文标说，2018年，国家出台了《乡村振兴战略规划（2018—2022年）》，并发出通知，要求各地区各部门结合实际认真贯彻落实。其中对实施乡村振兴战略做出阶段性谋划，到2020年，乡村振兴的制度框架和政策体系基本形成，各地区各部门乡村振兴的思路举措得以确立，全面建成小康社会的目标如期实现。到2022年，乡村振兴的制度框架和政策体系初步健全，探索形成一批各具特色的乡村振兴模式和经验，乡村振兴取得阶段性成果。到2035年，乡村振兴取得决定性进展，农业农村现代化基本实现。到2050年，乡村全面振兴，农业强、农村美、农民富全面实现。

既然有这么好的政策，拉出去的弓箭，就无法再收回。在去年投资的35万元基础上，今年再投资30多万元。他说，相信自己、相信政策、相信我们的社会。

蓝天白云下，青山与山村媲美

结尾

大玉村的美，是一种安静的美。

不过每到晚上，大玉村就开始闹腾了，是被一伙大妈大娘们跳舞的音乐声和脚步声闹腾起来的。

7点多，夜幕刚刚落下，57岁的田秀娟就带着广场舞音响来到村的文化广场放起了音乐。听着音乐，55岁的罗琼珍来啦，甚至73岁的李旭环大叔也来啦，不一会儿，广场来了几十号人，欢快地跳起了广场舞。

接着“第一书记”唐红也加入了跳舞的队伍，村干部何秀峰也加入了跳舞的队伍。

舞歇时，东家长西家短，大妈们叽叽喳喳，很多大妈围着唐红说这说那，真叫一个热闹。

“我们唱着东方红，当家做主站起来，我们讲着春天的故事，改革开放富起来，继往开来的领路人，带领我们走进那新时代，高举旗帜开创未来……”

伴随着舞曲再次响起，歌声回荡在寂静的小山村里，飘向远方。

（文/何有贵）

王文蔚

扶贫第一书记王文蔚：修通致富路

“勤三路修好了，我们出行方便了，村里企业的生意也更好了！”“原先沿线自然村丢荒的土地全部出租，村集体收入提高了！”“村道硬底化以后，整个村子跟以前完全不一样了，孩子们上学再也不用走公路了！”……提及村里这几年发生的变化，广东省英德市勤丰村村民们不约而同首先想到的，便是勤三路硬底化及路网完善，这也是驻村扶贫四年多来，王文蔚觉得最实在、最有成效的工作之一。

2016年5月起，广州市白云区均禾街道办事处开始对口帮扶英德市石灰铺镇勤丰村，选派共产党员王文蔚担任扶贫第一书记兼工作队队长，全脱产驻村为群众办事，帮助当地群众战胜贫困，拔掉穷根，在致富奔小康的道路上奋力前行。

没有惊天动地的壮举，也没有跌宕起伏的情节，只有牢记党的殷切嘱托，把党交给的任务扛在肩上，脚踏实地实施产业发展、劳动力就业、社会保障和医疗救助、教育文化、危房改造、基础设施建设、人居环境整治等七项帮扶项目，尽职尽责做好每一件事。经历了体检疑似肝硬化的插曲，在第一轮派驻结束的时候，王文蔚毅然选择主动留下，继续坚守，“一些工作都进行到中段了，没有人比我更熟悉情况。”

经过各级四年多的大力帮扶，勤丰村产业兴旺，医疗教育有保障，村民安居乐业。2019年12月，全村建档立卡贫困户52户贫困户103人全部脱贫，按程序完成了贫困户退出工作，脱贫率100%。2019年，勤丰村贫困户年人均可支配收入达16783元。其中，有劳动能力的贫困户人均可支配收入为19571元。

科学程序确定贫困户名单应扶尽扶

勤丰村位于英德西部石灰铺镇南边，是一个由莲塘、黄土坑、全屋、甲子下、乌坑、亚婆山、上范、老江屋、榄树下等18个自然村组成的行政村，总面积14平方千米，户籍人口634户3020人，其中党员有96人。这个村位于G358国道上，距离英德市区16公里，347省道穿境而过，东距县城13公里，地理位置优越，交通十分便利，还有着美不胜收的自然景观和奇异独特的人文景观。

全村农田耕地面积较多，一直以来，勤丰村农业生产主要经营传统农业水稻、冬瓜、竹笋、玉米、甘蔗、茶业等作物以及特色林果业。不过这些年，随着年轻人纷纷外出务工，勤丰村逐渐空心化，留下的多数是老人、孩子及没有劳动能力的人，田地慢慢丢荒，村集体经济条件十分薄弱。原本有着“勤劳丰收”美好喻义的勤丰村变成了贫困村，贫困户大多是因病、因残和缺乏劳动力而致贫。

2016年5月，在白云区均禾街市政所工作的王文蔚主动报名前往勤丰村，完成精准扶贫这项国家任务。精准扶贫，就是要对扶贫对象实行精细化管理，对扶贫资源实行精确化配置，对扶贫对象实行精准化扶持，确保扶贫资源真正用在扶贫对象身上、真正用在贫困地区。

王文蔚个头不高，目光如炬，言语不多，却有一股子韧劲儿。早在2010年7月，他就前往梅州大埔平原村，完成了为期一年半的双到扶贫工作。作为一名扶贫战线上的老兵，他非常清楚确定“扶持谁”，是自己驻村后首要解决的问题。

只有通过科学有效的程序，把真正的贫困人口精准识别出来，把贫困程度、致贫原因等搞清楚，才能做到因户施策、因人施策，进而提高扶贫效果。

确定帮扶对象，留给王文蔚的时间只有一个月。他拿着村里准备上报的83户贫困户名单，马不停蹄带领驻村工作队逐一入户走访、座谈，重点了解贫困户的家庭状况、人员结构、家庭经济收入来源以及致贫的原因；也向周围邻居多方了解勤丰村的村情、民情。

驻村工作队将这83户贫困户的基本信息录入相应的扶贫信息系统，通过英德市相关大数据平台进行清查，结合多部门数据比对，发现少数贫困户存在“收入超标”“名下有车、有商品房”“挂名企业法人”等不符合贫困户申请条件的情况。

值得一提的是，在走访中，不少村民反映有一户吴姓村民的家庭经济确实困难，而这户吴姓村民却不在这83户贫困户的名单中。驻村工作队也对此进行了细致核实确认，将他纳入了名单。

经过实地确认、佐证对比，驻村工作队最终确定了60户的贫困户名单，这些贫困户涉及勤丰村辖内的18个自然村。于是，名单先经过各个自然村村民代表大会表决，然后再由行政村村民代表大会表决，经过公示，上报石灰铺镇审批。

“摸清底数是精准扶贫的基础，然而贫困户的家庭经济情况并非一成不变，我们必须实事求是，做到应扶尽扶，才能为完成精准扶贫任务打好基础。”王文蔚的驻村工作队，为每一个贫困户建档立卡，进行动态更新，并以此为基础，为勤丰村的扶贫工作制定了努力的方向。

经过这一轮的入户调查走访，贫困户们的基本情况也被王文蔚默默记在心上，日后一发现有各种能为他们增加收入的合适机会，王文蔚便不遗余力地牵线搭桥，尽力促成。

就业帮扶助力50岁阿叔走出山门

务工是贫困人口稳定脱贫的重要渠道。在勤丰村建档立卡的贫困户中，有劳动能力的贫困户不足一半，然而他们中的大部分人却因为各种原因，没有通过工作来赚取生活费。王文蔚带领扶贫工作队大力推动就业帮扶，教育引导有劳动能力的贫困户转变观念，鼓舞斗志，树立信心，使脱贫工作变被动为主动。

在入户走访中，勤丰村的一户贫困户给王文蔚留下了深刻印象。这位贫困户名叫阿光，住在布心坪自然村。因为家里贫穷，妻子和他离了婚，留下一个正在读中学的儿子，全靠阿光打点散工，种几分薄田来独力抚养。由于生活长期困苦，加之没有相应的工作技能，50多岁的阿光对生活缺乏信心，一直处于无业状态，依赖政府给的低保金生活。

阿光患有风湿性骨痛等毛病，但他思维活跃。每次王文蔚带工作队队员来走访，阿光都会跟王文蔚讨论如何做好扶贫工作、如何发展产业等问题，他还主动报名参加过村里举办的短期电工培训班。这些积极的信号让王文蔚坚信，阿光有工作意愿，只是需要有人引导和推动。

王文蔚先是动员阿光开展种养项目，增加收入。谁知道，阿光却以“养鸡会发鸡瘟”“种冬瓜会亏本”等各种借口推脱退缩。王文蔚又鼓励他向外发展，还承诺给他介绍工作岗位，阿光又提出自己“经常腰腿疼痛，干不了”。“你看我也腰疼，长期吃药”，王文蔚顺势拿出自己的药吃给他看。

看着王文蔚毫无放弃的意思，反而不断上门做自己的思想工作，用了一切能用的办法，好话丑话都说尽了，阿光慢慢认识到，“王队是真的为我好”，只有踏踏实实地干活，熬几年，熬到儿子毕业找到工作，家庭经济状况才可能有改观。

于是，他的观念开始改变，表示愿意外出打工。王文蔚马上与均禾街联系，协调街道市政管理所招收阿光做环卫工人，并亲自开着私家车接送阿光到均禾街市政管理所应聘。最终，阿光顺利通过面试、审核，成为均禾街市政管理所压缩站的一名工作人员，年薪7.8万元，单位体谅他的难处，还免费提供地方给阿光居住。

勤丰村贫困户阿光成为白云区均禾街市政管理所一名工作人员

如今，阿光在均禾街很努力地工作，王文蔚不时跟他通个电话，了解他的生活、思想状况，也经常能从电话里听出阿光的开心，以及对以后的生活充满信心。“现在有了稳定收入，我要好好干，等儿子毕业出来到广州找工作，我们就可以团聚了，那时买的社保也快够了，退休后有养老金，没后顾之忧了。”阿光说。

“授人以鱼”不如“授人以渔”。王文蔚带领扶贫工作队组织开展了电工、月嫂、电商等技能培训，通过组织贫困户参加就业招聘会等方式，引导、鼓励有劳动力的家庭成员外出就业务工。勤丰村有劳动能力的贫困户中，每户有一人以上参与务工的占比为88%，人均年收入达到3万元以上。

道路硬底化方便出行　沿线荒地出租提高收入

从勤丰村委会往西南步行五六百米，一条宽6.5米的平整水泥路出现在眼前，路的两边，整齐地种植着一排排洋紫荆等园林苗木，为村容村貌增色不少，不时有运送农产品的村民骑着三轮摩托车驶过。

“这条勤三路以前是石沙路，崎岖不平，非常破烂，晴天尘土飞扬，雨天泥泞不堪，路边杂草几乎要长到路中间了，村民们出入和农产品运输非常不方便。”勤丰村委（黄土坑村）村民李志坚说，村民们这么多年一直盼望着尽快修复勤三路。

“要致富，先修路。”农村公路直接服务农村、造福村民，是发展乡村经济的先决条件。王文蔚多次提出修复勤三路的建议，还建议英德市人大代表、勤丰村党总支书记范后双向英德市人大提出建议，加快推进勤三路的修复。经过不懈努力，勤三路修复工程于2019年完工。

“这条县道完成硬底化之后，原来各自然村沿线丢荒的土地，先后被6家绿化公司租下来，种植园林苗木、茶园等，不仅提升了农村人居环境景观，更使村集体经济收入有了来源或有所提高。”王文蔚介绍道。

俗话说：路通财通。勤三路全长7.32千米，涉及勤丰村约4.8千米。这项修复工程的完工，进一步提升了当地农村公路的通畅水平，可以直通连江口、九龙等旅游小镇，改善了沿线甲子下、何屋、黄土坑等7个自然村约1500多名村民及多个企业的交通出行，对带动当地乡村振兴发展及群众脱贫致富有重要意义。

➲ 勤三路硬底化完成，沿线昔日丢荒的土地全部被绿化公司租赁来种植苗木

➲ 王文蔚带领扶贫干部为勤丰村全覆盖安装太阳能电灯超过200盏

勤丰村基础设施比较薄弱，导致农村发展缓慢，村民生活质量不高。除了硬底化勤三路这一民心工程外，广州市白云区均禾街投入帮扶资金15.5万元，驻村工作队帮助31户贫困户完成危房改造，改善居住环境；投入帮扶资金105.83万元，完成莲塘、布心坪、全屋、中心陂4个自然村以及村内共3.64千米村道的硬底化，对勤丰村内亚婆山、老江屋、全屋以及通往小学村道共6座桥梁进行建设，修复村内位于全屋、中心陂、榄树下等8个水利陂头，改善全村1200亩农田灌溉用水状况。

硬底化机耕路建成投入使用后，一条条干净整洁的水泥道路取代了土路横贯碧绿的农田间，机动车能开到田间地头。200多盏太阳能路灯也在勤丰村相继亮了起来，夜路不再难走，也照得村民们心里暖烘烘的。

机耕路硬底化建设为农业生产带来了很大便利，农产品的价格、农田的租金都有望得到一定的提高，最重要的是村民出行非常方便，也保障了学生的上学安全。村民们抑制不住内心的激动，跟来访者聊起村里的变化，一开口都会不约而同地首先提及勤三路的修复及村村通水泥路。

“这几年，村里变化相当大，我的孩子经常会去附近村的外公家，有时候晚上回来，孩子都会跟我说‘隔壁村黑漆漆，我们村亮堂堂的’。”昔日的勤丰村委干部，如今的英州红茶业有限公司办公室主任吴庆尚说，扶贫驻村工作队来了后，不断完善勤丰村的基础设施建设，提升了村民的获得感、幸福感、安全感。

多样化产业帮扶贫困户每年稳定增收

远离城市的浮躁和烦嚣，来到石灰铺镇的任何一个村落，沏上一壶英红九号，手捧茶杯送至唇边，幽幽芳醇在鼻息间浮动着。石灰铺镇物产丰富，这里是英德红茶的主产区，也是竹笋和蔗糖的重要生产基地。广东省重点农业龙头企业、广东省扶贫农业龙头企业——英州红茶叶有限公司（以下简称“英州红公司”），就坐落在勤丰村委老江屋村沙岗山。

英州红公司成立于2014年，是一家集茶叶种植、加工、销售、科研、茶园旅游及茶文化传播于一体的综合性茶业公司，该公司与当地政府积极探索激活农村土地活力渠道，成功打造“一地生五金”扶贫模式，带动了包括勤丰村在内的周边农户及贫困户增收致富。

稳定脱贫致富离不开产业支撑。王文蔚驻村扶贫后，带领驻村工作队在入户探访时广泛宣传英州红公司的“一地生五金”扶贫模式，积极牵线搭桥并组织村民、贫困户以各种方式参与其中，帮助个人及村集体增加收入，增强贫困户的“造血”功能。

2016年，王文蔚带领驻村工作队从均禾街道办筹集了30万元帮扶资金，入股英州红公司旗下的万联茶叶种植专业合作社，按投入资金不低于10%作为固定分红，每年为勤丰村委会增收4万元，村集体年总体收入达到了6.5万元。

同时，驻村工作队发动勤丰村13户在家务农、有劳动能力的贫困户，向银行申请贷款共计65万元，并加入茶叶种植管理专业合作社，通过“公司＋金融＋合作社＋基地＋贫困户”的合作模式，用贷款作为押金，再以每亩3万元的价格向英州红公司承包经营茶园，合作期三年。

茶树由合作社负责种植管理，英州红公司提供技术支持、技能培训和茶叶收购，收益全部归合作社的贫困户。同时，英州红公司按保底7%的收益分配给合作社，再分配到贫困户，勤丰村合作社的贫困户每年可增收3500元以上，其中，部分贫困户直接参与种植管理，进一步提升贫困户自主创业的能力。

在跟英州红公司谈入股合作事宜的过程中，王文蔚了解到英州红公司在茶山加大投入，建设茶叶加工厂，需要招聘一批采茶工，便建议英州红公司吸收部分有就业意愿的贫困户前来务工，解决他们的困难。勤丰村委（乌坑村）的贫困户林观金便是其中之一。

林观金今年50多岁，是两个孩子的妈妈。她的大女儿上学需要不少费用，小的孩子患有哮喘疾病，长达12年来的治疗花费巨大，家里入不敷出。作为家里唯一的劳动力，林观金之前一直打零工，收入非常不稳定，而且还要务农，她每天早出晚归，独立辛苦地撑着这个家，他们一家人住在一个破旧的泥砖瓦房里，房子多处漏雨，是当地有名的贫困户。

在王文蔚的介绍下，林观金进入英州红公司打工。她勤奋踏实，努力工作，经过3年的采茶工作，她成为公司的采茶技术能手，获得了每年3万多元的务工收入，并多次获评公司优秀员工，在每年的公司年会上都受到公司嘉奖鼓励。林观金还加入了勤丰村成立的专业合作社，每年能有3500元以上的稳定收益。

2018年，政府危房改造政策精准到户，林观金通过自身务工收入及政府政策奖补4.5万元（其中4万元政府奖补，0.5万元由勤丰村的结对帮扶单位广州市白云区均禾街道办事处奖补），她家的楼房顺利建成入住，圆了她有个安稳的家的梦想。

“感谢党和政府的好政策，让我能住上楼房；感谢大家给了我干活的机会，在家门口就可以挣钱，有稳定的收入还能照顾家里。”林观金不仅盖起了新楼房，家里还买了65寸的大电视，大女儿顺利毕业后，也进入英州红公司电商部工作。“我们家的生活越来越有盼头。”林观金说。

林观金接受媒体采访

与林观金情况类似的贫困户在当地并不少，单纯的补助并不能解决他们的问题，通过给他们找到就业机会，让他们参加培训掌握工作技能，有长久稳定的生活来源，才能巩固脱贫成果，防止返贫。目前，勤丰村约10名贫困户在英州红公司从事种植、采茶等工作，人均工资可达3.6万元/年。

此外，王文蔚的扶贫驻村工作队还引导贫困户把零散的土地拿出来进行流转，共计出租800亩土地给英州红公司。这些土地涉及勤丰村辖内的5个自然村约10户贫困户，每亩年租金收入约500元。通过这种方式，一方面解决了农村土地细碎化问题，体现出土地的规模效应，有利于龙头农业企业进行集约化、规模化、产业化发展；另一方面，贫困户通过这种方式获得稳定的租金收益，甚至受聘于龙头农业企业，从而获得职业收入。

教育扶贫点亮贫困学子感恩的心

教育是阻断贫困代际传递的根本之策。补齐贫困地区义务教育发展短板，让贫困家庭子女都能接受公平而有质量的教育，是夯实脱贫攻坚根基之所在。王文蔚驻村以来，认真研究教育扶贫政策，集合多方面力量投入帮扶资金7.9万元，开展助学慰问工程，勤丰村17名在读学生都享受了生活费补助，减免学费等教育扶贫政策，没有因贫辍学现象发生。

再穷不能穷教育。勤丰小学的教学楼以前是木窗户，王文蔚的驻村扶贫工作队来了以后，开展文化教育扶贫工程，投入帮扶资金7.8万元，对勤丰小学篮球场和勤丰小学教学楼进行修复，改善办学环境。如今，课室的窗户全部翻新成铝合金窗，窗明几净。随着这几年教育质量的逐步提高，入读勤丰小学的孩子越来越多，学校的学生数已经从2016年的40多人，增加到现在的80多人。

贫困户的孩子们能读上书，就能逐渐摆脱贫困，实现人生理想。王文蔚特别关注村里在读的贫困户学生，努力为他们争取各项补助。贫困户秀英的大女儿在花都一所中职学校读书，孩子十分懂事，寒暑假在外面做兼职给自己挣学费、生活费。

在王文蔚的建议下，秀英大女儿就贫困生能否领助学金的事情询问班主任，却没有结果。王文蔚听说后，直接开车到学校，拿着相关教育扶贫政策找到学校领导。后来，学校领导经过研究，不仅免去了秀英大女儿每年的学费，还给她发放生活补贴3000元 / 年。孩子毕业后，王文蔚又积极介绍她到均禾街的企业实习、工作。

受过类似帮助的还有江海燕。6年前，接连发生的意外，差点摧毁了一个原本幸福的家庭。江海燕3岁的小妹妹在和小伙伴玩耍时，不小心掉进装满开水的

勤丰村委

王文蔚（右）向勤丰村贫困户钟贵娣了解小摊生意情况

盆里，造成全身不同程度的大面积烫伤，高昂的治疗费及后续的恢复治疗费用，让家里债台高筑。

妹妹受伤后，家人日夜照料。连日的奔波劳累，饮食作息不规律，母亲钟贵娣的身体熬不住了，住院检查发现得了甲亢。屋漏偏逢连夜雨，江海燕的奶奶又被动物咬伤了右手手臂，导致手臂肌肉腐烂。父亲因此愁得一夜白了头。

钟贵娣也感到绝望，不知道该如何生活下去，在田里干活的时候她不时以泪洗面，夫妻俩甚至抱头痛哭。当时，正读高中的江海燕恨不得立即就能毕业，出去打工赚钱给家里用。村里人也悄悄劝钟贵娣，“即使海燕考上大学，也别供她读了”。

后来，江海燕十分出息地考上了广东省内一所师范大学的本科，却因为当时的家庭经济状况，懂事地接受母亲的建议，放弃了本科而选择了大专。“那时候我是真的没办法啊。”回忆起当时的艰难抉择，钟贵娣满怀对大女儿的内疚，泪如雨下。

了解到江海燕家的困难情况之后，英州红公司、勤丰村委会及石灰铺镇党委、政府纷纷伸出援助之手，将她的家庭纳入了低保户，生活上有了一些补助。王文蔚驻村扶贫以来，江海燕家里因病因学致贫而被纳入了精准扶贫对象。王文

王文蔚（左）在冬瓜地里边向贫困户了解情况，边帮干农活

蔚将相关教育扶贫政策、资料快递给正在读书的江海燕，她填好表格再寄回给王文蔚盖章，王文蔚还将所有相关证明材料准备齐全后，一并寄给江海燕交给学校。江海燕终于可以在就读后期连续收到政府精准扶贫给予的生活费补助和免学费补助。母亲到英州红公司摘茶，父亲利用政府贴息小额贷款种植了8亩冬瓜和百香果，而这些也同时都能获得精准扶贫政策的就业补助及产业补助，这大大减轻了她的家庭开支。大专快毕业时，成绩优异的江海燕通过考试升读本科，圆了自己的大学梦。

党委、政府、扶贫驻村工作队、企业等多方真情帮扶，在江海燕的心里埋下了感恩的种子。“我不能白白地享受这些补助。”江海燕在心里默默地许下了回馈社会的心愿。

2019年大学毕业后，江海燕没有像其他同学那样到珠三角的大城市里做教师，而是毫不犹豫地报名参加广东省大学生“三支一扶”的招募，一心想要回到家乡，服务这片生她养她的土地。最终，江海燕通过招募，被分配到了石灰铺镇政府农业部门从事扶贫工作。自己有了稳定的工作收入，父母也有了劳动收入，这个自强不息的家庭逐渐从阴霾中走了出来，笑容又重新出现在每个家庭成员的脸上。

怀着感恩的心参加工作的近一年时间里，江海燕每天努力把自己的工作做到最好，生怕因为自己的不够努力而给团队工作拖了后腿。英州红公司的生态茶园观光旅游项目发展也越来越好，到茶山“悬空”茶壶景区游玩的游客络绎不绝。江海燕的父母在茶山的旅游区开了一间卖农特产的店铺，游客多的时候能挣不少钱。就这样，一个建档立卡的贫困户不仅实现了脱贫，更踏上小康之路。

“读书时很少回家，也不了解扶贫工作，回到家乡工作后发现小到如厕、手机信号，大到就业、产业、养老，扶贫涉及方方面面。”从贫困受助户到扶贫工作者，江海燕十分感慨，“各级扶贫干了很多实事，修路架桥、修缮校舍、增加村民的公共活动场地……家乡不断在变美；尤其是王队来了以后大力招商引资，扶贫项目推进迅速，促进了乡村振兴。”

同为扶贫工作者，江海燕与王文蔚打的交道多了起来。“广州来的扶贫第一书记带着驻村工作队有很多东西值得我们学习，他们矢志不渝，实干敬业，认真负责，对文件的理解也更准确透彻，这些都给我留下了深刻的印象，也深深影响着我。”江海燕说，希望王文蔚能把广州的扶贫工作经验传授给自己，她也将更加努力工作，传承扶贫精神。

2020年上半年，江海燕已经递交了入党申请书，她热切希望能成为这个先进组织的一员，全心全意为人民服务。她也将积极参与志愿活动，回馈社会，通过自己的努力，让家乡更多的父老乡亲圆上小康梦。

经历误诊风波坚守脱贫攻坚一线无怨无悔

勤丰村的18个自然村散落在各个方向，最远的是黄土坑村，距离村委有4公里距离。平时，王文蔚便开着自己的私家车四处入户走访。村道横七竖八，每条路的样子都差不多，也没有明显的参照物，外来者一不小心就会迷路，而王文蔚早已熟悉得闭着眼睛都不会开错。农户家养的狗，也从最初见到他就吠，变成现在的摇头摆尾追着撒欢。

“谦虚，上手快，眼界开阔，思路清晰，工作效率高，办法多。”勤丰村委、石灰铺镇等领导对王文蔚如是评价道。“驻村扶贫工作队来了以后，我们就很多问题共同商议，争取上级支持，比如，他们来的时候只有五成村民家里有自来水，现在自来水已经全部入户。”勤丰村党总支书记范后双说。在当地，种一造水稻是赚不了什么钱的，驻村工作队开展了月嫂、茶艺师、电商、电工等技能培训，带出一批劳动力，并牵线让他们到广州就业，增加了大家的收入，“他们的很多工作方法对我们大有启发。”

春去秋来，一眨眼，王文蔚来勤丰村驻村扶贫已经4个年头。其中还经历了一场误诊风波。2017年，王文蔚在参加原单位的年度体检时，被诊断为早期肝硬化。“不是吧，扶贫的各项工作才刚有起色，妻子和孩子这么支持我的工作，我还没能好好谢谢他们呢……”当时，这个初诊结果把王文蔚吓了一大跳，在广州住院等待复诊的日子里，他想了很多，却从未后悔过。

CT复诊结果出来了，原来是虚惊一场！王文蔚马上驱车赶回勤丰村，在脱贫攻坚这场恢宏战“疫”中，时不我待，只争朝夕。2018年，第一轮精准扶贫结束之际，王文蔚主动选择留下，继续开展第二轮精准扶贫工作，“一些工作都进行到中段了，没有人比我更熟悉情况。”

通过各级帮扶，截至2019年12月，勤丰村52户贫困户103人全部脱贫，按程序完成了贫困户退出工作，脱贫率100%。2019年该村贫困户年人均可支配收入达16783元，其中，有劳动力贫困户人均可支配收入为19571元。住房安全保障方面，2016—2018年勤丰村共完成危房改造31户，截至2019年已全部竣工。医疗、养老保障方面，勤丰村103人贫困人口均已购买医疗保险。目前勤丰村贫困户均已解决安全用水、用电，20户以上自然村有网络信号覆盖。

在驻村帮扶期间，王文蔚积极发动社会力量参与脱贫攻坚：2016年走访均禾街内企业，募捐了约12万元慈善捐款；2018年年底，依托街道开展微心愿活动，发动街内企业捐赠物资一批；2020年1月，协助爱心人士开展“阳光之行”活动，获捐助资金及物资约10万元；2020年10月，发动企业开展贫困户敬老活动，已筹集3万元。

疫情期间变身快递小哥“人肉”带货

受到2020年新冠肺炎疫情的影响，勤丰村的两户贫困户杨定永、李志坚饲养的400多只鸡、1000只鸭出现滞销。这可如何是好？杨定永此前在韶关养猪，不

王文蔚（右）和扶贫干部到贫困户家了解情况

王文蔚（右一）和扶贫干部曾名林（左二）到贫困户李志坚（右二）家中了解养殖情况

巧碰上猪瘟，他已经损失了一大笔钱。去年回到勤丰村转为养鸡，疫情前土鸡卖到两三百元一只，杨定永准备大干一场，却又碰上了新冠肺炎疫情，批发市场休市，交易完全停滞。

王文蔚知情后，准备自己亲自带货，助力贫困户走出滞销困境。他先是买下几只鸡，在周末的时候，把其他几个村的扶贫第一书记叫在一起聚餐，对贫困户的鸡、鸭的肉质、口感进行内测。得到“食家”的一致好评后，又与当地的其他农户进行价格比对。一切准备就绪，王文蔚当起“微商”，在自己的朋友圈打起广告，为贫困户的鸡鸭代言。朋友们也纷纷帮他吆喝，扩大销路。王文蔚在居委会工作的妻子，也帮着他向辖内居民推广。

2020年4月的每个周末，贫困户先把土鸡杀好，装进加冰的泡沫箱；王文蔚把一箱箱土鸡塞满自己的私家车，免费运回广州，在广州满大街地跑着送货。通过积极协调帮扶单位，发动街道干部爱心认购，供应街道饭堂，宣传团购带货等多种方式，王文蔚在一个月内帮助贫困户将滞销的鸡鸭销售一空。“大家品尝过后反响很好，纷纷回购，最后完全不够卖。”王文蔚笑着说。

“要不是王队帮忙找销路，我今年是铁定要亏死的。”黄土坑村的贫困户李志坚说，他养了1000多只麻鸭，“当时疫情来了，市场休市了，满大街的鸭子贱卖，才十来二十块一只，全靠王队出人又出力，我的鸭子还能卖到40多元一只，相当满意了，最后分两批全部搞定。”在这之后，李志坚看到猪肉价格高企，他转为养猪，大大小小养了21头猪，期待最后能卖个好价钱，给正在读书的女儿找个补习老师。

后记

雄关漫道真如铁，而今迈步从头越。2020年是脱贫攻坚的决胜之年，王文蔚将带领驻村工作队紧盯如期完成脱贫攻坚任务节点目标，按照上级指示要求，进一步加大工作力度，持续巩固深化扶贫工作成效，坚决打赢脱贫攻坚战。利用各类学习教育平台和载体，认真学习宣传贯彻习近平总书记重要讲话精神，特别是关于精准扶贫工作方面的指示要求，引导基层党组织、广大党员在脱贫攻坚中充分发挥战斗堡垒和先锋模范作用，推动基层党建与脱贫攻坚相互融合、共同发展。同时，结合帮扶村实际，深入调查研究，努力把学习成效转化为推动乡村振兴发展的强大精神动力和实际思路举措。

对由于新冠肺炎病毒影响存在返贫风险的贫困户，持续加大帮扶力度，有针对性地制定帮扶措施，着力帮助其拓宽收入来源渠道，增强自身“造血”功能，确保全面脱贫、不漏一人，促进疫情防控和精准脱贫双丰收。

此外，积极协调政府部门，持续加大基础设施投入，在政策允许范围内利用扶贫资金适当进行补助，同时扎实做好政策宣传和思想引导，争取村民广泛认可和理解支持，充分调动大家共建美好家园的内生动力，确保如期完成贫困村退出任务。

（文/汤南）

谢华军

兵哥哥的十年扶贫路：十年内两度扶贫

谢华军，1978年12月出生，中共党员，大学本科学历，广东省化州市人；历任战士、班长、排长、副连长、科员、副科长、教导员（正科级）、第一书记。1998年5月加入中国共产党，1998年12月应征入伍，2003年6月桂林陆军学院毕业，2008年12月军队转业，2009年2月转业到广州市海珠区新港街道办事处工作，2011年9月至2013年3月，驻化州市文楼镇塘表村开展扶贫开发“双到”工作，2019年5月至今，驻梅州市大埔县高陂镇党溪村开展精准扶贫、精准脱贫工作。

幸福是什么？在不惑之年再次走上扶贫岗位的谢华军感触良多，“我是农民的儿子，深知农民的疾苦。能够通过一个个实实在在的扶贫项目，让村民脱贫致富，走上幸福小康生活之路，这也是我的幸福。”

从2011年在化州市文楼镇塘表村开展扶贫，到2019年在梅州市大埔县高陂镇党溪村开展精准扶贫，10年间，谢华军让623名贫困农民脱贫致富。在新冠肺炎疫情期间，妻子携两个儿子来到扶贫的高陂镇党溪村，成为当地“扶贫夫妻共同抗疫”的扶贫佳话。

励志青年毅然扶贫

“我是农民的儿子，深知农民的疾苦”，谢华军第一次扶贫是回到家乡化州，“做好贫困户的暖心人，争做党和国家的好干部”。

1978年，谢华军出生于粤西化州一个农民家庭。他从小就勤奋学习，立志将来做一个对社会有贡献的人。中学时代，由于学习成绩突出，多次被评为“三好学生”，高中阶段光荣加入中国共产党；当兵期间，勤奋学习，刻苦训练，第二年当上了“李向群班”的班长，同年考上桂林陆军学院；军校期间，由于表现突出，荣立三等功1次；在任军官期间，积极投身军队现代化建设，用青春和热血为国防事业贡献力量。

2009年2月，谢华军从军队转业到广州市海珠区新港街道办事处工作，先后任街道城管科科员、副科长，街道综合执法队教导员，负责城市管理和执法工作。

2011年9月至2013年3月，广州市海珠区新港街道选派谢华军到化州市文楼镇塘表村驻村，开展扶贫开发“双到”工作（扶贫工作中规划到户，责任到人）。

那时，他两个双胞胎儿子才两岁半，家庭也需要照顾，但组织需要他去驻村时，作为一名党员干部，谢华军义无反顾地投身到扶贫开发的大潮中去。

驻村后，谢华军迅速进入工作状态，摸清农户贫困的原因，针对贫困户的实际问题和诉求，综合考虑他们的现实条件，逐户制定帮扶措施和办法，实行“一户一策”，先后帮扶贫困户养猪、养鸡和种植淮山、橘红、桉树，平均每户每年增加农业经营收入2.1万元，为贫困户拓宽了脱贫增收的途径。

帮扶村发展集体经济项目建设，谢华军先后建立塘表村竹品厂、塘表村养殖基地、塘表村淮山种植基地，实现了村集体经济收入零的突破，保障了村收入，2012年年底村集体经济收入18.5万元。他还帮扶村加强基础设施建设，改善办公办学环境，全新装修了村委办公楼并购置了办公台椅，修建了小学校园里的篮球场，更换了小学校园里的台椅，村公共服务设施实现了“五有”目标。

视贫困户为亲人　视驻村工作为磨炼

“视贫困户为自己的亲人，把贫困户脱贫当作自己的责任。”这是谢华军经常说的一句话。

在化州市文楼镇塘表村，谢华军经常进村入户，与贫困户同学习、同工作、同劳动。他摸清贫困户的致贫原因，针对贫困户的实际问题和愿望，先后帮扶45户农户进行住房改造；全村372户、1740人全部参加农村合作医疗，参保率达到100%；贫困户中60周岁及以上的96人全部参加了“新农保”；帮扶63户农户纳入低保、五保对象，享受低保、五保政策；帮扶5条自然村实行村道1470米硬底化，全村11条自然村村道全部实现硬底化。贫困户陈观宏说：“是帮扶单位帮我村修建了水泥路。”

谢华军为贫困户办了实事，为帮扶单位赢得了很多赞誉。盖好房子的贫困户吕成林说：“如果不是单位帮扶，我这辈子可能也没机会住上楼房。”

“贫困地区条件相对艰苦，环境相对恶劣，但我把驻村工作当作我人生一次再磨炼、再学习的机会。”

驻村期间，谢华军学会了网上管理和维护三个网络系统：广东省扶贫网、广东省住房改造网和广东省统计网，共录入贫困户信息8745条，实现了贫困村和贫困户网上跟踪和管理，提高了工作效率和自动化办公的程度；共编制帮扶贫困村的帮扶台账41册，帮助村里建立了完善的帮扶台账；填写帮扶记录卡381本，完善了贫困户的基本信息。

第一次扶贫，谢华军通过参与驻村和互帮互助活动，了解了农村的艰苦，体会了农民的艰辛，加深了与基层群众的感情，增强了为人民服务的宗旨意识和艰苦奋斗的节俭意识。驻村期间，谢华军磨炼了意志、丰富了阅历、积累了经验、提高了能力；他带着目标任务工作、按着规章制度办事、凭着良心良知做人，做到廉洁自律，确保每一分扶贫款落到实处，2013年3月圆满地完成了扶贫开发“双到”工作的目标任务。

驻村期间，谢华军认真对照目标任务，围绕驻村主题，扎实开展驻村和互帮互助工作。按照驻村工作要求，共驻村426天，落实帮扶资金657.86万元，完成扶贫项目建设11个。

2011年，化州市文楼镇塘表扶贫干部省验收考核评定为优秀。2012年年底，村集体经济收入达到18.5万元，贫困户的年人均纯收入达到9802.76元，实现村集体经济收入零的突破和贫困户127户503人100%脱贫。

十年内两度扶贫

2019年5月至今，谢华军怀着对农村、对农民的深厚情感，时隔6年后，再次响应中央号召、服从组织安排奔赴农村，进驻梅州市大埔县高陂镇党溪村任第一书记，具体开展精准扶贫、精准脱贫工作。

他经常走村入户、深入群众，帮助贫困户春耕插秧、收蜂蜜、卖鸭子；帮助贫困户贺雪林儿子落实残疾人补助政策，并协调教育部门，把他儿子转入大埔特殊教育学校就读；协助村书记解决村民矛盾纠纷等。“谢书记，敢为民做主，善为民谋利，会为民服务，视村民如亲人，是我们的好书记！”有村民如是说。

（一）贫困户“蜂”回路转！随“蜂”追梦带动7户贫困户致富

在梅州大埔党溪村桐子坑村民小组，有一位走路一瘸一拐，但却与蜂为伍、乐在蜂中、勤如蜜蜂的中年男人，他就是党溪村建档立卡贫困户贺石华。2020年4月，在贺石华的带领下，7户贫困户收获蜂蜜1000多斤，全部实现脱贫。

贺石华，58岁，肢体残疾四级。他出生在党溪小山村，家境穷困、成长遭遇悲惨，但他不向命运低头。他2岁丧父，14岁时母亲改嫁，被寄养在叔公家。

15岁那年，厄运再次降临到贺石华身上，他突然高烧不退、下身长虫，昏迷不醒、生命垂危，急需输血300毫升救命，无奈经济困难，30元都挤不出来，只好变卖爷爷留下来的一张床得到27元，输血270毫升，后经亲人精心照料一年，才捡回一条命，但落得下身终身残疾。

贺石华不想终生坐在轮椅上虚度余生，于是弯着腰、手扶凳子，借着凳子的四条腿慢慢蠕动，锻炼双腿学走路，功夫不负有心人，经过艰苦的锻炼，他可以扔掉拐杖慢慢行走，但下身被虫子腐蚀过，导致双腿长短不一，走路一瘸一拐。

为了锻炼双腿，能自食其力，他上山砍柴去卖，别人挑100多斤，他只能挑得动50多斤，每担柴只卖几毛钱，虽然钱少，但也勉强能维持基本生存。1982

年，相关部门封山不再允许打柴，他在村里打过散工，也当过建筑工人。

随着年龄增长，贺石华深知打散工不是长久之计。2014年，他开始学习养蜜蜂，买来2个蜂箱、4框蜜蜂，每箱2框蜜蜂。蜜蜂过冬怕冷，当地蜂农建议他把4框蜜蜂放到1个箱子里面，否则蜜蜂会被冻死。

贺石华坚信只要科学养殖、精心照顾，蜜蜂一定能度过寒冬，经过他细心呵护并虚心学习养殖蜜蜂技术，他的蜜蜂不但度过了寒冬，次年还收获了几十斤蜂蜜，由2箱4框蜜蜂变成了3箱12框蜜蜂。贺石华掌握了养殖蜜蜂的技术，尝到了养殖蜜蜂的甜头，坚信养殖蜜蜂这条路子是自己以后努力的方向，但资金短缺，无法扩大养殖，只能无奈叹息。

新港街驻党溪村精准扶贫工作队按照“外出靠就业、在家靠产业”的思路，因地制宜、因户施策，投入资金帮扶党溪村在家劳动力发展种植、养殖产业。

听到这个消息的贺石华心情激动不已，主动向工作队提出申请扩大养殖蜜蜂规模。驻村干部入户了解情况，发现贺石华掌握养殖蜜蜂技术，具备养殖条件，投入3000元资金帮扶贺石华扩大养殖蜜蜂规模，由原来的养殖3箱蜜蜂开始养殖34箱蜜蜂。新港街的大力帮扶，大大增强了贺石华脱贫致富的信心，他起早摸黑，付出比常人更多的努力，把蜜蜂当“朋友”，乐在其中。当年，他收获蜜蜂600多斤，收入增加近3万元。

2019年，贺石华养殖蜜蜂规模达到120多箱，年产蜂蜜2000多斤，年产值近10万元，成了村里养殖蜜蜂专业户。

驻村第一书记谢华军主动帮他对接销路，大力开展消费扶贫，助其销售蜂蜜。

“你养殖蜜蜂脱了贫致了富，愿不愿意帮助其他贫困户跟你一起养殖蜜蜂脱贫致富？”谢华军问。

贺石华信心满满地说：“愿意！我把技术和经验全部传授给他们，大家一起致富奔小康！”

于是，贺石华以成本价出售74箱蜜蜂给当地7户贫困户养殖，除了自己养殖，他还当起了养殖蜜蜂指导老师。他比以前更忙了，上门指导贫困户养殖蜜蜂，推广养殖蜜蜂技术，介绍养殖蜜蜂经验，对学习养殖蜜蜂的贫困户做到倾囊相授，很快7户贫困户就掌握了养殖蜜蜂的技术。2020年4月，在贺石华的带领下，7户贫困户收获蜂蜜1000多斤，全部实现脱贫。

（二）贫困户养羊的故事：生机出现问题，工作组送来4头小羊

“没想到我还能脱贫。”党溪村建档立卡贫困户贺思裕，虽已到古稀之年，仍不放弃脱贫致富的希望。“可是，我该如何致富呢？我又没有什么谋生技能。”

扶贫工作组上门了解到，贺思裕帮扶前，他家过得非常清苦，一层平房省吃俭用竟花了十年才修建好。谢华军说：“贫困户一户一策，我们了解到他以前曾经养过几头羊，但是现在因为生活困难，连买小羊的钱都没有。”

“对，我们扶贫工作组可以送他小羊。”于是广州市海珠区新港街赠予了他4头小羊。在帮扶单位新港街和驻村干部因户施策的扶持下，加上他的勤劳努力，贺思裕养的小羊发展成现今的30多头。谢华军说：“每头成羊2000多元，贺思裕养的羊在当地供不应求，他养羊积极性非常高。”

在养羊获得稳定收入后，贺思裕没有停下脚步，不让家里的每一分土地闲着，2020年，他种了2亩木薯、2亩水稻、1亩蔬菜瓜果，养鸡60多只。走进贺思裕的家里，满眼的地瓜、花生、南瓜，粮仓装满了稻谷。虽然贺思裕勤劳肯干，但他和妻子年事已高，儿子却在外务工无法照顾他们，这是让驻村干部最挂心的，于是特意在其子贺永欣休假回家时上门向他宣传梅州产业园帮扶贫困户的就业政策，并分析好处，成功说服他回家就业。

目前，贺思裕家的年收入近10万元，2018年年底即实现了脱贫目标。

“别的村民看贺思裕养羊生意红火，另外4户村民也加入养羊行列，直接带动村内养羊产业。”谢华军说，扶贫村要培育产业，要多培养致富带头人，才能尽快脱贫致富，除了养羊致富带头人贺思裕外，党溪村经过扶贫工作，还产生了养蜂专业户贺石华、养鸭专业户贺雪林等。

（三）贫困户田德旺：“感谢政府让我安享晚年！”

党溪村联石村民小组，有一位老人家住上新居、用上电、看上电视后，逢人就笑着说：“感谢政府让我安享晚年！”他就是广州市海珠区新港街道对口帮扶梅州市大埔县高陂镇党溪村建档立卡贫困户田德旺。

田德旺，76岁，既是五保户，也是残疾户（精神二级残疾）。2019年5月之前，田德旺因精神残疾不配合帮扶，“谁都不能动我的房”，工作队安排工程队帮扶他进行危房改造，但工程队被他轰走；“还是老家好”，安排他入住高陂养老院，不到一个星期，因不习惯又跑回农村老宅，仍居住在墙体开裂、没有通电

的危房。

2019年5月恰逢汛期，谢华军经常三更半夜入户田德旺家察看汛情，看见70多岁的老人家仍住在没有通电的危房里，很心酸、很揪心。谢华军暗下决心，想方设法也要改善田德旺老人家的居住环境，让他安享晚年。

2019年全省结束危房改造任务，指标没了，但危房还在，怎么办？特殊的情况还得用特殊的方法。谢华军半开玩笑对田德旺说："不改造危房，停发五保金。"他一听五保金没了很紧张，这几年政府真心帮扶他还是知道的，最后同意进行危房改造。谢华军联系爱心企业出资帮扶他修缮加固房屋、粉刷一新，2019年9月，田德旺住上安全住房。"下次再下大雨，我可以睡个安稳觉了。"谢华军笑着说，他也开心地笑了。

几年前，田德旺弟弟担心他用电危险，把电停了、电线也拆了，住房是安全了，但晚上要点蜡烛照明，生活极不方便。2019年10月，谢华军联系高陂供电所帮田德旺家通了电，他虽不善言语，但从他如灯光一般灿烂的笑容里，折射出他内心的喜悦。

田德旺除了吃饭睡觉在家，其他时间喜欢到处游荡，原因是生活太孤单了。帮扶责任人黄力副主任得知情况后，给他送来了电视机；帮扶单位帮他安装电视网络，谢华军上门教会他使用网络电视，现在他有空就会看会儿电视，为他的晚年生活增加了不少乐趣。今年，还帮他新建了厕所。

现在，田德旺逢人就说："感谢政府让我安享晚年！"他能过上幸福的晚年生活，印证了共产党的初心使命：为人民谋幸福。

（四）扶贫扶智，4名贫困学生被大学录取

扶贫还要扶智，贫困户下一代的文化水平也是脱贫致富的关键。为此，帮扶单位和谢华军非常注重社会力量的参与，多次发动爱心捐赠助学。

谢华军联系社会助学基金会和爱心人士资助困难学生，向党溪学校捐赠电脑、电视机和学习用品。积极落实教育帮扶政策，2019年，党溪村4名贫困学生被大学录取。2020年，在读大学生6名，其中本科生5名、专科生1名。

谢华军常对村民说："我尽力为党溪村做好每一件小事。"或许，正是因为这一件件小事，谢华军赢得了村民交口称赞。

抗疫扶贫日记
疫情中：夫妻艰苦与共，一起帮村民脱贫

2020年年初，面对突如其来的新冠肺炎疫情，谢华军主动放弃回广州过年。妻子不仅没有抱怨，反而带上两个小孩来到党溪村，陪同丈夫一起开展疫情防控和脱贫攻坚工作。

“没想到妻子能够理解我的工作，还积极参与我的扶贫工作。”2020年春节前夕，正奋战在脱贫攻坚一线的谢华军接到上级通知，可以轮休回广州过春节，与家人团聚。然而，此时新冠肺炎疫情正迅速蔓延，铺天盖地的疫情信息揪着他的心，职业的敏感和对党溪村人民的情感让他毅然放弃了家的温暖，决定留下来与村民共同参与疫情防控工作。他的妻子知道他没有办法回广州过年后，就带着两个小孩过来，在党溪村陪他一起过年，夫妻同心开展疫情防控和脱贫攻坚工作。

谢华军说：“夫妻俩上网看疫情变化，向村民及时传递防疫信息。复工复产期间，妻子和我一起找就业招聘信息，让在家、出去打工的村民多掌握就业信息。最近，一名长期在外打工的村民通过我们提供的招聘信息，成功在梅州找到了一份快递工作。”

（一）积极帮农民复耕复产

疫情发生后，谢华军和党溪村“两委”干部主动放弃春节假期，从大年三十开始就一直奋战在疫情防控的第一线，同时积极复工复产，为村民脱贫致富。

由于疫情影响，在复工复产过程中，村民要忙碌开展春耕，种子在哪里呢？为此，谢华军积极联系大埔农业站，为30多户村民找来春耕水稻种子。如今，这些春耕的种子经过村民的手，已经在稻田生根发芽，茁壮地成长。

（二）疫情就是命令，退役不褪色

在得到家人的理解和支持后，从部队转业的谢华军奋战在疫情防控的第一线，发挥着共产党员不忘初心、牢记使命的先锋模范作用，共同守护党溪人民的生命健康安全。

为全面做好新冠病毒性肺炎疫情防控工作，谢华军与党溪村“两委”干部，

按照当地党委、政府部署，通过入户派发宣传单、张贴标语、拉挂横幅，借助广播、微信群等多种途径宣传防疫知识。组织疫情防控党员突击队，在村口设点布控，盘问过往车辆和人员，核查登记外来人员，摸排重点疫区返乡人员，定时了解村民身体健康情况，及时掌握防控信息，做好消毒卫生工作。村里的村民们积极响应号召，不聚餐，不串门，整个党溪村村民在家安心过节，祥和度日。

“看到谢书记他们从早到晚坚守岗位，为我们村做好防疫工作，我们很感谢他们，很安心、很放心，有党和政府，相信会越来越好。”党溪村村民说。谢华军在入户宣传中发现，因为缺乏购买渠道，有些村民不得不戴着自制口罩出门。为了解决防疫物资短缺问题，谢华军会同乡贤积极通过各种渠道共筹集1万个口罩，第一时间发放到村民手中，并向村民讲解口罩的正确使用方法。在保障党溪村村民人人有口罩防护的前提下，还向高陂镇卫生院捐赠了2000个口罩和向广州市海珠区驻大埔工作组捐赠了1000个口罩，把它们捐赠到急需口罩的疫情防控一线，让爱心传递。

谢华军常对村民说：“我为党溪村干不了大事，但尽力为党溪人民做好每一件小事。”正是因为这一件件小事，谢华军赢得了党溪人民交口称赞。

（三）党溪村实现整村退出贫困序列

就业和产业双轮驱动，帮扶贫困户脱贫致富。加强技能培训，鼓励富余劳动力外出就业，目前，党溪村贫困户实现转移就业42人，实现稳定就业。党溪村山多地少、人多田少，因地制宜开展产业扶贫，投入105.9万元依托当地龙头企业开展产业合作，发展养猪、种植蜜柚产业；投入101.2万元建设142千瓦光伏发电扶贫项目等。

2019年，党溪村产业扶贫项目收益共182729.2元，贫困户分红共176854.66元。截至2019年年底，党溪村51户相对贫困户、122人相对贫困人口全部实现脱贫，脱贫率100%，党溪村实现整村退出贫困序列。

（文/曾卫康）

张伟

张伟：留下一支永不撤走的扶贫队

英德市，坐落于广东省北部，是省内总面积最大的县级行政区域。在英德市西牛镇的东南部有一座村庄，村里有一个终年不断流的池塘，村民世代喝池塘里的水，管池塘叫作鲜水塘，村子就叫作鲜水村。村子被群山包围，占地面积为13.68平方千米，距离镇区4千米，县道379线穿境而过。全村下辖26个村民小组，村民基本都姓陈；村里设有一个党总支部，有86名党员。林地15198多亩，水田1320亩，旱地1280亩，整个村里以农业为主要产业。

2019年以前，鲜水村是省定贫困村，全村652户（2760人）中贫困户共有67户（133人），占比10%左右，其中有劳动能力贫困户有24户（71人），无劳动能力贫困户有43户（62人）。五保户有25户（25人）。

村里最主要的农作物是水稻，笋和红茶是鲜水村的特色农产品。早在20世纪七八十年代以前，村里主要种植松树和杉树，家家户户靠着砍伐木材谋生。20世纪七八十年代之后，村民开始在村里种植麻竹，挖麻竹笋卖，甚至卖到了日本、新加坡等国家。鲜水村也有了“麻竹笋之乡”的美誉。西牛镇上第一家麻竹笋加工厂就是鲜水村的巧口（英德）食品有限公司，建于1996年，1997年投产，之后村民除了种笋还可以到巧口食品有限公司从事竹笋加工业。

2008年前后，受到世界金融危机影响，村子的经济也在下滑，麻竹笋价格下跌，此前卖到1元1斤的新鲜竹笋跌到了三四角一斤。从那以后，村民陆续开始种植价值较高的茶叶。2013年，村民开始大规模种植茶叶，英红九号是最为出名的优质品种。

2016年5月，广州越秀集团股份有限公司对口帮扶清远英德市西牛镇赤米村、高道村和鲜水村。

以鲜水村为例，2019年全部完成广东省下达的考核指标，村集体收入近10万元，2019年鲜水村退出省定贫困村行列。村里的67户贫困户全部实现高质量脱贫，贫困户生产生活水平明显提高，集团对口帮扶鲜水村在册建档立卡贫困户全部于2019年11月5日退出。在原贫困户中，有劳动能力的相对贫困人口人均可支配收入达2.4万元，村里长效稳定脱贫和巩固成效保障项目达8个，村集体保底分红收益30万元以上，贫困户生产生活水平明显提高，村集体收入明显增加，村容村貌得到较大改善，切实增强了贫困户的幸福感和获得感。小康路上，鲜水村没有让一个贫困人口掉队。

2019年的一天，越秀集团负责老谷高速筹备组的副组长张伟还在湖北襄阳老谷高速公路上巡视公路。此时，他收到了来自集团党支部书记的电话，电话里问即将完成调派工作的他能不能回广州，到英德参与扶贫工作。

“扶贫是什么？”做了十几年经营，张伟懂商场，懂做生意，但是从没来参与过扶贫，电话里提到的英德市也是他从未到过的地方。

张伟出生于山东一座县城，中学时参军，2003年来到广州，待了十几年。到广州的第一站是广州东站，那时广州东站周边还是荒芜，这让张伟对广州这座大城市的印象打了折扣。他后来到长沙一所军校读书，毕业之后分配到广州工作，之后到了广州市城市建设开发集团有限公司（后来的越秀集团）。十几年来，他在越秀集团里流转，外派过不少地方，都是负责经营业务。

面对这突如其来的扶贫任务，他婉拒了。“没住过农村，没和村民打过交道，扶贫不知道从何入手。”

过了几日，张伟再次接到了党支部书记的电话，实在是找不着更合适的人选了。“但是我不会说英德话。”张伟仍然想拒绝。“去到当地给你配翻译。”如此，张伟坐上高铁回到了广州，还没来得及回在增城的家，就拎着包去了单位报到，接着去培训，培训的内容包括五个职责——落实加强基层组织建设三年行动计划、坚决打赢脱贫攻坚战、推动实施乡村振兴战略、壮大农村集体经济、开展扫黑除恶专项斗争。培训完直接专车将他送到了英德市西牛镇鲜水村。

他在鲜水村的生活开始了。

白天工作，晚上入门串户

2019年5月13日，张伟头一天进村，他最先找了鲜水村的党支部书记聊天。他计划把村里的所有家庭走一遍，不是帮扶对象贫困户也要走访。

“一共是多少户？”张伟问。

“652户，这个工作量好大啊！”村支书说。

“那我们白天正常干活，晚上去串门。”张伟心里盘算着，白天，农民们都在田里干活，入户他们也不在家，倒不如晚上行动。

2020年6月22日，张伟在村委外仓库搬货（何钻莹摄）

2020年6月22日，张伟（中）在赤米村菜干厂和厂长一起卸货（何钻莹摄）

最初入户，张伟并不受欢迎，晚上村里人睡得早，十点多，有的村民会在二楼的窗户探出头来说很难听的话。但是慢慢地，入户多了，村民也渐渐知晓村里来了一个新的扶贫干部。

“最初肯定是担心的，担心他们只是走过场，不干实事。但是对城里来的书记也是有期待的，希望他们能带领我们走出一条致富的道路。”在村委工作的祖豪说。

从未在农村生活过，身体上的不适应马上来了。2019年5月14日，进村的第二天，张伟组织越秀集团的扶贫工作队和村委的人一起到集团投建的几个产业基地巡视——三个大棚、一个菜干厂、一个农机储备站。

最先去的是大棚。张伟穿着往日穿的短袖T恤和西裤就去了大棚视察。走进鲜水村长满了齐腰高的草的大棚，张伟只能用手拨开草，走进去。视察了一天，晚上下班回到村屋，手和腿开始起疙瘩，发痒。怎么回事呢？痒得忍不了了，伸手就去抓。一觉睡醒，第二天，全身都是红肿的包，一掐，爆了，血水流了出来。张伟赶紧到镇上去看医生。

医生一看，判断张伟是被鲜水村里的一种虫子咬了，给他开了泡洗的草药和吃的药片。张伟回到村屋，吃了药片，打了一桶水，把草药泡上，沾湿毛巾，敷着。每天晚上仍然坚持入户，完了回到村屋就开始擦洗身上的水泡。

过了几天，水泡消失了。

但以后去草多的地方，他都会注意防护。也买了一些药膏放在车上以备不时之需。

在又痛又痒的那几天里，张伟确实闪现过回广州的念头。但是从军多年，骨子里有一股不服输的劲儿，“不干出点成绩就回去，多没面子”，于是把心一横，张伟就留在了村子里，更加坚定了扶贫的决心。

2020年5月，张伟扶贫一周年，他发了一个朋友圈回顾了自己的工作。他写道：“白昼短，趁夜长。领百姓，齐奔康。”

驻村一年多，当张伟被问道，习惯了乡村的生活了吗？他的回答是偶尔还是想念襄阳城里消夜的啤酒和小龙虾，还有那整只下锅炒的洞庭湖大闸蟹。鲜水村一自然村的村主任常常开玩笑说让张伟把户口迁过来，但张伟说自己更希望能留下一笔真正属于村集体的资产，留下一支永不撤走的“扶贫队”。

加强管理

作为越秀集团派驻西牛镇的扶贫工作队队长，除了扶贫工作，张伟还需要协调越秀集团在西牛镇对口帮扶的三个村——鲜水村、赤米村和高道村。在此之前，三条村的扶贫工作队没有统一的标准，连汇报工作的材料都是一条村一套标准。

入村的第一个星期五，张伟就发现了有的扶贫干部吃完早餐就离村回广州了。在下一次的开会当中，张伟说了这件事——星期一上午十点到村，星期五下午五点半才能离开村子，这是制度，在一个公司，违反了制度是要被惩罚的，这类的事情下不为例。

他在扶贫工作队中明确，我们一开始肯定是工作缘分的，要公私分明，能不能发展成兄弟缘分，好好工作那是后话了。

平时，晚上九点、十点，张伟都会去村里扶贫干部的宿舍看看，瞧见没人在就打电话。

同时，张伟要求所有的请假都要跟他申请。而他自己也以身作则，从不迟到早退。常常工作忙起来，他周末都回不了广州，而一旦有工作需要处理，周日晚上他就提前进村了。驻村扶贫一年来，他年假都没休过。

在2020年的扶贫工作汇报当中，他规范了每个村的汇报标准，按照4大项17小项183条逐一准备。

工程验收

除了是越秀集团驻清远英德市鲜水村的第一书记，张伟同时还是越秀集团派驻西牛镇的扶贫工作队队长。扶贫期间，他还有一项重要任务——检查上一阶段的扶贫成果。

进村大概两周，他要验收一项80多万元的扶贫项目，其中包括鲜水塘的路边整治、村里祠堂的升级改造、村里的机耕路修建、排污渠修建、村委院子里的水泥路修建，该工程的承包商是村里的一位村民陈叔（化名）。

当天下午两点多，在太阳最晒的时候，张伟拿着设计图纸和村支书、村干部、扶贫工作队以及镇里的干部等20多号人一起去验收工程，工程的承包商跟随其后。

第一个验收的项目是机耕路。和公路打了多年交道，张伟提出要承包商用锄头把机耕路刨开，看看里头的砂石结构。承包商嫌麻烦，但是还是照着做了。“每隔30米刨一个，拐弯的地方隔10米刨一个。”张伟说道。

农村的道路验收标准就是拖拉机压过不会损坏，张伟看了刨开的坑，问题不大，便继续往下走。

走到拐弯处，路突然断了，而设计图纸上还有一段30米的路。路去哪儿了？

陈叔说还没修。张伟一下子来了气，在公路上工作了多年，他从来没遇到过工程还没完就叫人来验收的情况，对于他来说，这是非常低级的错误。这一项肯定是无法通过的，但是想着既然顶着烈日来了，不如把剩下的项目都检查完，有需要整改的问题也好及时提出。

在修好的机耕路上，张伟掏出了尺子测量路的宽度，“2.2米、2.6米、3.2米……”一看图纸，写着路宽3米。这条波浪形的路肯定是没法验收了。陈叔解释说，路是根据实际的地形修建的。

“那就是设计的问题，如果设计图纸上写根据实际情况测量的，那就没问题，但是现在设计图纸写的是3米，就得按照3米的来。”张伟丝毫不让步。

继续往前走，到了鲜水塘的位置，张伟拿起图纸，看到图纸上的一处梯级的位置在现实中却变成了斜坡。他寻思着，从岸上到水里是斜坡，小孩子很容易就掉进水里了。“不行，这个一定要改！按照图纸设计的来。”张伟留下一句话继续向前。

接下来检查排污渠。走到排污渠的位置，张伟问了水排到哪儿，沿着管道走，发现水直接排入鲜水塘里了。

“这是怎么回事？”张伟问。

“这个你不用管，没问题的，村委同意的。”陈叔越来越不耐烦了。

“村委同意不行，验收的人是我！”

见到张伟毫不让步，原本操着一口本地粤语的陈叔起了火，换成普通话说道：“你也不打听打听我是谁，在这个村子里，我是黑白两道通吃的！谁敢不给我面子！你这样搞事情，我跟你说，惹火了我，没有好果子给你吃！”

张伟一听，倒也不是怕，只是村民的蛮横有点出乎他的意料。他拍了拍对方的肩膀说：“我说老兄，如果你把你刚刚说的话再说一遍我算你是个人物。我来这里还有一项任务是扫黑除恶，我录下你刚刚说的话，就算是完成这项任务了。”

见震慑不住张伟，陈叔也不作声了。

一转身，他又去找了村委的人，让村支书给他签字通过验收。

张伟逮住他，说道：“你有任何事情都可以找我，我告诉你，这个项目是扶贫款做的，我现在是扶贫队队长，我不签字你一分钱都拿不到。”

在张伟的强硬态度之下，陈叔还是服了软。“行行行，你说改哪儿我就改哪儿。”

五项工程，五项都有要改的地方，前后花了一个月，终于迎来了第二次验收。

在这一个月里，张伟时常巡村。有一回，他遇到几个村民拦住了他，说他把鲜水塘给搞坏了。“以前我们塘底是有沙子的，现在全变成了黑泥。”

张伟回到村委和村委的干部一起讨论问题出在哪儿，后来他怀疑排污渠的污水还是直接流入了鲜水塘。

他带着人来到排污渠做实验，他发现污水渠里的水根本排不出去，原因是出口太高，排不出水。他马上找来陈叔。

“我不知道啊，是工人乱搞。”

在张伟的要求之下，水渠又经过几天的整修。再次验收时发现污水能往外排了，但是其间一直漏水。

“我的要求很简单，水渠要能排水，但不能流到池塘里。”

“那只能改修明渠了。”

“也行。村里很多树枝会掉下去，明渠清理起来更方便。”

前后又折腾了一段时间，几项工程终于验收完毕了。

抓农村党建

最初进村，他常常会找村、镇领导聊天，讨论如何和农民打交道？如何获得农民的信任？如何快速融入农民当中？聊天的时候，张伟还会打开手机录音，“录下来，反复听，取经验。”

有一回，他和西牛镇的邓书记聊天，谈及如何在农民当中搞党建。邓书记给了他建议——深入群众当中去，群众会给你反映很多问题，你把这些整理成台账，逐个分类，做工作，去解决问题。有些东西村民想得到，可能你真的未必想得到。

回去之后，张伟照着做了。他带着村“两委”班子和扶贫工作队走访村民，碰上外出务工的群众，他还打电话逐个沟通。而鲜水村扶贫工作队也成为英德地区第一个完成遍访全村群众的驻村工作队。

在走访的过程中，除翔实收集居住人员家庭情况外，还要把入户中发现的群众反映的热点、难点问题进行总结归类，建立台账，分好类别，责任到人。

在走访期间，他去了村党支部书记家里。原来村里有11个党支部，但是党员年龄差距较大，最年长的已经80多岁了，而很多年轻的党员都外出务工了。村党支部书记告诉张伟：“我们原来是每个月都有‘三会一课’的，会议在我家开，我这边提供茶和烟，但是没有任何经费支持，党员来了耽误工作，也没发任何补贴。更麻烦的是，我们还要写记录，写总结什么的，所以很多时候都开不了会。”

了解到这个情况，张伟协调村委会，每年给每个党支部发几千元的活动经费，用于场地租赁，宣传册、笔记本等用品的购买，党员活动慢慢开展起来。

而针对党支部多而分散的问题，扶贫工作队也推动村的党支部结合西牛镇的措施进行党支部优化。最后，11个支部合并成3个，村委干部兼任党支部书记。将鲜水党总支86名在册党员按照年龄、常住所在地等方面内容重新安排，合理优化支部成员结构，支部书记由村委干部担任，极大地增强了基层党组织的组织力、战斗力。

严格落实“三会一课”制度，建立健全各支部月度会议资料，效果还是明显的。

2019年党总支书记、驻村第一书记上党课6次，召开支部委员会会议12次，集体外出学习2次，召开党员会议16次，其中包含主题教育会议6次。2名预备党员转为正式党员，发展预备党员2名。组织开展不同类型的党员教育活动，通过到连樟村和韶关红色教育基地参观、学习优秀党员事迹及回顾党史等多种教育方式提高村中党员的使命感、责任感，逐步培养党员干部推动乡村振兴工作的担当意识。9月底，在西牛镇党委统筹部署下，村里的党员参加了第二轮“不忘初心，牢记使命”主题教育学习活动，村中全体党员落实主题党课学习、写心得体会、查摆问题、归纳总结等环节，边学习、边检视、边整改落实并完善各类资料20余份。通过主题教育，全体党员干部在思想上形成“守初心、担使命、找差距、抓落实”的意识，始终保持党的先进性、纯洁性、战斗性。

而在2020年的新冠肺炎疫情期间，村里的党员更是充分发挥了先锋带头作用。除了不方便出门的老党员以及外出打工回不来的年轻党员，村里20多个党员参与了抗疫工作。

2020年2月7日，张伟刚从广州回到鲜水村。农历新年还没完全过完，但是街头巷尾异常冷清，天气还很冷，张伟在入村的每个路口都看到有党员站岗，而且是无偿的。

有几天甚至下着小雨，那群党员还打着伞坚持24小时站岗。“那时候深深感觉到这群党员的力量。”

整个疫情期间，村委、扶贫工作队和党员一起挨家挨户敲门，叮嘱村民做好防疫工作，还上门做台账。疫情期间，村里实现零感染的目标。

有一回，有两个在村里修建祠堂的外来务工人员报了警。原来是两名重庆人，此前来村里修建祠堂，疫情暴发之后，老板跑了，他们的钱也花光了，还回不了家乡，食物和水都吃光了。扶贫工作队和党员一起上门给他们送去了米和油，还给了几百元钱生活补贴。

“我们的党员不一定有很突出的事迹，但是平时的点点滴滴坚守都挺感动的。”张伟感叹道，一个支部就是一个堡垒，真的就是这样。

盘活农村经济社

2020年7月22日，张伟发了一个朋友圈庆贺“鲜水村的优质大米在风行生鲜正式上线”，配图是他站在丰收田野里的照片。这件事意味着他向“小目标”又迈进了一步。

事情要从2019年5月说起。张伟至今记得，当时刚进村的时候，第一次去探访村民，走进一户普通村民的家里，和村民聊天期间得知那户人家男的有肺病，女的患有糖尿病，儿子在外面打工，既要养父母，又要养媳妇和小孩，一家五口只有一个劳动力。

张伟想到帮助他们申请低保，但是在办手续的时候查到这户人家银行里还存了一笔钱，由于这笔存款，这户人家没能获得低保户的资格。

接下来，张伟又去了山上一户贫困户潘阿姨家里，潘阿姨一家人住在山上的一所老危房里。儿子小时候落下了癫痫的毛病，需常年吃药，一犯病，潘阿姨就拿着胳膊给他咬。

“我们投下的产业资金分给村民还是怎么样现在还没定论，他们以后怎么办？”张伟疑惑了，这个群体有很大的因灾致贫、因病致贫、因学致贫的风险。鲜水村人均收入23677元，这是平均数，高的到4万元，低的可能只有1万元，如果抽掉其中的一项收入村民会不会返贫？

能不能有一笔钱保障他们的基本生活？张伟想到了提供一笔保障基金，但是钱从哪儿来？最初，张伟想过向集团申请这笔资金，但苦于师出无名，只好作罢，那就自己赚钱吧，凭借多年的经营经验，张伟对此还是充满信心的。

张伟最初的思路是将村里的土地出租。在上一轮扶贫工作当中，一个蔬菜大棚的承包方与村里有合作。当时，张伟想把78亩土地租给他，租金既可以给贫困户分红，又可以存下一笔钱做保障基金。

张伟约了这位老板谈的时候，对方提出了一个点子——鲜水村最出名的是鲜水塘，那口泉全年不干涸，水温常年保持在22摄氏度左右，从前村子里的人都在那里挑水喝，可以考虑在附近种植水稻。

张伟想，土地是我们自己的，村里有农民，有充足的劳动力，大米又是刚需，公司食堂肯定是要大米的，于是干脆决定不出租土地了，而是改为种植优质大米。

他自己做了保守计划，先和集团原来的部门领导沟通了，第一批大米先卖给单位。“当时说好了一定要保证质量。”

虽然万事俱备，但是米一天没种植出来，心还是悬着的。种植这批大米，每一个步骤张伟都会亲力亲为。六月天，火辣辣的太阳照在田里，每一毫米的空气都散发着热量。张伟拉着年轻的扶贫干部小孙一起下田。

下午两点半上班，张伟提早一点到达村委，泡上一壶茶，装进保温杯里，和小孙一起去田里监工。

再后来，镇上一位领导听闻鲜水村要种植优质大米，找了张伟聊。一聊，觉得这个想法不错，镇领导便把隔壁的赤米村的160亩土地也交给张伟种植优质大米。“我当时土地其实不够，刚好有免费的土地，那就太好了。”两块土地加起来160多亩，张伟全部种上了优质大米。

那一年第一季度，三个品种的优质水稻产量达到了80吨，最便宜的一斤4元多，最贵的是卖了一斤8元。第一批大米全由张伟原单位的食堂收购了。

果然能行。后来，张伟选择了和农业龙头企业合作，打造高质量名品，这也将作为他为鲜水村打造长效脱贫机制迈出的第一步。

在张伟的牵头下，鲜水村的越顺农业合作社将越秀集团对口帮扶西牛镇的三个村有特色的农产品如生态大米、菜干、茶叶，逐一进行认证、包装。2020年，越秀集团推动下属风行生鲜公司采用西牛镇地区的原料，打造特色农产品品牌“公益优鲜”。

有了大型农业企业的认证和加持，无疑是为产品的销售开通了“快车道”。

鲜水村的第二步便是为这些优质农产品实现市场化对接，打开销路。越秀集团依托下属“悦秀会”“风行生鲜”“风行生活”和淘宝、微店等移动端商城以及下属风行牛奶零售网点、职工饭堂等实体销售平台，开展“线上+线下”消费扶贫。据统计，2019年，越秀集团助力贫困村实现销售生态大米7.5万千克、零黄曲霉花生油2000斤、菜干礼包和茶叶等农产品400多份、清远麻鸡超1万只，销售额达200万元，通过消费扶贫全年为每户贫困户增收2万元以上。

2020年6月18日，“公益优鲜”在风行生鲜商城开设扶贫产品线上销售专栏，仅618活动当天就预售扶贫产品83万元，预计2020年全年消费扶贫金额将达到500万元以上。

能在市场上站得住脚，仅仅依靠消费扶贫的政策支持是不够的，关键还是要靠产品本身的竞争优势。西牛镇出品的大米比公司食堂原本的大米价格便宜，而口感还要更胜一筹，称得上是物美价廉。因此，食堂负责人主动前来联系张伟，希望能长期购买镇里的农产品。

看着当初张伟坚持种植的优质大米找到了好的销路，村主任和村民都很佩服他。一位村主任笑着说：“我老大哥就是有眼光哩，跟着他我都能学到很多东西。”

张伟总结道，鲜水村依托村合作社，打造了产供销一体化的销售模式，由政府和帮扶单位主导，逐渐向市场化转变，有效发挥消费扶贫合力，让扶贫产品与市场需求有效对接，这样才能真正为村集体留下一支“带不走的工作队”。

实际上，与风行生鲜合作仅仅是一个开端。

鲜水村还和广东天农食品有限公司签订合作，在鲜水村布置一个生猪养殖家庭农场的试验点。村合作社准备用西牛镇200万元的农业发展资金，再由天农担保200万元，前两年收回成本，还清利息，从第三年开始，每年可以带来100多万元盈利。

鲜水村通过修订越顺农业合作社村合作社章程，明确在脱贫攻坚期间，将合作社利润收益总额的20%作为项目收益平均分配给贫困村全体在册贫困户（含无劳动能力贫困户），利润收益总额的10%作为贫困村预防返贫基金，提前化解非稳定脱贫户和低收入户的致贫返贫风险。

张伟表示，下一步还将进一步完善预防返贫基金的相关细则，当这笔基金达到一定规模后，利用越秀集团的金融业务优势对其进行管理。

彻底消除贫困并不是一劳永逸的，而是要靠持久的巩固。如今，鲜水村已经通过实践，探索出一条可行的长效扶贫路径，不仅能保障脱贫成效，还能持续带动当地乡村发展，真正做到了“扶上马送一程，脱贫路上不回头”。

“一人一策”

推开张伟在鲜水村的办公室的大门，最先看到的是靠着墙的一个书柜，隔着玻璃可以看到里边整整齐齐摆放着几十本扶贫册，每本册子封面上都有对应扶贫对象的简介。在张伟看来，高质量的精准扶贫需要针对每户人家、每个个体来制定扶贫方案。这些扶贫册是入户走访之后，针对村民提出的问题，贫困户的个人情况，制定的“一事一策”“一户一策”“一人一策”。

在扶贫期间，张伟带领村“两委”班子坚持走群众路线，共走访鲜水村469户2158人的常住居民，对外出务工的群众通过打电话了解情况，鲜水村扶贫驻村工作队成为英德地区第一个完成遍访全村群众的驻村工作队。

深入群众才能发现问题，才能提出解决问题的方法和措施。在走访过程中，除收集居住人员家庭翔实情况外，张伟还把入户中发现的群众反映的热点、难点问题进行总结归类。

属于扶贫类的由驻村工作队负责，属于生产生活的由村委负责，属于某一户的由片区干部负责，确定时间节点，定期汇报落实情况，最后对达到的效果和成效，群众是否满意等做阶段性的总结。

村民陈亚齐就是很好的案例。陈亚齐40岁左右，一家有六口人，上有八九十岁的老母亲，下有三个小孩，一个去当了兵，另外两个尚且年幼。过去，陈亚齐常年外出打工养家，留下妻子一人在家里照顾老人和小孩。张伟第一次见到陈亚齐的时候是在村里，当时陈亚齐休假回了家。炎热夏天的正午，看到陈亚齐还挽着裤腿在田里干活，张伟打心里认可，“这就是我们村脱贫致富的主力军，我是很希望将村里四五十岁的青壮年留下来，尤其是这些勤劳的青壮年。”

张伟劝说陈亚齐，给他分析他的情况：“如果留在家里发展产业，既能赚钱，又能照顾一家老少。”

陈亚齐听了张伟的意见，留在了村里，承包了50亩土地，还领了鸡苗养鸡，还自己酿制杨梅酒。承包了土地之后，陈亚齐可以低价购买一些优质的种子和农资，外面48元的稻谷种子，村民只需要6元就可以买到。机械费用和种子的费用都可以先赊账，之后有了收成再还上。

第一年赚到钱了，陈亚齐继续承包更多的土地，甚至请了周围的一些村民来帮忙种植。过去的建档立卡贫困户已经摇身一变成为鲜水村的致富带头人。

贫困户陈水平也是如此。他是个地地道道的老实人，家中5口人，妻子是聋哑人，儿子在外打工，女儿刚刚大学毕业。家中土地少，经济来源少，却承担着药费、学费的压力，为了照顾妻子，陈水平不敢走远，都是在村里打打零工，收入也不多。在驻村工作队的鼓励下，2019年，陈水平认领了15亩田地用于种植茄子、冬瓜等经济作物，并承包了5亩鱼塘，实现销售收入10.5万元。当年在驻村工作队的帮扶下还养殖了700多只清远麻鸡，实现销售收入8万多元，2019年全家人均可支配收入达3万多元，成为贫困户中的种植、养殖大户，有效地带动起贫困户新一轮的种植、养殖热潮。

村经济社发展起来，光靠村委几个人忙不过来。张伟就请了一个懂电脑的人来帮忙。村里一个之前在外面打工的20多岁女孩应聘了，来到了经济社做文员，负责做一些电脑操作的活。早两年，这个女孩嫁到鲜水村，如今在村里有了一分文职工作，每个月收入有3000多元，不用跑到外面去打工，下班了还能照顾刚出生的小孩，她很满意。

高质量扶贫

张伟的车上放了一根约半米长的电棒。“这在农村好使，吓狗。”张伟说，不过如今这根电棒已经用不上了。

刚进村的时候，张伟去探访贫困户潘阿姨，潘阿姨家里养了三只黄色的土狗，张伟一到，三只狗围着张伟吠。他不怕狗，但还是吓了一跳。后来，上山的次数多了，狗的反应有了变化。

2020年疫情期间，有一回下大雨，张伟和两名扶贫干部一起上山去看望潘阿姨一家人。因为雨水冲断了山路，在半路车走不了了，张伟和两名扶贫干部下了车，步行一个小时到了潘阿姨夫妇家。

潘阿姨夫妇看到张伟像看到了救星一样，“你们来了就好了，我们家大米都快没了，疫情期间也买不到啊。”张伟立刻和两名扶贫干部原路返回下了山，去村委带了两袋大米和两罐油。到了要步行的路段，三人下了车，一人扛一袋大米，剩下那个人拿两桶油，走了一个小时上山。

再次敲开潘阿姨夫妇家的门，夫妇俩看着书记那双满是黄色泥巴的高筒雨靴和湿透了的外套，哭了，家里那三条狗一反常态，轮流跑过来嗅了嗅张伟，不吠了。“突然觉得它们懂事了一样。”

鲜水村的另一名扶贫干部开玩笑说：“别人是混熟村里的人，张书记连村里的狗都混熟了。”

此前，在鲜水村，有很多黄泥房子，瓦顶年久失修，一到下雨天，雨水就从屋顶的缝隙漏灌入屋内。还有很多人家家里饲养了家禽，往往是屋子里一张床，床边还有两笼鸡，人畜混居的现象很常见。

在越秀集团帮扶之前，广东省有一个危房改造项目，对很多符合危房标准的房子进行了改造。2016年，越秀集团来了之后，又做了一个危房改造的工程，给村子修建了49套房子，全部改成了20多平方米红砖白墙的平房。

2019年年中，适逢夏日，张伟在巡村子，他经过一些危房改造工程建起的新

2020年6月23日，采访车在鲜水村调研，途中车陷入泥坑，张伟（后）等人一同推车（何钻莹摄）

➲ 2020年6月24日，张伟走访鲜水村村民（何钻莹摄）

房子，发现很多屋子里面没有住人，原来，有些经过危房改造有了新房子的村民没有住在新房子里，仍然住在旧房子里。张伟带着疑惑敲开了一户人家的门，问个究竟。

“我带你去看看你就知道了。”一位村民领着张伟走进在危房不远处那间新盖好的房子里，这间房子周围没有人家，也没有树，一间平房孤零零地立在地上。推开门，一屋子的热气涌出来，走进去，“非常闷热”，张伟伸出手摸了摸墙壁，一下子缩了回去，“烫手。”

“冬天我们就搬进来住，夏天就搬回去住。”村民无奈地告诉张伟。

“村里其实很多人都有空调，但是老百姓心疼电费，往往夏天都不愿意开空调。”回到村委，张伟了解到这件事的原委，在他看来，危房改造不是说房子盖好就行了，要让村民能住进去，舒适，那才算是完成危房改造，真正让老百姓受惠。当年，他在做2020年年度计划的时候把这个问题向越秀集团反映了，最后申请了资金进行人居环境升级。

他亲自在村里做调研，发现危房改造工程中，有的房子选址靠近山，有的房子附近有很多竹子，也有的附近有好几户人家……这些都不存在夏天太阳直接晒进屋子、屋内太热的问题。但也有一部分是孤零零建起来的，周围没有人家，也没有树木，一层的平房，夏天太阳一晒，整个屋子像个蒸笼。张伟做了统计，村里一共有20户人家的房子需要改造。

2020年6月23日张伟（左）在英德一茶山上调研（何钻莹摄）

2020年年初暴发了新冠肺炎疫情，购买物料不容易，整个改造工程推迟到5月份。张伟找了合作的商家，一起商量怎么改造才能有最佳的改造效果。最后定下来用了铁板、泡沫和隔热棉，“这几样东西单独用隔热效果有限，如果加在一起，隔热效果很好，下雨的时候也不会发出很大的响声，而且加了这个隔热层，还解决了下雨天漏水的问题。”

鲜水村温室大棚航拍（受访者供图）

鲜水村航拍（受访者供图）

先装了3户人家，让村民住进去，感觉舒适没有问题了，再继续改造其他家。整个工程在7月份完成了。

此外，在2019年9月，驻村工作队对照最新的乡村振兴战略工作要求，除电信网络覆盖外还需要有宽带网络覆盖，鲜水村梯下组、老屋组、石汪组则存在宽带网线无覆盖情况，工作队立即与西牛镇政府、中国移动、中国联通、中国电信等单位部门协商解决。经过2个多月的努力，中国移动宽带网络接入梯下组、老屋组，鲜水村宽带网络接入工作向前迈进一大步。驻村工作队在现今的帮扶期间，不仅仅考虑如何实现对口帮扶户“八有”达标，更关注贫困户的居住环境好不好，收入构成牢不牢，确保实现高质量脱贫退出。

“现在不是说脱贫的问题，按照我们村的收入来说已经脱贫了，我们现在要重视的问题是脱贫的质量高不高。”张伟说。

（文/何钻莹）

郑强

第一书记郑强：三年扶贫后，再返乡村

寸头、方脸、小眼睛，额头前包公长月牙的位置长了一块胎记，凸出来，说不清是什么形状，不管是坐着还是站着，都始终笔挺着身子，这就是郑强，广州市从化区吕田镇莲麻村原第一书记。过去几年，郑强经常穿着短衬衫、皮凉鞋，骑着单车游走在莲麻村，很容易遇见招呼他进家门做客的村民。村口手信店的老板娘、游客中心的咨询员、饭店的老板、民宿的老板……几乎村子里每一张迎面撞上来的面孔都会说："郑书记，快来我屋里喝茶。"2013年入村，7年过去了，这名外来的书记早已成了本地的"红人"。

莲麻村位于广州市从化区东北部，北接韶关新丰县，东邻惠州龙门，是流溪河源头和广州市的北大门（广州市最北的行政村），距离吕田镇圩镇约15千米，距离从化城区约68千米，距离广州市区约128千米。全村下辖11个经济社，农户424户，人口1582人。

2011年3月，莲麻村被确定为广州市贫困村。2013年，在广州市荔湾区民政局工作的郑强被派到莲麻村开展扶贫开发工作。在他的带领下，乘着建设美丽乡村、打造特色小镇以及乡村振兴战略的东风，三年半的时间里，莲麻村蜕变成网红村，农民纷纷建起了民宿，村里发展起旅游产业、酒产业，村民收入翻了好几番。三年扶贫工作结束后，郑强毅然重返莲麻村，继续协助村民巩固扶贫成果。2018年1月，莲麻村被评为“广东十大明星小镇”，2019年9月被评为“广东十大美丽乡村”。

从小的梦想是希望农村生活能变好

1969年出生于湖南省攸县的郑强在农村长大，儿时家里贫穷，十根红薯粉条掺着一粒大米蒸熟当饭吃。1986年，郑强高中毕业当了兵，守过边境，驻过香港，2009年转业，2010年到了广州市荔湾区民政局工作。2013年7月，响应广州市新一轮农村扶贫开发工作部署，郑强参加广州市荔湾区对口帮扶从化吕田镇工作，作为荔湾区民政局干部被派驻到莲麻村任驻村干部，挂任莲麻村党支部副书记。

从小长在农村，他对美好的生活充满向往，让农村生活变好是他的梦想。而在农村的生活经历也让他知农民，懂农民。他总结出来和农民打交道的秘诀——不要轻易做承诺，要理解农民。

同事冯树峰很佩服郑强：“能说，但不是胡说，而是会和村民沟通，说得头头是道。”2020年3—4月，冯树峰和郑强两人负责莲麻村的污水处理池征地工作。他记得有一回，征地赔偿价格按照规定和村民谈好了，但是有一个40多岁的村民因为之前和村主任有矛盾，不信任他，不愿意签约。后来郑强告诉那位村民，如果不签名就是不承认土地是自己的，那位村民想清楚后就签约了。

返乡创办酒坊的莲麻青年白杰鹏对郑强的评价则是：“穿着朴实，没有官腔，没有架子，跟人聊天很实在，不会说答应了而不做，只要答应的，就算做不到，也会回个电话告诉我问题卡在哪儿。”

郑强是这样和我们讲述的：

我是在湖南攸县一个农村长大的，我家在靠近井冈山的位置。我家有四兄弟，小时候家里穷，吃饭是十根红薯粉条掺一粒大米，一起蒸熟来吃，实际就是吃红薯丝，能找到一粒米都是不错的。

农民其实都是很淳朴的，如果你和他们打交道，第一你不能轻易承诺，第二你要理解农民的想法，去引导他们。

2017年，莲麻村的村民潘志标想建民宿，当时他的儿子还没结婚，他和他儿子还没分户，在我们农村建房子是按照一户一宅来的，一户只能建一栋楼，两层半。潘志标已经有一栋房子自己住了，还想再建一栋搞农家乐，他就找到了我。

一户一宅是有规定的，我当然也不能让他们违反规定。你要理解村民的想法，在不违反政策的前提下引导他们发展。我不能拍胸脯说帮他们搞定，我就跟他们商量，其实农家乐也有简单的做法。我告诉他们，在现有的条件下，你们不要搞太高档的，把卫生搞干净，农家菜炒好就可以了。客人在这里吃饭也不一定要在这里住宿。你现在可以先做好吃饭，等以后小孩结婚了，分了户再建一栋做农家乐，吃饭和住宿都可以。

穷则思变，从小我就对美好生活充满向往，希望农村能改变，农村的生活能变好。实际上，小的时候我就希望有人来帮助我，没想到如今去扶贫能让我成为那个帮助别人的人。

我一直很喜欢在农村生活，有一次有人问我莲麻村有什么，我说有好的水、好的空气和好的食物。绿水青山是我们生存的根本，也是农村最大的资源，有了这些，怎么会发展不起来呢？所以我觉得农村是大有可为的，关键是要找准自己的定位和规律。

我2013年到吕田镇莲麻村扶贫，那时候它还是贫困村，到了2017年，莲麻村已经是全国文明村了，可以说是一个从无到有，从弱到强的过程，真的就像自己的孩子一样。

引导村民办民宿，开农家乐

从广州市区驱车出发，下了高速公路，再走5公里国道，全程需要2个小时左右就能抵达莲麻村。但在2013年，郑强刚驻村的时候，路程还远不止如此。那时候高速路还没通，走国道，一程得花上3个小时。

碧蓝如洗的天空，两旁的山上长满了茂盛的竹子，粉墙黛瓦，整齐划一的房屋展现着新农村的风貌，复古的酒庄和酒窖是时尚的网红打卡点。如今，将这个位于广州最北的行政村莲麻村视为世外桃源绝不为过。

2013年，郑强刚来村里时不是这般景象，那时村子还扣着贫困村的帽子，村里东家门前一堆垃圾，西家门口一堆木柴，外来的郑强想找个村民说话，“都不太搭理我。”在部队待了20多年，走南闯北的郑强意识到这样下去不行，得改！

怎么改呢？“首先是走出去，我们带领党员、村‘两委’和有想法的群众到全国各地参观学习，让他们打开思想，长见识；其次是请进来，请全国各地专业的设计团队协助我们村进行规划设计和微观设计，让我们的建设工作起点高，有标准。”郑强说。

莲麻村原书记潘光灶曾跟着郑强一同去江浙一带参观民宿，看到很多旅游团在民宿住，他大开眼界，发现开民宿真的可以赚钱，便成了莲麻村第一批开办民宿的人。2016年，莲麻村村民彩云也跟着郑强去过增城、从化街口等地方参观农家乐和民宿，“我当时觉得那些地方其实和我们这里差不多，都是农村，没什么特别。”之后彩云也在莲麻村开办了农家乐。

郑强向我们讲述了他进莲麻村扶贫的经历：

我是2013年7月8日来到莲麻村的。那时候村子还扣着贫困村的帽子，家家户户门前都堆放着垃圾、木柴，就是很原始的农村。一开始进村，因为我讲普通话，村民讲客家话，我想找个村民说话，他们都不太搭理我。

我决定走访一下莲麻村的村民。最初是和当时的村书记潘光灶一起去他的哥哥潘叔家，潘叔是一位60多岁的老人，他家靠着村委。来到潘叔家，书记介绍我是扶贫干部，潘叔就说好啊，欢迎！希望我能帮助莲麻村发展。他第一个问我的问题是我懂不懂农村，我告诉他我从小在农村长大。当时正好是七月份，农忙的时候，我就跟他讲插秧，讲耕田。

在我们一起聊天的过程中，我得知莲麻村的村民在很多年以前主要靠山吃山，以挖陶瓷泥，开采黄蜡石为生。如今，村里一不能砍伐，二不能开采，三不能上工业，四不能过度种养。村子里大部分劳动力都去了广州市区或者外市外

郑强在莲麻村调研（受访者供图）

省，剩下在村里的都是老人和儿童。当时村子的人均收入一年不足一万元，贫困户的话就4000元多一点，当时广州的贫困户收入要求达到5000元以上。

我回头一寻思，莲麻村和浙江余村其实很像，它们的底子是一样的。最开始余村人也是靠山吃山，靠着优质的石灰岩资源，建起了石灰窑、砖厂、水泥厂等，最后破坏了村里的生态环境。后来，村里发展起旅游业，保护了生态环境还发展了经济。于是我们莲麻村也开始发展旅游业。

莲麻村的第一次重要的转变是2014年。那一年10月29日，广州将莲麻村确定为其挂点扶贫村和市级美丽乡村，从化迅速展开莲麻村村庄深化改造规划。

要致富先修路。你光是有好的环境是不够的，我们要吸引人走进来。在打造市级美丽乡村期间，我们先拓宽了莲麻村村口到黄沙坑的主干道，将原来4米宽的路拓建成7米宽。

除此，我们还挖掘莲麻村的历史文化，沿着河和古驿道修建了一条“十里画廊”绿道，全长10.5千米，分为两条路，一条是从中一社民宿区通往石鼓堂田园风光，另一条是从音乐谷（位于105国道旁的莲麻酒业附近）通往莲麻花海及黄沙坑社围屋光裕第（东江纵队革命纪念馆）。

为了改善村容村貌，我们拆除了一些破旧的农房、零散的猪圈等，把一些条件比较好的客家泥砖房保留了下来，后来改建成黄沙坑纪念馆、华夏莲舍等网红景点。

在拆房子的时候，村民也是有抵触的。当时，村民潘大卫（化名）家门外一座堆放柴火的木棚子被列入了拆除建筑的名单。那个棚子是用木头建的，长15米、宽2米、高2米，顶部盖上了石棉瓦，潘大卫平时把木柴放在里面存放。

木棚本身搭得歪歪斜斜的，也不牢固，存在比较大的安全隐患。

当时镇上城管队的人来到潘大卫家要拆除违建，潘大卫死活不同意，说棚子是以前搭的，农村都是这样，完了他举起一个煤气罐就跑到二楼，吓得大家都不敢轻举妄动。

后来我上前去，跟城管队的人说先等等，我去跟他聊一聊。我原来跟潘大卫是打过交道的，我先是跟他的儿子聊，再一起劝他。我跟他们说，拆除这个木棚不是光拆了，之后还会帮你们再搞好，让你既可以放柴火，又可以有一个漂亮的地方。你看现在整个莲麻村在搞乡村旅游，你这个位置又是村子的门面，几乎来旅游的人都会经过你们这里，其他地方都弄好了，就你这个地方这样，像一块牛皮癣一样怎么行？不美观是一回事，再说这个棚子也不安全，搭得歪歪斜斜的，万一木头腐了，石棉瓦掉了，砸到了村里的小孩子，谁负得起这个责任？

跟他们讲清楚利弊，潘大卫说可不可以由他们自己来拆，他觉得城管队的人来拆让他特别没面子。我答应了他们。结果不到半个小时，父子俩就把木棚给拆除了。现在已经搞得很漂亮了，很多游客来到村里玩都专门到那里拍照打卡。

2016年3月，莲麻村成功通过验收入选广州市第三批市级美丽乡村，首次以美丽乡村的形象会客。那一年，火爆的乡村旅游让莲麻村火了一把。整个国庆假期，每日几乎都有一两万人来村里游玩，往来的游客坚定了莲麻村发展乡村旅游的信心，民宿、农家乐更是随之火了起来。

2016年3月，郑强的扶贫工作画上了句号，他回到了原来的工作岗位上，但他时刻惦记着莲麻村，“就像自己的孩子一样啊，从无到有，一步步看着它成长的。”最终，他决定重回小镇。同年6月，郑强申请调任到吕田镇，且出任莲麻村党支部第一书记。11月，莲麻村摘掉了“贫困村”的帽子。这时，莲麻村的旅游经济发展得如火如荼，但深入发展也出现了瓶颈。郑强继续带领着村民巩固扶贫成果。2019年，村集体收入已经达到了150多万元。

郑强继续讲述他在莲麻村扶贫的经历：

2016年的国庆是莲麻村首次以美丽乡村的名义对外开放旅游，几乎每日都有一两万人过来游玩，整个国庆假期，莲麻村接待了游客近10万人次。那时候我们的电瓶车来来回回，从村口把游客接到花海，村里一些公公婆婆都说，以前村里来了一个陌生的人和车都认得出来，现在这么多人，简直太不可思议了。

那时候村里的民宿已经有几家了。要发展乡村旅游，民宿和农家乐是必不可少的，但是在乡村游还没搞起来之前，村民还未能看到这些。

我在部队待了很多年，也算是走过南闯过北，看过很多东西，转业之后到了民政局工作，我有时间都会到外边去旅行，以前是农村人借钱去城里开宾馆，现在是城乡融合发展，产业转移了，城里人都喜欢往乡村跑，追求好山好水好空气，民宿宾馆在乡村大有可为。

但是在最开始，村民还没能看到这些前景，我要带他们走出去。

我最先是从村书记入手的。当时，我建议潘光灶家里可以改建成民宿，他回家和他老婆商量。在吃饭的时候，他们两人谈起这个话题，他老婆不同意，以前就没有这种模式，投了钱进去怎么产出？开了民宿谁来住？谈不拢，气得他老婆把电视机给砸坏了。

后来，我去潘书记家里找嫂子谈，我告诉她乡村旅游和民宿发展的前景和未来。再之后，我组织了20多个党员和有想法的群众去江浙、四川等地方考察学习。当时潘光灶也去了。那天我们参观完江浙的一家民宿，我和他在同一个房间休息。他告诉我，其实最初他的心里都是存在顾虑的，但是现在看到这家民宿都可以搞得像酒店宾馆一样漂亮，这么多人来住，这样好像真的可以赚钱。

回来以后，潘书记带头建了第一家民宿。到现在，我偶尔和嫂子开玩笑，她都会笑着说不砸电视机了。

考察结束之后，我还举办了一场考察分享会，在老村委楼给村民分享考察民宿的心得。那一次我刚刚分享完，正要下楼梯，一名叫潘安娜的党员冲下来拦住了我。她说她也想开民宿，觉得我讲得挺好的，她也觉得开民宿是有前景的。她问我可不可以帮她去她家里看看，给她指导指导。

我那天晚上吃完晚饭就去了潘安娜家里。我跟着她在她家以及周边走了一圈。她家以前是修车的，房子前面有一堆修车的材料堆放着，一堵围墙围住，左边还有一个鱼塘，但是没有水，干旱了。比较好的是，她家的楼房每个房间都是带厕所的，建的时候就很有前瞻性。我就给她提建议，让她用石头、竹子将鱼塘围起来，从屋后的山上引点水进来，要有流水才有生命力，屋前的围墙拆掉，废铜烂铁也全部搬走，屋的外墙也装饰一下。楼房里有五个房间，我让她按照酒店的配置补充一下。

之后，我就协助她办理卫生许可证、民宿登记等手续。

2020年疫情缓和时期，郑强（右）到莲麻村的手信店调研（何钻莹摄）

最终，一个书记，一个普通党员，潘光灶和潘安娜成了莲麻村第一批办民宿的人。

村里的手信店、农家乐店最初也是逐家逐户和他们沟通的。现在莲麻村村口位置的店铺，最初11个档口，月租金150元，就是5元一天，让村民来抽签租店，只有9个村民来了。

莲麻村一农家乐里的装饰（何钻莹摄）

现在呢？月租金涨到七八百元了，还是有很多人抢着要，大家是看到有人来，有生意做了。这些档口我们基本是面对本村村民的，以满足本村村民的就业需求为主。

2016年，从化区开始建设第一批10个市级特色小镇，而以莲麻村为核心打造的莲麻小镇正是其中之一。小镇的发展趋向精细化，我们就要请进来，我们从天津请来了武杰老师专业的设计团队对小镇进行设计，莲麻小镇的舞台、古色古香的亭子、小镇里的摆卖点等后来都是由这个设计团队设计完成的。

武杰老师给每一家酒坊都设计了效果图，我就跟他拿着效果图挨家挨户上门和村民沟通。他负责讲解专业的设计，我就负责和农户沟通需要解决哪些问题。

比如武老师给农家乐设计了木门，但是村民觉得卷铁门更安全，不同意改成木门。我就沟通协调他们能不能建两道门，外面是好看的木门，里面是安全的卷铁门。这样既安全，又有艺术性。和村民沟通，要理解村民的想法，不能把我们的想法强加给他们，要找到契合点。

还有一家农家乐，武老师当时提出的设计建议是在餐馆的顶部装上一些农家特色的圆形竹簸箕。当时老板娘说这样就是挡住了自己的财气，把我们骂得狗血淋头。后来，我和他们协调，顶部装上了三个圆形竹簸箕，中间吊下来一盏灯。现在很多游客来吃饭看到这样别致的灯饰，都会举起手机拍照。

挖掘莲麻酒文化，发展酒产业

未进莲麻，已闻酒香。如今站在莲麻村村口，左边便是长约260米的酒窖，村里头更是随处可见酒庄、酒馆，酒香四溢。酒文化在莲麻村有几百年的历史。潘光灶介绍道：“莲麻村建于清朝同治年间，至今已有一百多年的历史，相传自建村以来，村民已开始自己酿酒。”由于莲麻村四面环山，且昼夜温差大，所以每家每户都会自己酿酒用来御寒暖身。“头酒、糯米酒、金樱子酒等都是莲麻村村民经常制作的酒。”后来，酒成了莲麻村村民生活中不可缺少的一部分，有时大家甚至会煮上一碗糯米酒作为早餐。

在莲麻小镇建设初期，莲麻酒业作为率先入驻小镇的第一家企业，为小镇以“酒”为支撑产业的发展思路奠定了基础。莲麻酒业的一大亮点是充分利用了莲麻小镇的闲置防空洞建成长约260米的酒窖，内有250个藏酒洞，可藏酒约300吨，目前已引进30家传统酒作坊落户，分散经营，集中管理，形成产业集聚效应。酒厂主要生产吕田白酒和自主研发、南北酿酒工艺融合的多粮酒及水果酒，截至2017年年底，酒产量达30吨左右。同时，通过连片打造面积超过5000平方米的酒鬼街，与河对岸的十里画廊瓜田、阡陌花海、千年古官道遥相呼应，将村口

莲麻村酒坊（何钻莹摄）

2019年9月，郑强（右二）和莲麻村酒坊经营户探讨酒产业品质化、标准化工作（受访者供图）

打造成集特色酒文化、历史文化、休闲农业观光于一体的亮点项目。

郑强用莲麻村的“酒文化”，与莲麻村村民一起打造亮点：

我刚到莲麻村的时候，村里已经有很多小酒坊。那时候是农户自己酿自己喝的，有时候有客人来了就送客人一点，都是小规模作坊，没有形成品牌，也没有形成产业。

我喝过莲麻的酒，这种酒和外面的酒不一样，它到了喉咙也不会很冲，而是很绵。我想这么好的一款酒，怎么样才可以面向市场发展呢？

2015年，莲麻正在打造美丽乡村。要发展，光是做好环境是不够的，没有产业的话发展是不具有可持续性的。发展什么产业呢？引进新的产业没有基础是不现实的，我们要挖掘原有的文化。那时候就想到了酒产业。

2015年，莲麻村党支部和吕田镇党委决定在莲麻村发展酒产业。我们引进了莲麻酒业，又找了几家莲麻村酿酒比较好的酒坊做示范。因为他们的酿酒技术本来就过关了，我们就协助他们办理手续，做正规的酒坊。酒坊酿出来的酒以自己售卖为主，如果出现滞销的情况，就由莲麻酒业以保底价进行收购。

在政府引导下，企业和村民一起参与，很快就有几家酒坊做了起来。

莲麻村一家酒庄的老板白杰鹏就是我们本村人，他们家几代人都是酿酒的，不过他一直在其他城市打工，但是他其实也有想法要将酿酒的这门手艺发扬光大，我们就跟他说政府会做引导，将酒作为莲麻村的产业，为莲麻酒打造平台。他一听就觉得和我们的想法是不谋而合的，就返乡回来创业办酒坊了，还为此放弃了当时年薪30万元的工作。

随着村里的游客越来越多，游客尝过我们的酒都说好，我们的酒坊生意也越来越好。截至2018年12月31日，村里已营业的酒馆有20家，餐位数1450个（其中核心区17家，餐位数1070个；非核心区3家，餐位数380个）；已营业的酒铺有8家。直到现在，还有不少小作坊陆续出现。

除了酒产业，我们村也引进了一些生态产业。因为靠近流溪河源头，莲麻村不允许上工业。我们就盘活了一些闲置的资源，发展生态产业。比如我们引进了

2014年，郑强（左）和莲麻村党支部书记潘光灶在吕田美食节上展示扶贫产品（受访者供图）

广州汉源新材料有限公司，他们投资了3000万元将莲麻村的旧学校和礼堂建设成莲麻会务中心。而当时在广州帽峰山做了很多年矿泉水的广州长寿村矿泉水厂也看中了我们的水质，加上我们这里的地理位置也好，交通便利，最后矿泉水厂投资1.2亿元到村办厂。每年水厂会给村里5万元协助费用，建成之后还能为村里提供六七十个就业岗位，今年水厂已经完成了35亩地的征收了。

其实这个招商引资的过程也有很多困难，当时我最需要做的事情就是和村民沟通，告诉他们发展前景。我记得在一开始说要引进广州长寿村矿泉水厂的时候，村民对外来的企业也是不信任的。他们怀疑把他们的地征收了，是不是真的能解决村里的就业，是不是真的能给村子带来发展。

我就跟他们解释，告诉他们未来会有征地补偿，这样他们能拿到钱发展别的事情。除此，水厂建好之后，会优先安排合适的村民就业。今年水厂征地程序完成了，村民也拿到了征地补偿。

儿子：去干你喜欢的事业吧

三年扶贫工作结束后，郑强毅然重返莲麻村，这是让很多人感到意外的选择，意外的人包括他的妻子和儿子。郑强从军多年，先前又参与了三年扶贫工作，他错过了儿子牙牙学语的童年，错过了儿子读书升学的时光，甚至在儿子最关键的高考年，他都不在身边。但是尚未满20岁的儿子表示理解，在父亲做出重返扶贫地的决定时，他说：“爸爸，你去干你喜欢的事业吧！”如此一句话，郑强安心地返回了莲麻村。

说不上是出于弥补还是其他原因，长期驻扎在莲麻村，只要回广州的那个周末，郑强会开车去大学城把上大一的儿子接上。从大学城开车回家的近半个小时车程是父子俩单独相处的时间。有一回，儿子对郑强说觉得自己是全班最幸福的人，虽然爸爸在外面工作，但是妈妈全职照顾他，那一瞬间所有对家庭的亏欠终于释怀。

郑强说起了他的家庭：

我是1993年结婚的，2001年生了小孩。小孩1到7岁的期间，我基本都不在他的身边，那时候在部队每年就和他见面两三次。

2009年，我在部队转业待分配，一年时间我基本都在家里休整。那时候我的儿子上小学，我突然天天都在家，他是不习惯的。

有一回在饭桌上，他问我，爸爸你怎么不吃辣椒。他的妈妈瞪了他一眼。我问他是不是爸爸回来了你不习惯，他说习惯啊。我说那爸爸炒的菜好吃还是妈妈炒得好吃？他说都是一样好吃，只是爸爸没放辣椒，妈妈会放辣椒。

错过了儿子的成长，在那一年时间里，我每天都送他去上学，我们的交流变多了。我们家外面一条街上有好多家饺子馆，我儿子喜欢吃饺子，他对那几家饺子馆很熟，说中间那家咸了点，左边的是放了胡椒的，另外一家相对清淡一点……我说你喜欢吃哪家你自己决定。他问我想吃什么，我说我想吃攸县米粉。他说那你不用陪我，每一次他吃完之后，就到对面的米粉店跟我打招呼让我送他去上学。

2010年，我被分配到广州市荔湾区民政局工作，后来我儿子也转了过来上学。2013年7月，响应广州市新一轮农村扶贫开发工作部署，我参加了广州市荔湾区对口帮扶从化吕田镇的工作。吕田镇距离广州市区还挺远的，那时候我还没开车，而且扶贫工作比较忙，我也不能每个星期都回家。不过我儿子其实已经习惯了和我分开。

2017年，扶贫工作结束之后，我又回到了广州市荔湾区民政局，那段时间每天都可以回家和家人待在一起。2017年，有一天我们全家正在吃晚饭，领导给我打来电话，问我再去莲麻村扶贫的事情。我接完电话就跟我的妻子和儿子说了这件事。我妻子对我的工作是很支持的，但是我没想到我的儿子也很支持，他说，你去干你喜欢的事业吧！当天晚上，我就回了领导电话。很快就回到了莲麻村。

再去从化的时候，我买了一台二手车，每个周末都尽量回家。儿子去年考上了华南师范大学，在大学城校区上学。他会叫我在周末回家的时候去大学城接上他。大学城距离我们家大概30分钟车程，这30分钟是我们父子俩一周一次的独处时间，他会和我聊很多关于他学习和生活的事情。

有一回，在车上，儿子对我说，虽然妈妈荒废了自己的事业，但是成就了他，虽然爸爸在外面工作，但是妈妈可以全职照顾他，他觉得自己是班上最幸福的孩子！

（文/何钻莹）

郭迪杰

当粤北乡村有了高校“智慧大脑”：第一书记郭迪杰

2020年上旬，礼堂村一片200亩的土地里刚种好上造水稻，便有六七位戴着草帽的专家拿着取样工具来到田野里。中午时分，初春的暖阳洒在田地里，他们选点挖土，装进样品袋里。

这些专家来自华南农业大学资源环境学院，随后，泥土样本被带回300公里之外的华农实验室，由专家团队再次进行检测。最后根据检测结果，给礼堂村设计了针对性的施肥方案。

礼堂村位于河源市龙川县丰稔镇，距龙川县城20多公里，村民世代务农，凭借经验摸索出种植施肥的经验。这是数百年来村里第一次用科学的方式测土、配置肥料，保障水稻的收成。

不仅如此，资源环境学院用航拍技术帮礼堂村制作了3D地形图；林学与风景园林学院给村里设计了人居环境提升方案；兽医学院给村民提供了养猪、养牛的技术指导；艺术学院为礼堂村创作了村歌；马克思主义学院给予了党建的指导意见……

将这些先进的知识、技术与这座粤北山村连接起来的，正是华南农业大学驻村扶贫第一书记郭迪杰带领的驻村工作队。

2016年，华南农业大学对口帮扶礼堂村，先后派了两支工作队、6名扶贫干部驻村扶贫，2018年11月，林学与风景园林学院党委副书记郭迪杰入村扶贫，担任了第二支驻村工作队的第一书记和驻村工作队队长。

高校扶贫特色鲜明，25个学院和教学部，99个细分专业，华南农业大学的驻村工作队背后是大型智库。郭迪杰习惯记笔记和刷学校通讯录，每次在村里遇到问题或群众有诉求，他就会记在工作本上，有需要的话就刷学校的通讯录寻找专家支援。至今入村两年，他结识了很多其他学院的专家，他习惯于用专业备注专家的名称，微信里的“牛教授”“水稻教授”“茶花教授”等联系人，就是他扶贫工作的强大后盾。

郭迪杰领着驻村工作队牵线搭桥，将汇聚了众多先进的农业知识技术的智库引进这座粤北山村。华南农业大学汇聚了自身的资源和礼堂村的特色，继续做大礼堂村原来的油茶和肉牛两大支柱产业，此外还增加了水稻、茶花两个支柱产业，从前期选种、测土、施肥、病虫害防治等各个环节都给予了技术指导，打造了“华礼丝苗米”“礼堂郜山茶油”等扶贫特色产品。驻村工作队还通过线上线下各种渠道，打通扶贫产品销售的最后一公里。

打造“华南农业大学（礼堂村）优质水稻种植示范基地”200亩

推广订单式种植优质水稻，免费向村民发放优质稻谷种2110斤，累计推广种植优质水稻1500亩

稻丰源的老板张艺强是华南农业大学的校友，目前与村里合作种植水稻，共同打造了“华礼丝苗米”项目。这个项目是他和郭迪杰偶然聊出来的，“一拍即合”。他评价郭迪杰为“勤奋”“做事有板有眼”。有时周末他进村，都会看到郭迪杰在加班。有一回，深圳有一个集团预定了大批“华礼丝苗米”，刚好郭迪杰在广州，他主动提出自己打了合同送给客户。“这些事本来找个工作人员做就可以了，但他会亲力亲为，主动承担工作。”

礼堂村的一名党员邹仕庆也有同样的感受：“我们在党员群里提出问题，他都会一一回复。”2019年上半年，礼堂村推动自来水改造，就有人提出山上种植了桉树，担心水质受到污染，问郭迪杰能不能想想办法。三四天过后，郭迪杰找到了一份政府的水质报告给村里人看，确认了水没问题，大家也放心了。最初郭迪杰进村，邹仕庆听到有的村民猜测郭迪杰是通过进村“刷履历”回去等升职的人。“看到他做了很多事之后，我觉得他是个务实的人。”

有了技术加持，礼堂村的产业扶贫效果显著。2020年，全村人年均可支配收入由帮扶前的0.8万元提升到1.8万元，全村贫困户年人均可支配收入由帮扶前的0.4万元提高到1.6万元，村集体经济收入从帮扶前的1.1万元增长到目前的32万元，位居粤北村集体经济收入前列。

以下是郭迪杰的口述：

田间地头开展党建活动

我是2018年11月进村扶贫的，我入村的第一个月，上一任驻村工作队队长还在村里，他分享了很多经验给我，也指出了村里存在的问题，其中一个就是党支部凝聚力不强。

我现在还记得第一次进村参加党员代表大会的场景。那会儿要走过一条狭长的小路才能到老村委楼。我进了会议室的门，村干部在台上讲，其他人在台下讲，七嘴八舌，抽烟的抽烟，聊天的聊天，大家用客家话各讲各的，我也听不懂。最后，会议宣布结束了，什么也没讨论出来。

我意识到这样不行，得整改这种风气，要团结这群党员。要赢得党员们的信任，首先得让他们看到你的公心。当时正是油茶果收成的季节，那一年油茶果丰产，茶油量多了卖不动，我就发动学校的老师和员工购买茶油，一下子他们买了五六百斤，其实不算很多，但通过这件事那几个村干部看到了我们的心意，开始信任我们。

还有一件事，龙川县的茶油一直比较出名，那些都是种植了八九十年的老油茶树，产出来的茶油比较优质，价格也卖得比较贵。像江西、湖南的茶油卖60元/斤，龙川县的茶油卖到了80～100元/斤。一直都说产品好，我就想利用学校

驻村第一书记郭迪杰（右）指导农户种植油茶树

为方便村民采摘油茶果，开设了10千米油茶道

的资源对油茶进行检测，从数据上给当地的茶油找出打造优质的依据。我采集了村里的茶油，拿回学校让专家做检测，这项工作到目前还在进行当中。当地的人看到我们确实在做实事，慢慢地就建立了彼此的信任。

此外，在农村搞党建还有一个重要的经验是团结一批退休村干部，这是我在入户探访和聊天时得到的经验。在礼堂村，有五六个这样的退休村干部。他们的年纪在60岁到70岁之间，在村里威望很高，这是一支很好的队伍。在后来的实践中，我们也慢慢发现，很多事我去和村民讲，他们觉得我只是为了完成任务，通过这些老干部去讲，他们会明白这真的是为了村里好。比如我们之前为了方便村民采摘油茶果，就在山上给他们开通了油茶道。在开道的过程中，有的地方被油茶树挡住了，需要砍掉一些树。我们和村民沟通，他们不理解，但是这些老干部去沟通后，就很容易达成共识。有时我们开会，会有人刻意捣乱，遇到这样的事情，这些老干部也会主动阻止他们。

团结了退休村干部，我们在他们的协助之下，推动了一系列民生工程。比如改造村里的自来水、开油茶道、建党群服务中心、改造村民广场、拓宽村里的停车场……通过一系列实事，我们和村里建立了良好的关系。

此外，我们还协助村委规范党员代表大会。在平时“三会一课”的基础上，我还组织了我们学校的专家去村里开党课和专题讲座。比如马克思主义学院的教授就去村里开党课，法学院的教授给村民们讲法律课程，我也给他们解读过党的十九大精神。除此之外，我们学校马克思主义学院的张丰清教授还专门开通了村“两委”干部和驻村干部学习微信群，他经常在群里给我们分享党建知识、实时解答疑惑。

通过这些事情，我们党员的凝聚力就上来了。

最直接的表现是什么呢？以前，我们在党员微信群发消息，没有人回复，有人说话也是在发牢骚。现在，每次发消息，大家都很积极地响应。现在开党员代表大会，很少有人抽烟，大家的精神面貌不一样了。

2019年龙川“6·10”“6·12”水灾，村里的党员积极响应，自觉帮忙疏散群众，抢险救灾。到了2020年新冠肺炎疫情暴发，我们在党员群里发了简单的消息，说要24小时有人在村口值班，大家都很积极地响应，甚至一些乡亲主动报名参与站岗，最后有五六十人报名。疫情期间我们每个星期排一次值班表，每次值班表发出来，没有一个人说有事要请假的。大家都主动提出“要值夜班”。

将高校智慧带进粤北乡村

龙川县种植油茶树的历史悠久，在礼堂村原本有4000多亩的油茶树，很多油茶树种植了八九十年，这些油茶果榨出来的油浓度比一般小树果子榨出来的高。我们在礼堂村打造了四个主要的产业——茶油、肉牛、丝苗米和茶花。前面两个一直是村里的自有产业，后面两个是我们根据当地的特点，结合学校的资源引进的产业。

虽然村里种植油茶树的历史比较久，但还是存在很多问题。很多树都有上百年的树龄，这些树现在基本不怎么打理都会结果，但是产量不太高。很多树上的籽掉在地里也长出了小树，整个林子就密密麻麻地长满了油茶树，一个成年人很费劲才能钻进去。

加之以前种植的油茶树林周边没有储水的设备，这样会导致旱就旱死，涝就涝死。我们鼓励、指导村民规范种植，比如指导他们修枝、施肥、修竹节沟等。

校长刘雅红（右二）现场指导礼堂村优质水稻种植示范基地建设

校党委书记王斌伟（前排右二）现场指导礼堂村油茶产业发展

华农有这么大一个农业智库，我们就要充分利用好。我们在学校专家的指导下，引进了油茶树新品种——岑软2号，这款苗是江西产的，产量比较高，我们免费向村民发放了6万株优质种苗，鼓励他们扩种油茶树。这批油茶树是2017年种植的，预计2022年就可以丰产。

我们还引进了龙川湾叶农业发展有限公司，公司与40户在家有劳动力的贫困户签订保价收购协议，收购村民的油茶果，打造“礼堂郁山茶油”扶贫特色产品。通过帮扶，现在礼堂村油茶树面积由帮扶前的4500亩增长到5500亩。

我们都说自己家的茶油好，但实际上好在哪儿呢？我一直想在数据上找一个支撑。我就采集了村里茶油的样本，找了我们学校林学与风景园林学院的专家帮忙检测茶油的指标，比如我们的茶油比一般的茶油更香醇，我想找到是茶油里哪个元素导致了这样的结果。这个检测到现在都还在进行当中。如果找到了一个数据支撑，就能给我们的茶油一个权威的背书，有利于打造一个品牌。

除了油茶树，礼堂村的肉牛养殖历史也很悠久，全村有二三十户村民养殖小黄牛，加起来有八九百头。

肉牛养殖的问题是我进村之后最头疼的问题。村里的牛是散养的，一般村民晚上将牛全部放进来，浩浩荡荡的，这样最直接引发了两个问题。一方面是每天早上走在村道上，就会看到很多牛粪，这对村居环境造成了很大的影响。另一方面，散养的牛会踩踏村民的庄稼，邻里会因此产生纠纷。

我推动村里成立了一个肉牛养殖合作社，让村民的牛圈养起来，我们还出资给他们搭建了牛棚，但是目前只能让两三户先试行。我们还组织了华农的专家去村里给村民进行技术指导，引进了华农培育出来的高产的“华农二号”牧草，在村里种植了30多亩，想让村民通过牧草加辅助饲料养牛。

但是目前，完全圈养推行得比较困难，这样要村民付出更大的劳动成本，要种植、收割牧草，喂养牛和清理牛粪。根据目前的状况，我有另外一个想法，就是半圈养，在村里规划一个区域让村民放牛，不要让牛跑到生活区影响村民的生活。

最近，我们还引进了广东牛一农牧生态科技有限公司与养殖户合作。这家公司的模式是他们提供牛苗，村民养牛，养大之后公司按照重量回购牛。目前这些都在洽谈当中。

让扶贫产品在市场上热销

我们除了本身有一个强大的智库，校友资源也很丰富。我们给礼堂村打造了另外两个产业，这都是和校友聊出来的。

现在年底刚好是茶花的季节，我们村口右边那一片30亩的茶花开得很漂亮，很多人都来围观，一进村就能看到。

这是上一任驻村工作队打造的项目，当时是上一任驻村工作队和华农一个校友聊出来的。那位校友经营了一家培育茶花苗的公司，他们经过很多试验研发出一个茶花品种，能克服茶花花期的季节性问题，花期达到大半年。目前他们的花在福建有广阔的消费市场。这位校友就想找一个合适的基地来种植茶花。

上一任驻村工作队已经在村里找了一块地方种植茶花，但那块地比较小，只有三到五亩，而且位置也比较偏僻。我来了之后，扩大茶花种植面积就成了急需解决的难题，和村民谈租地是最让我头疼的事情，村民都很精明，他们很在乎自己的利益，顾虑的东西很多。

后来，我在村口找到了一块100亩的空地，那些土地都是不同的村民的，我要和他们谈租地。

最难的一户人家，在100亩土地几乎都谈妥的时候，还剩下他那部分没谈

参加2020年河源市消费扶贫月活动

组织茶花种植户到肇庆学习山茶花种植技术

妥，他的地还不到1亩。

那位村民一口气给我发了很多微信，提出了很多要求，要求20年租金一次性付款，并且马上付款，我当时在开会，而且这个条件我得和企业谈，不能马上做决定。我答复他第二天给他回复。那位村民就打电话给我，还发微信用客家话骂我。最后我没辙了，拉黑了他的微信，让村干部转告他，如果再这样就不租他的地了。该村民就不闹了。

第二天，我和企业谈妥了，一次性付了20年的租金给他，事情就算解决了。

现在茶花已经种植了30亩，接下来会继续往山上种。每年公司会给村集体提供2.5万元的发展经费，同时项目利润的10%会给村里，作为村集体分成。

除了茶花，村里还有一片200亩的丝苗米种植基地。这也是和校友企业聊出来的项目。

我入村之后经常和校友企业打交道。和我们合作种植丝苗米的是龙川稻丰源农资有限公司。当时企业的负责人张艺强提到一个想法，想将企业一款叫作“野香优莉丝”的优质谷种派给村民，让村民种植，之后公司回收，打造成扶贫产品，从产品的销售利润里提取一部分给村民分红。我一听觉得这个模式好，很适合我们村。

当时我们村有200亩经过改造的高标准农田，水泥路能直接通到田间，农田的水渠也配置好了，但是这片农田还没种植任何东西。后来，我带张艺强到村里看那片高标准农田，这个项目几乎是一拍即合。

接下来又要和村民谈租地的问题了。村民对合约的信任度是很低的，他们宁愿土地丢荒也不愿意租给企业，他们担心土地出租给别人久了就不属于自己了，就算签了合约，他们还是有顾虑。

任由这片改造过的高标准农田丢荒真的很可惜，我就翻查《中华人民共和国土地管理法》，最后查到了一条，如果土地荒芜闲置超过三年时间将会被农村集体组织收回。最后用这条法律条文说服了村民租地。我还告诉他们这是一个集体行为，土地是在村里的，而且有合约约束双方。最后和村民谈妥了，丝苗米就顺利种下了。

除了集中种植，我们村还订单式种植了350亩这款丝苗米。我们出资购买企业的谷种，给村民种植，收成之后企业用高于市场价的价格回收大米，市场价是

1.6元/斤，企业则是以1.9元/斤的价格向村民回收。

在种植水稻期间，我们邀请了学校的水稻种植专家到村里对土壤进行专业测定，还根据测定结果提出了施肥建议。平时一发现问题，我就会找专家探讨。有一回，我在田边看到有些水稻叶子卷起来了，有些叶子黄掉了，我凑近一看发现水稻上有一种虫子，我就拿手机拍了虫子的照片，打算找我们的水稻专家问问是怎么回事，一不小心就踩到了蚂蚁窝，一群蚂蚁爬到我的小腿上，咬了满满一腿包。

后来我通过学校内部通讯录找到了研究水稻种植的专家，问了才知道这种虫

➲ 中共广东省委教育工委副书记、省教育厅党组副书记、时任校党委书记李大胜（右二）到礼堂村现场查看华南农业大学（礼堂村）优质水稻种植示范基地建设情况

水稻专家刘永柱副教授（右二）现场指导水稻种植技术

组织专家进村勘测地貌，进行整村规划

子是稻纵卷叶螟，危害不大，专家给我们配置了药。之后，我还邀请水稻专家到村里给村民开水稻病虫害防治技术讲座。

因为谷种是筛选过的，加上专家给了专业的种植指导意见，我们产的米质量都很好。我们产的米是偏灰的，没有经过抛光，就是原生态的样子。我们的米打上了“华南农业大学精准扶贫优质产品”，相当于用我们学校的声誉背书。现在我们的米已经打出了名头，在龙川县提到我们的“华礼丝苗米”，很多人都知道。

现在村里的大米有线上线下两条销路。线下销往我们学校的食堂、超市、工会以及校友，同时我们还上线了东西优选网、广东政府采购·扶贫馆、实名农户、拼多多、南方优品等线上购物平台。

米是卖了，但我也考虑了一个问题，之后我们的扶贫队伍撤了，学校的食堂和工会不再购买这些米，那怎么办呢？所以我们要让这些大米通过它的品质走市场化的道路。我们上线了各个平台，也正是往市场化的方向努力。

前阵子，学校医院的高姐加了我的微信，问我“华礼丝苗米”在哪儿可以买到。我有个朋友买了我们的米之后，在微信群发消息，说他的女儿原来一直不肯吃饭，吃了我们的米，现在每顿都把饭吃光。看到这些消息，我就觉得这条市场化的道路要走通了。

和村民讲道理也要讲方法

我刚进村时听不懂客家话，用普通话和村民沟通有点困难。尤其是当我们要入户调研农户收入的时候，我们问他们今年卖了多少只鸡，种了多少水稻，总之沟通起来比较困难。

2019年3月，我们学校特意安排了一个会说客家话的扶贫队员来，沟通的问题解决了。一有时间，我也会跟他学几句，现在我已经能简单听懂村民们说的话了。

我以前是做学生管理工作的，做过辅导员、办公室主任、副院长，现在是党委副书记，和学生打交道有一定的经验，但是来到村里和村民们打交道，还是遇到了很多问题。

村民朴实但精明。有时候，你好好和他说话，他就会觉得你有什么猫腻，非要你硬气一点。比如我们的主村道是6米宽的，但是有两所房子刚好盖在了路中间，于是行车到了那里，路段就变成了3米宽，葫芦形的路肯定不行，我们就想把房子拆了。一户已经谈妥了，另外一户是三兄弟的，就没谈妥。

我们先谈好了补偿条件，签订了合约，晚上回去对方又反悔说不行，又修改条件，再签了一轮，过了两天对方又反悔，又说要重新签。

折腾了几回我就拒绝接他的电话，也让我们的村干部别接他的电话，晾了他一个星期，这下他就反倒来追我了。我当时态度就比较强硬，我说你不能再签了，你只能在第一份或者第二份之间选择一份确认。后来他就妥协了，现在房子拆了，路也通了。

2020年有一回也是修路，村民之间产生了纠纷。当时是村里要修一条上山的道路，那条路的位置会经过一条水沟，需要填平水沟。水沟的主人从山上搬下来了，他不同意填了自家的水沟，但是不修路又会影响山上村民的生活，双方就发生了争吵。

当时我去到了现场，一群村民围着吵架，带头的是两对六七十岁的夫妻，大家都拿着锄头，要打架一样。看到这种情况，我肯定是要制止的。我就让其他

拆除严重妨碍主村道交通的两座民房

村民把两个带头吵架的男人按住，我上前去拿走了他的锄头。锄头没了，人还在吵。

突然，一方吵架的妇女趁着我们都把注意力放在她带头吵架的老公身上时，拾起一块石头扔向吵架另一方的妇女。被砸到的那位妇女一下子坐在地上喊“动不了了，动不了了”。

出了事，大家反而平息下来，最后协商决定山上的村民筹1500元补给水沟的主人。后来，被砸妇女的儿子从县城回来，从车上拿出一把刀说要砍人。我就说不能这么粗暴，但是砸人的村民又不可能赔偿医药费，那怎么办呢？

我就跟他们说，先带人去找村医检查，检查费我出，如果检查出问题涉及医药费再谈。后来检查完没事，我掏了800元，这件事就算化解了，现在路也打通了。

将扶贫故事当作女儿的睡前故事

最初安排我去礼堂村扶贫时，我第一个想到的就是家庭能不能兼顾。以前，我在学校上班，每天都能回家，但进村扶贫的话，去一趟车程要三个半小时，周一到周五我都得住在当地，周末才能回家，不过进村之后常常忙得周末都没时间回家。

那一年我的女儿刚刚升小学，我的爸妈在老家，岳父和岳母在白云区。我去扶贫的话，我的太太就要一边工作一边照顾家庭，我担心她忙不过来。但我的太太很理解我，也很支持我的工作。

不过也有忙不过来的时候，我太太或女儿其中一个人生病了，我就特别焦心。我印象最深刻的是疫情之前的一阵子，我太太感冒发烧了，就躺在床上，不能去上班也不能照顾女儿。我在村里很焦急，也没有办法回来。后来就找了住在白云区的岳父岳母，让他们帮忙照顾我太太和女儿。

还有一回是我女儿生病，没法去上学。我太太就每日上班之前帮她请假，下班回来给她做饭。中间那段时间我女儿是一个人在家的，我只能通过家庭的视频监控看着她，这个摄像头也是最初我进村的时候安装的。

我和女儿的关系一直很好，她比较黏我。我最初进村时，每天下班都会跟女儿视频通话，不过后来她慢慢地理解了我，有时候忙起来就不一定要视频通话了。平时陪伴女儿的时间少了，每次回家我都会和她分享我在村里遇到的趣事，她也很感兴趣。

在此之前，我女儿每天晚上都会缠着我讲故事。我会给她读绘本里王子和公主的故事。除了故事书，她还对我小时候的经历很感兴趣。

入村扶贫之后，我给她讲故事的频率换成每周一次，故事的内容也从书本跳了出来，变成了在扶贫中遇到的趣事。

最近有一次我就跟她讲了我们在村里遇到蛇的事。那天，我的同事在打扫房间，扫着扫着，发现沙发底下盘了一条蛇，他吓了一跳，赶紧喊我和另外一个扶贫队队员下楼。我们目测那是一条草花蛇，应该没有毒，三个人抄起家伙就把蛇给打死了。

还有一回更惊险。我和扶贫队队员、村干部一起入户调研。回程的时候，我们几个人绕了近路回村委会，那是一条比较偏僻的小路。我们在路上遇到了一条蛇，是红颈蛇。这种蛇是有毒的。我们本来打算走了，但是村干部硬是要去会一会那条蛇。他捡了一块石头就往红颈蛇身上砸，一砸，没砸中。蛇一受惊，蹿起来就要追赶我们。我们几个拔腿就跑，弄得很狼狈。我女儿听完哈哈大笑。

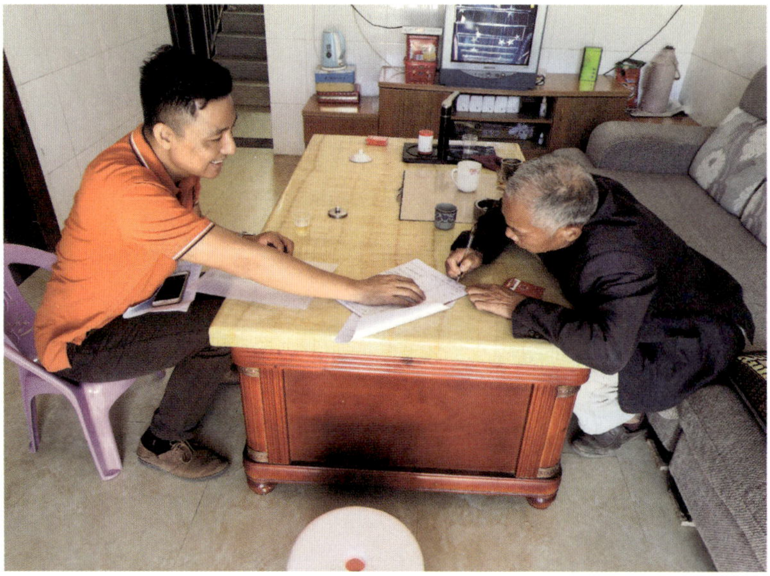

驻村第一书记郭迪杰（左）入户走访

之后，她还问我红颈蛇长什么样，我上网找了图片给她看。后来她把这件事写成了作文，还得到了老师的表扬。

类似的事情还有很多，每年我都会带女儿回一次老家，在城市里长大的小孩对乡村的蚊虫、蛇、摩托车、拖拉机等事物都很感兴趣。2019年暑假的时候，我还带了太太和女儿一起去我扶贫的地方参观，就让她们住在村里，让她们看看我工作的地方。

（文/何钻莹）

黄卓勇

追忆第一书记黄卓勇：让村民走在亮堂堂的大道上

当我们在新的一年展望未来时，他的时间却永远定格在了2020年。

时至今日，讲起广州轻工工贸集团有限公司驻清远英德市黎溪镇黎洞村第一书记、扶贫工作队队长黄卓勇，黎溪镇恒昌村第一书记兼扶贫队队长李忠和还忍不住流下热泪。

“卓勇生前要求自己，要先当‘村民’后当‘扶贫干部’，不当村里的‘过客’。那天突然接到卓勇可能有生命危险的电话，我连忙驱车往镇上赶，那十余公里的山路感觉是我这辈子走过用时最长的路。好同事、好扶友、好兄弟一路走好，愿天堂的您平平安安。”

以前跟黄卓勇一起走访贫困户、下队工作的黎溪镇黎洞村委会电脑操作员苏梓榆则几度哽咽：“你知道吗，你离开了，我很不习惯，我们摘掉了贫困的帽子，正享受胜利的果实，你怎么不和我们分享了？安息吧！兄弟！你离开了我们，但你在黎洞村留下了爱的种子，在生根发芽。”

望着院子里那几只悠闲散步的老母鸡，贫困户黄神带也失声痛哭起来：“这几只鸡的鸡苗还是黄书记发给我的，如今这些鸡都已经长大，但是书记却看不到了。黄书记是个大好人，不仅发鸡苗给我，还请了专家在村委组织养殖培训，每逢过年过节都会来我们家走访，带来慰问品。希望黄书记一路走好。”

38岁，是一个家庭的“顶梁柱”，是人生精神成熟的时期，同时也是事业发展的高峰期。然而就在 2020年3月31日这一天，正当年的黄卓勇却因为突发心源性猝死、急性心肌梗死，永远离开了人间，离开了他心心念念的扶贫事业。当天早晨他感到胸口不适并伴有头晕，正准备去镇卫生院看病，还没走上汽车便双脚一软晕倒在地，之后便再也没有醒来。这位年轻的“80后”驻村干部在晕倒前最后一刻编发的微信，是关于村里贫困户种植麻竹笋头和养殖黄牛的销售统计，是第二天将要进行贫困人口核查的工作安排……

2020年5月8日，中共广州市委追授黄卓勇同志“广州市优秀共产党员”称号，2020年6月9日，广东省总工会追授黄卓勇同志“广东省五一劳动奖章”。消息传到每一个认识黄志勇的人的耳中，大家内心都充满了宽慰和感动：“这些荣誉他值得，受之无愧！”

自2019年5月受命担任驻村第一书记后，黄卓勇生命中的最后330多个日日夜夜，都是在英德市黎溪镇贫困村——黎洞村度过的，他走村串户深入了解每个贫困户的实际情况，成为村民信赖的“勇哥”，他帮扶的61户贫困户，已有59户脱贫。他说过：“贫困户脱贫是我最关心的事。”如今，黎洞村整村都成功脱贫，村容村貌也发生了翻天覆地的变化，但是他却再也不能亲眼看到这一切，留给众人无尽的哀伤和思念。

勇挑重担——“组织需要，我义不容辞”

1955年，经中国林业局、中国工商行政管理总局批准，一家继承了几千年牙雕历史精髓，工艺精湛的牙雕老字号国有企业——广州市大新象牙工艺厂正式成立。2019年11月12日，《国家级非物质文化遗产代表性项目保护单位名单》公布，广州市大新象牙工艺厂获得“象牙雕刻”项目保护单位资格。这里的产品精雕细刻、完美优雅、巧夺天工，每年吸引了数以万计的外国宾客前来参观选

交接扶贫工作

购，是广州市年创汇100万美金的十大优秀企业之一，也是广东省和广州市国际旅游参观的定点单位。

2005年3月，地道“广州仔”黄卓勇来到广州市大新象牙工艺厂工作，开始了自己在这里十几年的工作生涯。从成本会计做起，他慢慢做到销售管理、车间主管……无论是在什么岗位，还是在什么地方，黄卓勇都会一步一个脚印投入工作，忘我地学习各种专业知识和技能。“他总是任劳任怨，默默耕耘在最需要自己的地方，持续发光发热。”回忆起年轻时候的黄卓勇，工艺厂的老员工都情不自禁地竖起了大拇指。

2009年，由于单位需要，他被调至供销科开始独立开展代销象牙制品业务。工作职责主要与代销商沟通合作、发货、对账、收款等系列工作。作为一个平平凡凡、老老实实的人，黄卓勇话虽不多，却总能如水滴石穿般闷声做大事。在供销科工作期间，勤劳踏实的黄卓勇在日积月累的工作中发现外地代销一直存有隐患和风险，很大程度上损害了工艺厂的利益，于是他便积极推动大新厂代销象牙制品清算工作。

北京、天津、上海、沈阳……他用了半年多的时间，跑遍了大半个中国。每到一个城市，他都马不停蹄地赶往代销商处，逐户核准代销象牙的数量，协商终止代销合作关系，做好货物收回等工作。虽然期间遇到过霸道、无赖代销商拒不归还代销货物，还出手打人等各种阻碍，但他丝毫没有退缩，积极耐心沟通并拿起法律武器维护工厂合法权益。经过大半年时间的努力和奔波，他结束了工艺厂十多年代销商欠账乱账的混乱局面，把价值超过684万元的代销货物全部收回。

接下来，他被调至生产车间负责象牙制品生产管理。从管料、排产、管理工人，他事无巨细、亲力亲为。闲暇时刻他就经常与技师们聊天，了解他们的生产进度、有什么困难，并时刻关爱传承牙雕技艺的“老艺人”。在国家要求停止商业性加工销售象牙及制品后，他为了大新厂能继续传承象牙雕刻这项非遗文化，主动与厂里的牙雕世家传人、大师们谈心，动员“老艺人”继续留厂，为该厂“象牙雕刻”项目最终上榜《国家级非物质文化遗产代表性项目保护单位名单》奠定了基础。

这就是黄卓勇，一个在不同岗位上勤勤恳恳、任劳任怨、默默耕耘奋斗了十几年的普通人。就在这些不同的岗位上，他每时每刻都在不断学习提升自己，让自己更好地胜任每一个角色，为企业发展最大限度地贡献自己的力量。

2019年3月，广州轻工集团选派驻村干部，工作期限两年。大家都不约而同想到了少说话多做事、一心为公、踏踏实实的黄卓勇，此次的他已经升为广州市穗联企业发展公司雕刻制作部副经理。然而大家不知道的是，他的家庭正面临着一系列严峻的困难：父亲早逝，年迈的老母亲长年患病，三天两头往医院跑，妻子为了细心照料母亲一直没有工作，整个家庭重担都落在他一个人身上。

但当单位领导找他谈及驻村人选时，他却毫不犹豫地点头答应。面对人生中的这一次重大抉择，他表示：“我家里的事，请领导不用担心，我会做好她们的思想工作，组织需要我，我义不容辞。”

2019年5月10日，在办理好一切手续后，黄卓勇，作为广州轻工集团驻清远英德市黎溪镇黎洞村第一书记、扶贫工作队队长，踏上了去往黎洞村的扶贫之路。

黎洞村——一个需要“三起三落”的地方

从广州出发往北走，大约一个多小时车程，就可以进入清远市境内，来到一个有山有水的地方——黎溪镇。这里的山没有高耸入云，但连绵起伏；这里的湖没有一望无际，但烟水空蒙。

在黎溪镇南面约12千米处，就是清代著名抗倭名将吴光亮的故里——恒昌村。吴光亮一生从军，历任多处要镇总兵和台湾镇总兵、记名提督等职，既是治台功臣，又是守台的抗倭名将，且为官清廉，持节高尚，不乐逢迎，为人谦虚、好学、乐善，最终因清政府卖国忧愤成疾。在清远近代史上，是唯一名列“台湾先贤先烈榜”的英雄人物。

在距离恒昌村东面15千米的地方，就是新时期精准扶贫、精准脱贫行动中的省级重点贫困村——黎洞村。该村因水上运输要过河停留于此，故姓氏源流已记不清楚。目前世居村民有莫、邱、李三姓，皆是因交通与水上运输要过河停留而逐渐聚集起来，最终形成了今天黎洞村的雏形。

中华人民共和国成立初期，黎洞村以前属于旧黎溪镇中心生活区，由周边13个村小组合并而成一个生产大队并以黎洞命名。20世纪70年代叫黎洞乡，80年代改为黎洞管理区，90年代始改为黎洞村民委员会。曾经有这样一个传说，现在的黎洞其实读作“狸洞”：因从前这里狐狸较多，农民辛苦种下的庄稼常被狐狸偷吃光，狐狸又非常狡猾，老百姓拿它们没有办法，所以大家都叫这里为“狸洞”，久而久之，狸洞就变成了“黎洞”。

由于黎洞村地处北江西面，常年受到洪水的浸没，所以1995年年底飞来峡建区后划归飞来峡区，全部村民搬迁至现黎溪新镇生活。长久以来，黎溪镇党委、政府一直致力于改善当地农民的生产生活，帮助农民进行农业转型种植砂糖橘、麻竹，建设机耕路等。

但是俗话说“隔河如隔山”，由于村镇之间隔着一条河，再加上地理位置分布特殊，北江河边为生态林，地形又以丘陵为主，所以村民过去对于劳动耕作有所顾虑，而且耕作过程相当辛苦。从住的地方到耕作地点需“三起三落”：下船、上船；下塘、上塘；上山、下山。在运输条件不畅的情况下，黎洞村一直以来都难有

帮扶工作队照片

起色，各项农作物种植都很难形成规模，产生良好的经济效益。

尤其是2015年，当地种植的砂糖橘出现黄龙病，村民生计难以维持，大多数劳动力都选择外出，进入本镇玩具厂或其他地方打工，以此来作为家庭经济营生的重要手段。土地荒废、人才流失、经济萧条，这些就是黎洞村近年来的真实写照。

据统计，黎洞村委会管辖有13个村民小组，总户数为683户，总人口3518人，其中中共党员65人，相对贫困户61户181人，一般贫困户28户104人，低保贫困户21户64人，五保户贫困户12户13人。2016年该村人均年收入仅有7400元。

进入2016年，恒昌村和黎洞村都迎来了历史性的机遇——广州轻工工贸集团有限公司对这两个省定贫困村进行重点帮扶，2019年5月，黄卓勇作为“第一书记”正式到黎洞村报到，正式开启了他的扶贫之路。

狠抓党建——“要脱贫致富，关键靠党支部”

“我们痛失了一位好党员、好战友、好第一书记、好同事。”在黎洞村驻村的清远市委台港澳办扶贫干部、党建指导员邱成武每每想起黄卓勇工作时认真细致、尽心尽责的模样，眼中都忍不住噙满了泪水，他为黄卓勇的离世深感痛心。

“让我印象最深刻的是，黄卓勇同志驻村伊始，就经常带领村干部，走村入户，深入开展调研，召开贫困户座谈会，听民意，解民情，定措施，实施精神扶贫，扶志又扶智。”邱成武回忆道。

2019年5月10日，刚刚到达黎洞村的黄卓勇顾不得休息就连忙听取了镇村两书记对扶贫村的情况介绍，看着村里留守的老人、小孩，“要让村民全部实现脱贫，有固定的收入来源”的念头一下子扎进了黄卓勇的心里。他当即对镇村两书记表态，自己一定会坚定信念，多想办法，带领全村脱真贫、真脱贫，坚决完成脱贫攻坚任务。

但是一个省级贫困村，由于长期贫困导致各项工作落后，想要实现全面脱贫，并不仅仅是听听民意、了解民情就可以顺利开展工作的。黄卓勇经过深思熟虑，先将党建引领扶贫作为首要任务来抓，凝聚人心，把村干部、党员的力量激活，注重发挥党组织在脱贫攻坚中的堡垒作用，不折不扣落实新时代党的建设总要求。

2019年6月28日黎洞村组织召开党员大会，黄卓勇要求村全体党员要把脱贫攻坚工作作为第一要务，切实树立脱贫信心，带领全村脱真贫、真脱贫。在他的带领下，黎洞村确立了“4+1+N”支部主题党日活动。“4”项规定动作：自觉交纳党费，诵读学习党章，过好政治生日，学习习近平总书记重要讲话精神和党规党史党情；“1”项专题学习研讨；开展“N”环节自选活动；在完成规定动作和必学内容的基础上，各党支部结合工作学习实际开展自选活动。

入股项目分红发放

黄卓勇经常强调，村党总支部要以每月开展“4+1+N”主题党日和开展“不忘初心，牢记使命”主题教育为契机，不断健全完善“三会一课”学习制度，不断提升党员综合素质和巩固战斗堡垒，这样集体才有战斗力。2019 年5月至今，在他的带领下，村党总支部组织持续开展系列党建等活动，基层党组织的活力被彻底激发出来。

此外按上级党委的要求和部署，近一年来黄卓勇对黎洞村党委支部进行优化，村党总支部发展了2名党员和接收了4名入党积极分子。对村下属党支部也进行了整合，由原来的3个支部优化整合为2个支部，通过调整内部分工，指定更年轻、知识层面更好的党员担任专职党务工作者，进一步推动了支部的规范化和标准化建设。并通过做好思想政治工作，促使党务工作者充分发挥党务工作的积极性、主动性和创造性，着力推动党建工作与乡村改革发展和扶贫工作的深度融合，有力推动帮扶出新、出彩。

黄卓勇抓党建工作的成效有目共睹，2019年11月15日黎溪镇党委带领黎溪镇13个行政村及社区的党支部书记和党务工作者到黎洞村委进行了党建工作经验的学习交流。在2019年镇的党建述评考中，黎洞村党建工作成绩名列前茅。其中“送学到家”和党建规范化工作得到了镇委的认可并在镇各村中推广，英德市主题教育督查小组在对黎洞村开展专题学习教育督查时也给予了充分的肯定。

“作为黎洞村的党建指导员，我耳边经常会想起黄卓勇书记的话语——‘火车快不快，全靠车头带’‘要脱贫致富，关键靠党支部’……在他的指导下，黎洞村的党建工作跃上了新台阶，不仅得到了上级部门的充分肯定，也得到了当地群众和贫困户的认可和赞许，为后面实现全村人民脱贫攻坚打下了坚实的基础。”邱成武说。

精准扶贫——“找准病灶，方能对症下药”

九层之台，起于垒土。对于没有扶贫工作经验，又是地道“广州仔”的黄卓勇来说，脱贫攻坚工作千头万绪。

为了全面准确地了解贫困户的情况，做到精准扶贫，驻村后第二天，他就开始走访村里的61户贫困户，到村入股的豆芽生产基地、英德市白鸟堂生态旅游公司调研，摸清村民致困的原因及村里投资项目的收益情况，为制定好下一步的扶贫计划做好准备。

“虽然负责的扶贫工作点多、面广、线长，但是黄书记不畏艰难，与村干部奔波在村头小巷，短时间内走遍了村里 61 户建档立卡扶贫户，掌握了所有贫困户情况，经过一轮的走访后他基本可以认定贫困户所居住的地址，可以一个人到贫困户家中进行精准扶贫APP（软件）定位。”黎溪镇黎洞村委电脑操作员苏梓榆说道。

“找准病灶，方能对症下药。”黄卓勇对有劳动能力和无劳动能力的贫困户，量体裁衣，采用不同的扶贫方法。对有劳动能力的贫困户，他坚持落实广州轻工集团近几年的产业和就业帮扶措施，如种植麻竹笋头、养殖黄牛、协助发放小额贷款帮助贫困户创业等方式实现贫困户增收致富。

他统计发现，2017年对6户贫困户发放麻竹笋头2700个，预计三年后每年平均可为每个贫困户增收约1.8万元，对20户贫困户发放牛苗共57头，户均增收6000多元，贫困户种养的积极性越来越高。于是2019年他对60户贫困户发放了鸡苗1400只，之后通过走访入户，了解贫困户的养殖情况，对有能力、有场地的贫困户加大帮扶力度，发放更多鸡苗，助其形成一定产业规模。

对于无劳动能力的贫困户，因病因残致贫人员比较多，“等、靠、要”思想比较严重，黄卓勇用了三个月时间，通过多次上门走访，清楚掌握每一个贫困户的具体情况，了解致贫原因和实际困难，商量对策。对尚有能力参与产业帮扶的积极改变其思想，参与养殖帮扶；实在没有能力的，积极落实政府兜底政策，落实最低生活保障，2019年度为有劳动力贫困户年人均增收约1182元，截至目前，黎洞村贫困户已全部实现兜底保障，不愁吃、不愁穿。

特别是从2019年开始，英德市就业奖补和产业奖补停止发放。但在不断走访贫困户、摸清楚他们的生产生活情况的过程中，黄卓勇认为，要巩固扶贫成果，还必须继续加大产业帮扶力度。他与同事李忠和商谈此事后，立即向自己的工作单位申请经费。通过他的争取，轻工集团决定以企业自筹资金的形式继续为黎洞村发放“两奖补”资金，鼓励有劳动力的贫困户积极参与务工务农，通过自己的双手实现脱贫。虽然黄卓勇已经不在了，但是该政策仍在持续生效中，2019年和2020年共发放“两奖补”25.4818万元，极大地激发了贫困户自力更生脱贫致富的积极性。

此外，黄卓勇还时刻牢记扶贫工作使命，紧紧围绕脱贫工作目标任务，结合村和贫困户实际情况，在助学扶贫方面、医疗救助方面、帮扶村集体项目方面、开展资产扶贫方面取得了显著成效：

黄牛养殖

助学扶贫方面，2019年黎洞村在校学生有28名，12月使用单位自筹资金为28名贫困生补助生活费用4.3万元，减轻了贫困户学生的家庭压力，鼓励学生努力学习完成学业。

医疗救助方面，积极为贫困户办理医疗保险手续，为全村贫困户179人全部购买基本医疗保险，实现了精准扶贫户医保全覆盖。

帮扶村集体项目方面，对黎溪镇府前路商业楼物业完成了旧建筑的拆除并成功招投标建设，由原来的两层改建成五层建筑，现已完成并出租，为村集体增加年收入6.6万元。

开展资产扶贫方面，充分利用财政资金，通过参股当地有实力、讲信用的企业，共享企业发展带来的成果，入股每年可为村扶贫基金获得约17.15万元收益，每年年底一次性发放给贫困户，2019年度能为有劳动力贫困户年人均增收约1182元。

……

在黄卓勇及大家的共同努力下，2019年黎洞村有59户贫困户完成相对贫困户人口退出工作， 余下2户贫困户于2020年4月份退出。黎洞村贫困户的生活也得到较大的改善，2018年人均可支配收入为20061元，2019年人均可支配收入达到23993元。

“没有亲自见证帮扶的所有贫困村和贫困户完全退出贫困，我想这对黄卓勇同志来说是个最大的遗憾。如今黄卓勇同志走了，但他的精神仍是一盏明灯，不断照亮我们脱贫攻坚路上向前迈进的坚实步伐。作为帮扶干部，我们将一如既往，以实际行动继承他的遗志，凝心聚力打赢脱贫攻坚战，确保如期完成脱贫攻坚目标任务。”邱成武说。

深情厚谊——“让村民走在亮堂堂的大道上”

“出事那天早上我还在村委见到黄书记！对于黄书记的突然离去，我不敢相信。如今，他帮助我们家的一点一滴还历历在目。”黎溪镇黎洞村贫困户林忠红着眼说道。

林忠，今年35岁，住在黎溪镇四区如意街，家中共有6口人，2个子女，一个上小学，一个上幼儿园中班。他本人在同学那里打散工，妻子在黎溪镇五区新华街帮个体户老板做皮袋。父亲林计顺今年已经 80 多岁，患有慢性病手脚不便，母亲也身患残疾，家庭经济来源非常不稳定，生活日渐困难，因此林忠被评为村里的贫困户。

“就在我们全家都看不到未来的希望时，2019年6月份，黄书记第一次来到我们家走访。他不仅平易近人，还很体贴。看着我们家徒四壁的窘境，黄书记没有直接说我们家多穷多困难，而是旁敲侧击问起了我的工作，当得知我现在工作很不稳定时，他就介绍我到黎溪镇中通快递做快递员，在那里我的月收入有3000～4000元，家中生活有了很大改善。”林忠说。

随后，黄卓勇隔三岔五都会去林忠家里做客，了解林忠家最新进展：老人身体状况如何，孩子们有没有好好读书等。过年过节还会特地送来米、油、饼干和慰问金等。林忠家的日子渐渐地好了起来，整个人也充满了干劲。“在我遇到困难的时候，是黄书记让我家的生活慢慢好了起来，鼓励我，给我信心。未来的日子，我一定更加努力地工作与生活，让日子越过越好。”林忠感叹道。

对黄书记念念不忘的，并不只有林忠一家，冯雪放也经常把黄书记的感人事迹挂在嘴边。1968年出生的冯雪放家中有4口人，妻子在黎溪镇玩具厂工作，扶贫前月收入1300～1400元，家里女儿读初三，儿子在东莞理工大学读大一。2017年12月冯雪放检查出患有早期鼻咽癌，于是就一直在家休养，没有工作，还需定期回医院复检，这让本来就不富裕的家庭雪上加霜。

“黄书记得知我家里的情况后，一直都把我们放在心上，不仅为我的子女发放了教育补助，还给我们发放了30只鸡苗。”说到这里，冯雪放的话语里充满了感激。“受疫情影响，我女儿不能回校上课，黄书记知道后特地送来了平板电脑。黄书记性格开朗，见面了都会问候家中的情况，叫我们有空就到村委喝茶，他就是这样时刻关心每一户贫困户的情况。不知道怎样才能表达自己对黄书记的感恩之情，希望黄书记家里人能节哀顺变，保重身体！”

这就是贫困户眼里的黄卓勇，他温柔善良，最爱对贫困户说的一句话就是：“有什么事就找我。”“有困难就说出来，我们尽力帮忙解决。”黄卓勇很接地气，贫困户们都很信任他，都愿意与他交心谈心，他与困难群众鱼水交融。

在黎洞村还有一个家喻户晓的故事：以前村民一到晚上就会赶紧回家，因为这里的道路上只有几盏老式路灯，附近杂草丛生，阴森一片，这个问题曾长期困扰村民，直到黄书记到来。

“有一次夜访经过街道的时候，黄书记发现灯光不够亮，他主动提议，街道灯光不够亮，晚上群众出门不方便，是否可以增加点路灯？”黎溪镇黎洞村党支部书记冯福普回忆道，“我当时点头称赞，但是修路灯不是几句话就能解决

穗联公司“一对一”帮扶慰问

百花公司“一对一”帮扶慰问

的，黄书记好像看出了我的疑虑，拍了拍胸脯对我说：‘有困难没关系，看我的！’”

为切实解决农村夜间交通隐患和治安隐患，黄卓勇把点亮农村路灯作为一项得民心、顺民意、惠民生的工程。他带领供电局的工作人员在黎洞村范围内四处奔走，还参与太阳能路灯加装的设计工作。有一些贫困户因担心电费拒绝加装路灯，黄卓勇多次走访，终于做通了思想工作，已为黎洞村加装了太阳能路灯65盏，投入25.35万元，基本覆盖黎洞村村道。之后他仍与工作队及村干部走访查漏，发现部分村民还需回到旧村落进行生产工作，便与村“两委”商议后决定，对旧村落中存在安全隐患的路口与水塘边加装40盏路灯，确保村民的出行安全。“有困难，找黄书记！”成了黎洞村风靡一时的佳话。

为了改变落后的村容村貌，黄卓勇想尽一切办法为黎洞村筹集资金，通过改造旧建筑招租、政府和企业入股养殖业、申请财政的专项资金等渠道，筹集的资金用于改善民生工程。现在的黎洞村人居环境明显改善，村委会至200人以上自然村道路硬底化实现100%，村饮水安全率100%，建设公共厕所1个，垃圾收集设施13个，文体活动场所1个，标准化卫生站1个。

夜幕降临，走在亮堂堂的街道上，贫困户李观元回想起黄书记在时的点点滴滴，鼻子一酸眼泪又落了下来：“黄书记，我们会永远记得你！你为整个黎洞村带来光明和希望，你在这里留下的爱的种子，一定会生根发芽，开出花，结出果。”

温柔勇敢——“见到兄弟有事，不能视而不见”

话少、腼腆、阳光、爱笑、孝顺、体贴、温柔、勇敢，这些词合在一起放在黄卓勇身上，正好诠释了他这一生所具有的品格。

对于兄弟，他总是不顾危险，义字当头。黎洞村是水库移民村，贫困户的种植、养殖产业都在旧村落里，为了摸清贫困户产业开展情况，在炎炎烈日下，黄卓勇与李忠以及党建指导员、村干部撑着小渔船到水库区湖中的山上。当看完贫困户的麻竹笋种植情况下山时，党建指导员一不小心滑向山内的小溪，说时迟那时快，在他身后的黄卓勇第一时间拉住他的后脚跟避免了他跌下去受伤。事后李忠问黄卓勇会不会游泳，黄卓勇说：“不会，但是当时哪会想这么多，见到兄弟有事，不能视而不见。”

对于母亲，黄卓勇无微不至地关怀。自从到黎洞村参加扶贫工作以后，母亲一个人在广州生活，因为身体多病痛，为了方便照顾，他便把母亲接到黎溪镇细心照料。平时事无巨细，嘘寒问暖，但是由于母亲不习惯在黎溪镇的生活，最后还是回到了广州。他的姑姑在他出事后曾哭着说：“阿勇是个非常有孝心的小孩，顾家，朴素，对长辈有孝心。”

和妻子，他们相濡以沫，举案齐眉。为了更加专心地投入扶贫攻坚事业中去，在家人的支持下，妻子离开广州一线城市，来到黎洞村与黄卓勇一起驻村扶贫。记得有一次村委邀请职工聚餐，他在饭店临时接到妻子电话说身体不适，听完后他立即回去给妻子买菜煮饭，当时村干部提议他叫上爱人一起过来，他却表示这是同事聚餐不太方便。整个村委的人都这样评价黄书记，说他对妻子很好，家中大小事情都由黄书记操劳，这么爱老婆的好男人，去哪里找？为了方便以后驾车下乡工作，黄卓勇来到黎洞村不久后就去考了驾驶证，可惜到现在还未拿到证件。

2020年农历新年伊始，突如其来的新冠肺炎疫情打破了日常的生活节奏。2020年1月23日，广东省启动了重大突发公共卫生事件一级响应，与城市较为完善的防控机制相比，农村的防控基础薄弱，疫情防范形势十分严峻。在此紧急关头，黄卓勇积极响应党和国家的号召，放弃了春节假期，2月3日就回到黎洞村，会同村“两委”干部，按照清远英德市黎溪镇党委、政府具体工作部署要求，结合黎洞村实际情况，积极有序地开展各项疫情防控工作。

尤其在疫情初期，因市面口罩紧缺，难以购买，整个村委会没有充足的口罩可以使用，这对村委干部开展疫情防控宣传工作来说是个很大的难题。黄卓勇在知悉情况后，立即向广州轻工集团申请口罩支援，在他的努力下，特殊时期村委干部的生命健康得到了有力保障。

而在村委分发使用口罩时，黄卓勇表示自己不需要领取，因为之前已经购买，希望村委干部能留下来给更需要的人使用。每当防疫工作需要外出宣传、张贴海报、悬挂横幅时，黄卓勇也总是自告奋勇，亲自上前。在他的带领下，黎洞村委疫情防控工作得到很好的推进，最终黎洞村成功取得了抗击疫情的胜利，黄卓勇的付出，得到广大干部、群众的充分肯定。

“这就是我所认识的黄书记，一个好儿子，好丈夫，同时也是一个好兄弟，他是我们村所有人共同学习的榜样。”黎溪镇黎洞村党支部书记冯福普表示。

永被铭记——“全面脱贫是给黄书记最好的礼物”

“书记让我家的生活慢慢好了起来，未来的日子，我一定更加努力地工作与生活，让日子 越过越好。”贫困户林忠说。

“和黄书记在一起的点点滴滴，让我心生温暖， 是黄书记鼓励我要做一个不怕困难的人，要做一个勤劳致富的人，要做一个懂得感恩的人。”贫困户黄神带说。

“如今黄卓勇同志走了，但他的精神仍是一盏明灯，不断照亮我们脱贫攻坚路上向前迈进的坚实步伐。作为帮扶干部，我们将一如既往，以实际行动继承他的遗志，凝心聚力打赢脱贫攻坚战，确保如期完成脱贫攻坚目标任务。”邱成武说。

“勇哥，虽然你已离开我们，但我会保持您教导的工作态度，一直走下去。”黎溪镇黎洞村扶贫资料录入员朱翠珊说。

“往事历历在目，心情久久不能平复。虽然扶贫这个岗位很平凡，但是一定会有更多的人继续你未走完的路，不断努力，做好帮扶工作，使贫困户早日脱贫，日子越过越好。”黎溪镇扶贫办扶贫干部李思琪说。

“在艰辛的扶贫路上，在全面决战脱贫攻坚的前夕，虽然黄书记倒下了，但千千万万的扶贫战友，一定会走完他未走完的扶贫路。”黎溪镇扶贫办主任麦立志说。

黄书记的牺牲让整个黎洞村都陷入悲痛之中，很多人久久不能释怀。黄书记葬礼的那一天，闻讯赶来送别的数百名群众挤满了灵堂和门前的街道。人们舍不得他离开。

2020年5月8日，中共广州市委追授黄卓勇同志为“广州市优秀共产党员”，广州市委号召，全市广大党员、干部向黄卓勇同志学习。学习黄卓勇同志对党忠诚、牢记使命，做习近平新时代中国特色社会主义思想的坚定信仰者和忠实实践者，自觉把人生追求与党的事业紧密联系在一起，与时代同步伐、与人民共命运，积极投身到党和人民最需要的地方和工作中去。

2020年5月，中共英德市委宣传部推出《扶贫好干部——黄卓勇》一书。让全市广大党员干部从黄卓勇先进事迹中汲取榜样的力量，不忘初心、牢记使命，始终把党和人民的事业放在心中最高位置，做到与人民群众同呼吸、共命运、心连心，推进英德全面脱贫奔小康，实现乡村振兴，开启高水平保护下的高质量发展新征程。

2020年6月9日，广东省总工会追授黄卓勇同志“广东省五一劳动奖章”，希望全省广大职工群众以黄卓勇同志为榜样，学习他对党忠诚、牢记使命的政治品格，学习他恪尽职守、担当有为的敬业精神，学习他甘于奉献、勇于牺牲的崇高境界，大力弘扬劳模精神、劳动精神和工匠精神，坚定不移听党话、跟党走，用实际行动奋力夺取疫情防控和经济社会发展双胜利，为广东实现“四个走在全国前列”、当好“两个重要窗口”目标任务做出新的更大贡献。

为打通服务外派干部工作的“最后一公里”，进一步弘扬外派干部用

中共英德市委宣传部推出《扶贫好干部——黄卓勇》

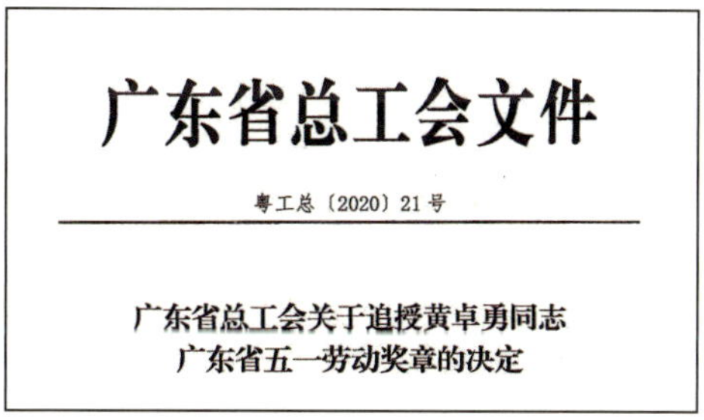
广东省总工会文件

粤工总〔2020〕21号

广东省总工会关于追授黄卓勇同志
广东省五一劳动奖章的决定

追授黄卓勇“广东省五一劳动奖章”

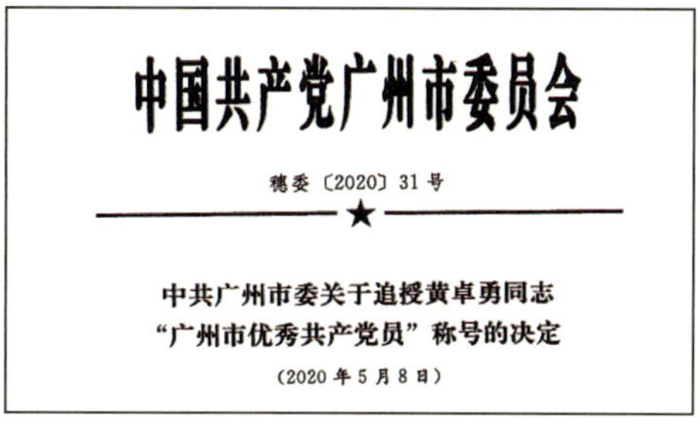
中国共产党广州市委员会

穗委〔2020〕31号

中共广州市委关于追授黄卓勇同志
“广州市优秀共产党员”称号的决定
（2020年5月8日）

追授黄卓勇“广州市优秀共产党员”称号

热血和实干诠释的奉献精神，2020年12月7日上午，广州对口帮扶清远指挥部、广州市总工会在位于清远英德市的广德产业园红旗茶厂联合举办了“外派干部职工之家”揭牌活动。“外派干部职工之家”将成为党建、工会活动阵地，推动党建与工会融合发展，创新举办以黄卓勇等优秀外派干部为原型的定制文化演出活动，大力弘扬劳模精神、劳动精神、工匠精神，鼓励外派干部永葆“闯”的精神、“创”的劲头、“干”的作风，凝心聚力，推动广清帮扶再创佳绩。

……

为了更好地弘扬黄卓勇的精神和品质，曾经的第一书记梁亚钊毅然决然地递交了请战书，再次回到这里，接回黄卓勇的这一棒，沿着黄卓勇的遗愿，奔赴脱贫攻坚基层最前线去，重回黎洞村扶贫一线洒汗水、献智慧。

所有人都化悲痛为力量，全面投入扶贫攻坚的工作中。2020年黎洞村全村居民人均可支配收入为24204.02元，贫困户人均可支配收入为18604.48元，已经实现全面脱贫目标！接下来，黎洞村扶贫工作队还将咬定青山不放松，努力绘就乡村振兴的壮美画卷，朝着共同富裕的目标稳步前行。对于全体黎洞村村民和干部来说，这就是他们送给黄书记最好的礼物！

（文/董业衡）